河街道历史文化 史话

本册编著　吕伟刚

主　编　胡繁甫

浙江大学出版社
ZHEJIANG UNIVERSITY PRESS

序 言

运河街道历史悠久，文化底蕴深厚。其历史可上溯至春秋时期，传说大禹治水曾经到过此地。古属吴越之地，充盈着越风吴韵。隋代大运河开通后，农桑兴旺。至宋端拱元年（988），临平山南置临平镇后，四处商贾云集，商贸兴盛。山北亭趾、博陆、五杭三集镇亦逐渐繁荣。至元末张士诚发军民开挖运河新河道后得以快速发展。因此，运河街道因世界文化遗产京杭大运河而生，又以运河为名，是运河这条母亲河孕育了这块土地灿烂的历史文化。

运河这块神奇的土地，人杰地灵，人文荟萃。南朝时，著名文学家、史学家沈约曾迁居博陆。而最为著名的历史人物当属明代博陆人钟化民和清代五杭人沈近思。钟化民被《明史》称为"不要官、不要命、不要钱"的清官，沈近思在《清史》中被誉为"操比寒潭洁，心同秋月明"的循吏，还有近代亭趾人姚虞琴，为著名书画家、鉴赏家。他们成为历史上运河人的荣耀。

中华人民共和国成立以后，境内设亭趾、博陆、五杭3乡。20世纪80年代中期，三乡又先后撤乡设镇。2001年8月，三镇合并设立运河镇。地方经济日益繁荣，社会发展日新月异。其间，先后被评为全国千强乡镇、浙江省农业农村现代化工作先进乡镇、浙江省教育强镇、浙江省体育强镇、浙江省东海文化明珠乡镇等。2011年8月，撤销运河镇设立运河街道。近年来，街道党工委以习近平新时代中国特色社会主义思想为指导，按照区委、区政府的决策部署，进一步完善基础设施、优化人居环境、提升服务功能、强化长效管理，全力打造"城乡融合发展示范地、运河特色文化展示区、杭城北部后花园"，高质量融入长三角一体化发展新格局。成功创建杭州市生态文明街道、浙江省卫生街道、浙江省"五水共治"工作先进集体、浙江省小城镇环境综合整治行动省级样板、浙江省美丽乡村示范街道和浙江省森林城镇，五杭集镇成功创建3A级旅游景区。

"盛世修志，志载盛世。"为了传承和彰显传统文化，便于社会各界全面了解运河街道，2019年，街道党工委和办事处决定在组织编写《运河街道志》的同时，编写《运河街道历史文化》。在编写人员的辛勤努力下，仅仅用了2年半时间，就完成了此书的写作。书共分四册，分别为《运河街道史话》《运河街道风情》《运河街道风俗》和《运河街道民间文学集成》。此书以历史事实为依据，采用大量的自然、政治、经济、人文等方面的史料，收集境内世代流转的民间传说、故事和歌谣，以散文、故事的形式创作而成。可以说此书是第一次对运河街道的人文历史、乡土风情、民间文学进行全方位、多视角的记叙，知识性、故事性、可读性强，不仅是一套史料翔实的地方文史资料，更是一本内容丰富的乡土教材。此书的出版，对推进街道的文化建设具有十分重要的意义，也为后人留下了一份宝贵的历史文化遗产，利在当代，功在千秋。

书得以顺利付梓，是编写人员严谨细致、勤勉工作的结果，在此，我要向他们表示衷心感谢。同时也希望此书能为广大读者所喜欢、所利用，更好地发挥其存世、育人、资政的作用。更希望运河街道的各界人士在阅读后，能更加深入地了解街道的历史与现状，热爱家乡，为家乡的改革开放、经济建设、社会发展，为运河街道在"东部崛起"中再谱新篇章，作出新的更大贡献。

是为序。

中共运河街道工委书记

2022年7月18日

引　言

运河街道位于杭州市临平区东北部，京杭大运河自西向东流经境域北部。2001 年由亭趾、博陆、五杭三乡镇合并时因此而得名为运河镇，2007 年 11 月更名为运河街道。运河街道境内自古迄今运河横贯，舟楫往来；帆樯嵯峨，港汉纵横；桑麻平畴，一派水乡清远风貌。全域面积原为 40.45 平方公里。2007 年 11 月，有 6 个村委托余杭经济开发区管理后面积减为 32.15 平方公里。

地处杭嘉湖平原南缘的运河街道，自古风光秀丽，物产丰富又历史底蕴深厚。先民们已在这方土地上繁衍生息了数千年。尤其是秦始皇统一中国设立钱唐、余杭二县后，奠定了历代直至今天的区域版图。

历史上的现运河街道范围，五杭、博陆、亭趾三个集镇均历史悠久。如古称禹航的五杭，故老相传（《唐栖志》有载），大禹南巡曾在此舣舟。清初诗人王绍曾《夜宿禹杭》中有："禹航存古迹，当日负黄龙"之句，此黄龙就是中华民族先祖"夏禹王"。时至今日，五杭庙桥（广通桥）畔尚有禹王庙（20 世纪 90 年代复建后称"禹皇寺"）存世，千百年来夏禹王受五杭里人香火敬祀供奉。再如宋代咸淳《临安志》记载的亭趾，相传古时有异僧途经此地，闻有佛音缥缈，宛如仙乐，认为其地吉祥而建亭建寺（后名罗汉寺）。今天亭趾地名依然延续，罗汉古寺尚有佛殿存世。还有千百年相伴运河之水的博陆古埠，"慧日普照""双桥跨虹"。这些都是运河街道的历史底蕴和文化符号。

运河街道境内大运河的前身古称"南江"，在春秋战国时即已存在，距今已有 2700 多年历史了。隋大业六年（610），隋炀帝"敕穿江南河，京口至余杭 800 里",沟通和疏浚了上塘、下塘运河。到了元至正十九年（1359），吴王张士诚为了方便财赋钱粮运往苏州，而疏浚拓宽从杭州北新桥至塘栖镇西伍临头的南北向运河，连通杭、嘉、湖、苏、常、镇诸府，运河在余杭境内遂形成现今走向。运河自杭州北新桥、拱宸桥流至今天良渚街道谢村入余杭区境内，经崇贤街道、仁和街道，至伍临头折而向东，穿过塘栖镇，经运河街道（其中五杭至博陆中间一段 2007 年起划入东湖街道）出境，进入桐乡市，为杭申甲线。运河另一支由塘栖镇东北新桥湾出北新桥，进入德清县入濑溪，为杭申乙线。余杭境内运河全长 35 千米，水深近 3.5 米，河面平均宽约 60 ~ 70 米，流域面积 667.03 平方千米。水流平缓、水位稳定，并连接境内多条河流。延至明清两代，大运河上往来东西之船只如梭，塘岸上官府又修筑了运河官塘纤道，行旅征程，日夜不歇，成为南北交通大动脉。良好的交通条件，带动了博陆、五杭成为运河岸边的商贸兴隆之地。

大运河　　　　　　　　　　　　　　　　　　　　　供图　韩一飞

明吴之鲸在《武林梵志》里引胡胤嘉语曰："武林襟带之水，至博陆而与携李（嘉兴古称）代，回环盘礴，郁秀之气若聚。"意思是说，大运河之水从杭州往北折东汤汤而来，其逶迤伸展，盘踞萦回于大地之上，河水流经的杭嘉湖平原浓晴淡雨，风光秀丽，竹树桑麻，翻浪稻菽。处处可见"平原尽翠微，碧水抱村流"。证明了运河街道正是一方能助人文蔚兴、财富集聚，可令子孙富贵显达的风水宝地。村庄立于水边，田园得于水泽，水是运河的第一音韵。沟通交会的无数条河流与相连的湖泊，形成了迷人的水乡风貌。渔栅憧憧，舟楫棹歌，依水人家，小桥横绝。正如清人王抶诗中所唱："人家鳞列水边楼，楼自浮空水自幽。"故而，水是运河街道的血脉与灵魂，京杭大运河是运河街道的母亲河。

古老的京杭大运河自西向东流贯五杭、博陆，两岸分支河港纵横，水运交通便捷，土地肥沃、水韵绵长。自古以来，运河街道境内就是鱼米之乡、丝绸之府，传统农业以粮、麻、蔗及蚕桑为主，水产畜牧业以养殖四大家鱼、湖羊和肉猪为多。在以水路交通为主的从前岁月里，五杭、博陆曾经舟人辐辏，商贾云集，店家众多，市井繁荣，并惠及周边诸多乡村，是塘栖古镇以东及崇德、大麻以西的水上重要商埠。本书还介绍了数百年来发生在运河之上的历史事件，如明末清初陈万良率领义军抵抗清军，太平天国之战乱以及运河强盗劫掠客商舟船，杀人越货，又抢夺沿河村民粮食财物等尘封往事。还介绍了抗战期间日寇飞机轰炸，烧杀抢掠等惊心动魄、风起云涌的历史。

本书文章叙述的人事故事中，有廉政为民，被百姓喻为"青天、佛子、夫子、古之人"的钟化民；有"人品端方，清正廉洁，持己修身"，"有直声，有政绩"的沈近思；有弘扬佛教华严教旨，著述等身，被康熙帝多次召见的佛学大师伯亭续法；还有为人谦恭，通达和易，温文儒雅，笃于友谊，重气节、广交游，并以诗画、书法、文物鉴定之长驰名艺坛的姚虞琴。这些乡贤先辈登庙堂者，能循良方正，执政为民，成为国家栋梁；处江湖者，则为醇儒、为师表。他们留下的人文事迹，今天已成为运河街道宝贵的文化财富，更是启迪家乡后人最好的精神养料。

这几位先贤都是少小辞亲，行走天涯，历经磨折，终成大业。不管路途多艰险，不论走得多遥远，他们心中常怀乡愁，难忘故土父老。

乡愁是人类的故土情结，更是游子的精神依托。乡愁植根于灵魂深处，每个人的心中都有或淡或浓的乡愁。家乡的一草一木、一砖一瓦，都会勾起游子万般情丝，让人魂牵梦萦。唐代诗人崔颢《黄鹤楼》诗中说："日暮乡关何处是，烟波江上使人愁。"赵小明《江城子·乡关万里》写道："乡关万里载乡愁，飞星赶月梦中游。"诗词中的乡关就是生养他的土地，故乡的田园风光，少年的记忆，以及对父母亲人的深切怀念。"时间煮雨，流年嫣然生香。"在喧嚣的当今社会，人们对乡愁的渴望或追寻，已经超越了以往任何一个时代。

近年以来，习近平同志曾多次强调："新农村建设一定要注意乡土味道，保留乡村风貌，留得住青山绿水，记得住乡愁。"对故土的眷恋是人类共同而永恒的情感，乡愁让人铭心刻骨。

《易经·贲卦·象辞》有："刚柔交错，天文也；文明以上，人文也。观乎天文，以成时变；观乎人文，以化成天下。"其意思是：天文即自然之道，人文是社会人文。治国理政者应该有此等大局意识，观天文以察时变，组织耕作、生产、制造等，关乎人文以教化天下，引导人民积极向善，向美好的方向发展。

虽然，在交通现代化高速发展的当今社会里，流经运河街道的京杭大运河和伴随而行的官塘古道昔日的光环早已淡去，但它在过往千年岁月中，对中华民族的繁衍生息，对历朝历代经济繁荣、文化发展、漕运兴盛，以及沟通海运、人口迁徙等皆功不可没，早已载入于诗文史册之中。

2014 年 6 月 22 日，在卡塔尔首都多哈召开的第 38 届世界遗产大会上，中国京杭大运河成功入选《世界遗产名录》，成为世界文化遗产。

今天后申遗时代的大运河之吸引力在于文化，而运河街道之发展后劲亦应注重文化。所以，编撰《运河街道史话》一书，就是旨在挖掘运河文化的魅力，是一次紧盯文化、发现文化、挖掘文化、凝聚文化的修行。"前贤文章枕高寒，苔封文字迷消息。"撰写此书就是从尘封的历史深处去寻找、去发现、去还原过往千年岁月里的人文事迹，追寻能够体现文化底蕴、彰显人文精神的历史人物、古迹遗存，甚至捕捉那些深隐于历史深处的旷古文明碎片，细细梳理，串珠成链。以让具有浓郁地方特色的传统文化遗产重新焕发生机，在新的时代翻作新声，并赋予其崭新的历史价值和现实意义。

这册《运河街道史话》搜集、挖掘、整理了历史上与运河街道人和事物有关联的大量典籍史料，试从早已湮没于史册中的运河远古时期引申而出，叙介建制沿革，细述村郭里社，铺陈运河源流，回放商埠繁盛，钩沉古迹遗存，弘扬先辈事功，记录真情雅韵，共分为八个篇章。对运河街道有史以来，始自宋代，包括元、明、清、民国的政区、经济、文化、名人、史迹作了粗放式的巡礼。历时十余月，撰成了这册内容略显

大运河流经五杭   摄影 吕伟刚

粗糙，脉络尚欠清晰的文字记录。

当前，运河街道正结合自身实际，按照临平区委区政府的全新发展理念，紧紧围绕推进全域创新策源地、全域美丽大花园、全域治理现代化的"三个全域"建设中心工作，下力气、花精力，努力把运河街道建设成为综合环境优良、城镇配套成熟、社会平安和谐、群众宜居宜业的"富而美、安而康"的美丽家园。运河街道地域中那些优秀的传统文化正在重新焕发活力与生机。

在运河人民的精心耕耘下，这片古老的土地将开出更加芬芳馥郁的花朵。

目 录

一、历史溯源梦悠悠

今天的余杭区运河街道，是由原亭趾、五杭、博陆三个乡镇合并而成。其地理位置在余杭区东北角，北与德清县接壤，东与桐乡市毗邻，南与余杭经济开发区联境，西与东湖街道、塘栖镇交界。地当水陆交通要道，京杭大运河、运河官塘（古纤道）穿境而过。

运河街道地属江南水乡，人文历史源远流长。考古证实，距今7000年的新石器时代即有先民在这一带栖息耕作。其周边不远有塘栖的六墓里、早山坞和临平山、小横山、茅山、玉架山；有邻县桐乡市石门镇罗家角、崇福镇新地里、德清新安镇的董家墩和南隶湾等古人类活动遗址（主要是良渚文化遗址）。2003年的文物普查中，与五杭北面接壤的禹越

大运河　　　　　　　　　　　　　　　　　　　　供图　李家桥村

1

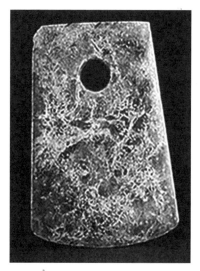

良渚文化玉器

镇也发现了新石器时代遗址。大量考古成果实证了马家浜文化与良渚文化在这一带的交融。其中1961年，从罗家角出土的156粒稻谷，经科学鉴定是距今7040±150年的人工栽培籼稻和粳稻。这昭示着，早在7000多年前，这片土地上，已有农耕生活方式让人类告别了茹毛饮血的原始生活。这是迄今所知中国最早的水稻栽培地之一，也是世界最早的水稻栽培地之一。

时光静静流淌，那些隐藏在历史深处五千年、六千年、七千年甚至更悠远岁月里的珍贵出土文物，揭示着人类远祖从蛮荒的原始社会一步一步走向文明社会的步伐和进程。

运河街道地处长江下游江海汇聚的水乡平原。地质研究证明，当第四纪冰河期之末（距今约10万年），海水内侵，直至山区边缘。滨海低地以及江河下游悉遭沉溺，江海汪洋，天地苍茫。当时，西面天目山与浙皖山岭之间是一大海湾，今天杭州城以西诸山之间，又为一海湾。钱塘江与北面长江都有泥沙输送入海，泥沙沉淀，潮流暗涌，海浪翻卷，江流又将泥沙卷入积于低地，填于江河沿岸。海流则挟泥沙堆积于岬前或湾口，形成沙嘴与湾堤。随着岁月流逝，湾口逐渐封闭，遗留之水形成泻湖以及诸多的河流湖漾，并造就了浙北杭嘉湖平原河网密布、湖塘星罗、阡陌纵横、田畴沃衍的基本地貌。

春秋战国，吴越争锋。运河街道一带属于两国争战之地。在距五杭街北面约十华里的新安镇城头村，至今仍留有越王勾践时所筑的城垒遗址。清雍正《浙江通志》记有勾垒城，是越王勾践屯军处。新安镇城头村，村东有城头漾，遗址为一高地，三面环水，考古采集到的遗物有原始瓷、印纹陶等。明末临平诗人沈谦有《勾垒城》诗："野水悠悠落日斜，断刀遗镞半沉沙。兴亡说尽无人会，几处墩楼噪晚鸦。"清张祖定《勾垒城》诗："几年臣妾向姑苏，甲士三千竟沼吴。伯业可怜随逝水，萧萧旧垒叫寒乌。"

今天的京杭大运河之名，是隋炀帝杨广于大业六年（610）"敕穿江南河"后被命名的。句中的"敕"是指帝王的诏书、命令。"穿"即挖穿，也可解释为连通、疏通。那么，在隋炀帝"敕穿江南河"以前，这里流淌的是一条什么样的河？它又起源于何时何处？今天的人们已难以寻觅踪迹，只能从浩如烟海的古籍中去查找蛛丝马迹、考察其出处和源流。

其实，这条大河，在前贤文章中多有研究成果，并已载著于典籍史册。首先，此河与大禹治水关系密切。相传四千年前，大禹治平洪水，得到天下诸侯的敬服。舜帝死后，禹被拥戴即天子位，国号夏。后东巡狩（指视察邦国州郡），在绍兴涂山大会天下诸侯，卒于会稽。宋咸淳《临安志》、光绪《唐栖志》、民国《绮云丛载》等多部志书引用前人典籍曰："禹杭村，相传禹巡会稽，舣舟于此，乃渡江焉，名禹航，今讹为五杭。"证明了夏禹王东巡天下是到过这里的。同样五杭北面的禹越镇，也与夏禹王有关，研究认为禹越是夏禹治水疏通水道之处。禹越地名出典也与夏禹和越国相关。保存至今的五杭禹皇禅寺（里人称大庙）和禹越禹皇庙都是历史见证。五杭禹王庙中还有一首记述夏禹杀防风氏的诗："大禹涂山御座开，诸侯玉帛走如雷。防风谩有专车骨，何事兹辰最后来。"此诗出自唐代诗人胡曾《咏史·涂山》，应是后来禹皇庙僧人，或有关文人留于五杭大庙的。

禹，又称大禹、夏禹、伯禹等，姓姒氏，号曰文命。我国古籍如《尚书》《诗经》《礼记》《论语》《孟子》等书中都记及夏禹的传说。《尚书·禹贡》也记载了禹治平洪水，定天下九州的故事。《左传·哀公七年》有："禹合诸侯于涂山。"《史记·夏本纪》也记载：禹是黄帝的玄孙，其父鲧受尧之命治水，九年而洪水不息，为舜所殛。舜命禹续鲧之业，禹乃兴工傅土，行山表木，定高山大川，终于治平洪水，得到天下诸侯的敬服。舜死后，禹被拥戴即天子位。中国历来史书均按上述诸古籍记载，传播禹的业绩。禹不仅是中国第一个王朝夏的开国之君，而且是上古最伟大的治水英雄。他吸取其父鲧堵塞之法失败的教训，采用疏导方法，如"导河积石""岷山导江""导淮自桐柏"等等，引全国主要河流入海，"以四海为壑"，救民于倒悬。古籍记载他公而忘私的精神："劳身焦思，居外十三年，过家门不敢入"；记载其谦逊退让的美德："帝舜崩，三年

五杭禹皇庙　　　　　　　　　　　　　　　　　　　　　　　摄影　吕伟刚

丧毕，禹辞避舜之子商均于阳城。"史书还记及禹虚心听取意见，自奉节俭的品格等。禹是中国史籍记载和神话传说中功高德劭的完人。

现代史学家顾颉刚先生于 20 世纪 20 年代提出禹是南方民族神话中人物的论点，认为这个神话的中心点在越（会稽），得到许多学者的赞同。并且以地史学、第四纪学、古地理学、考古学等方面的研究成果和新式检测手段，对东南沿海第四纪晚更新世假轮虫海退时，古越族在今宁绍平原繁衍生息和全新世卷转虫海进时宁绍平原沦为海域的过程进行了研究，认为禹的传说表达了海进时期移居于会稽山区的越族祖先的希望而为世代所传播，以致被移植到中原。于今，越地仍保留着大量禹的传说。如《越绝书》云："禹始也，忧民救水，到大越，上茅山，大会稽，爵有功，封有德，更名茅山曰会稽。"又云："涂山，禹所取妻之山也，去县五十里。"《吴越春秋》记载禹"登宛委山，发金简之书，案金简玉字，得通水理"。又记载禹"命群臣曰，吾百世之后，葬我会稽之山"等。今绍兴所存如禹陵、禹穴、禹庙等皆为极有价值的大禹遗迹。此外，在《郡国志》《十道四蕃志》《寰宇记》《会稽记》中都记有"石船石帆（可能是古代的航海模型），二物见于庙中。"孔灵符在《会稽记》一文中说："宋武帝（420—422）修庙得古圭，梁武帝（502—520）年又得青玉印。"足证古时在涂山确建有禹庙。司马迁曾"上会稽，探禹穴"，秦始皇，宋高宗，清帝康熙、乾隆，民国时期的蒋介石等都曾亲临致祭，说明这些遗迹在中国具有无与伦比的崇高地位。禹公而忘私的高尚精神和坚毅不拔的卓绝意志，长期以来为中国人民所高度崇拜，并产生了巨大的影响。

《尚书》记载了在遥远的古代史中，禹继承父亲鲧的事业，在治水中变壅塞为疏导，太湖流域始有"三江既入，震泽底定"的局面。文中"震泽"即太湖的古称，而"三江"是古太湖的三条泄洪水道，是指古代长江到了安徽省，分出三条，从今天南京、镇江入海的，称为"北江"，就是今天的长江；从芜湖往东入海的是"中江"，此江今天已经湮灭了；而浙江，就是"南江"，班固《汉书》里说"南江"在苏州的南面，往东入海。与"浙江"的位置符合。又有清代大学者阮元考证：《汉书》里写丹阳郡石城县有一条"分江水"，这条分江水从石城县往东南流到余杭入海，石城县就在现在的安徽池州。阮元结合《汉书》和《说文解字》，经过旁征博引，证明真正的"浙江"就是"南江"，即"分江水"，也就是今天从太湖往南，经过现在的桐乡崇福镇、大麻镇、余杭区运河街道、塘栖镇的那条河流。即今天的京杭大运河。

以上史实，在民国《绮云丛载》一书中也有着相类的记载："咸淳《临安志》以旧志皆云杭因禹得名。考禹治浙河，见《山海经》《夏书》。三江既入，见班《志》。北江即今大江，中江出芜湖，南江出宁国，由浙入海。阮氏元《南江图考》谓由安徽池州府过宁国府，会太湖过吴江石门，出仁和县临平半山之西南，原注'今塘栖'。折而东北，由余杭（按：今杭州）北入海。《史记·夏本纪》：'泥行用橇。'"皆足为浙江禹迹之证。

据此可知，今天流经运河街道五杭、博陆的大运河，即是以上典籍中所称的南江、分江水。所以，若从夏禹治水算起，流经运河街道博陆、五杭的这条古代的南江，也是今天的大运河，至少已有4000多年历史了。近年，杭州、湖州等地编制的"各级文物保护单位一览表"将流经运河镇博陆、五杭村的江南运河嘉兴至杭州段的年代定为春秋时代。若依据此说，流经境内的运河也已有2700多年历史了。

二、稽古循史话沿革

运河街道位于杭州市临平区的东北部，是杭州临平区与湖州德清县、嘉兴桐乡市的交界之地。京杭大运河在运河街道北部穿过境内，横贯东西。街道政府驻地在兴旺大道1号，距区政府驻地临平北7公里。根据杭州市城市总体规划确定的"杭州市一主城三副城六组团"，临平区为一副城三组团，运河街道为副城临平城的重要组成部分。

运河街道属水网平原地带，主要分布在京杭大运河流域，境内河港交错，湖泊棋布，平畴一片。街道全境海拔仅2~3米，属于闻名的杭嘉湖水乡平原南部。从公元前5世纪起，随着文明进步而逐步开拓，形成了今天水网平原的地貌。

运河街道属亚热带南缘季风气候区，冬夏长，春秋短，季风交替明显，四季分明，无严寒酷暑，气候温和湿润。境内年平均温度16℃，1月份平均温度3.5℃，7月份平均温度28.5℃，年平均积温5949.50℃，略低于杭州城区。年平均降水量在1170毫米，5—6月梅雨季节降水较集中。7、8两月为盛夏季节，日照长，气温最高可达42.1℃。8、9两月受台风影响。无霜期243天。平均湿度为70%。境内是杭州地区空气质量较好的地方之一。这里田园肥沃，水网密布，禾稻千顷，鱼虾满筐，人居其中可谓得天独厚。生活在这方水土上的历代人民，筚路蓝缕，辛勤劳作，弱质孤根，爝火不熄，风雨前行创造着自己的生活。同时，也曾有波澜壮阔，千回百折，烛幽探微，求新若渴。

历史上的运河街道境域主要分三个区域。

原亭趾镇，位于区境东端偏北，镇境南北最长3.1公里，东西最宽

大运河临平段   摄影　吕伟刚

6 公里，总面积约 14.43 平方公里。处于平原水网地带，河港交错，池塘密布，怕涝不怕旱。境内主要河道有三：庙前港、六水湾港和从余庆桥至禾丰港一段河道。该段河道是 1977 年冬大搞农田基本建设中疏浚后形成的，之后成为主要航道及灌溉水系之主流。耕地占总面积的 73.87%，水面占 14.50%。

原博陆镇，位于区境之东北端，京杭大运河两岸，南北最长 4.3 公里，东西最宽 3.6 公里，总面积 12.53 平方公里。辖区系平原水网地区，大运河由西向东流经全境，河港纵横交错，极利灌溉。境内主要河道有四：喜安港、亭趾港、凌河港和八字桥港，全长 12.16 公里，属大运河水系。耕地占总面积的 70.46%，水面占 17.10%。

原五杭镇，位于区境东北，京杭大运河两岸。南北最长 3.4 公里，东西最宽 4.5 公里，总面积 13.51 平方公里，系平原水网地区，港汊纵横。大运河自西向东横贯全境，总长 5200 米。主要河道有五：大运河、斜弓港、禾丰港、风北港和长春河，全长 14.2 公里，基本上达到抗旱通

五杭甘蔗　　　　　　　　　　　　　　　　　　　　摄影　吕伟刚

水的要求。耕地占总面积的 73.04%，水面占 13.73%。

运河街道境内河港交错，灌溉便利，农业发达，自古为著名的鱼米之乡、丝绸之府、花果之地。在秦汉时期，境内就有了手工缫丝。畜牧业方面以养湖羊和肉猪为多。其中甘蔗种植历史悠久，品质优良，是水果甘蔗"上河青"和"正杠青"的主产地之一。

运河街道历史悠久，数千年来其建置沿革多变。新石器时代即有先民在这片土地上栖息耕作。夏朝（约公元前 21 世纪—前 16 世纪）少康庶子无余建立越国，建都会稽。商末周太王欲立幼子季历，长子太伯与弟仲雍避地江南，自称句吴。今运河街道的亭趾、博陆、五杭境属吴越。西周（约公元前 11 世纪—前 771），武王封仲雍的后裔周章为吴伯，仍为吴越之境。春秋时期，吴越争霸，越王勾践在五杭北面筑城，驻兵屯粮，后世称其地为勾垒。公元前 306 年楚灭越，其地属楚。秦王政二十五年（前 222），以故吴越地置会稽郡，郡治吴（今苏州），辖春秋时长江以南的吴越故地。置钱唐、余杭两县，是为境内建县之始。亭趾、博陆、五杭属会稽郡钱唐县。

汉初，境内曾为韩信楚国、刘贾荆国、刘濞吴国领地。七国之乱后复置会稽郡，隶属于扬州刺史部。东汉中期，分会稽郡浙江以北诸县置吴郡，会稽郡治所则移至山阴县（今绍兴）。三国吴复置县，属吴郡，晋以后因之。亭趾、博陆、五杭属吴郡。

三国时，孙吴封褚泰为临平侯。隋废郡，改为杭州（清顾祖禹《读史方舆纪要》卷九十《浙江二》）。其时今境域属钱唐（后通作"钱塘"）县。唐初属余杭郡钱塘县。贞观四年（630）改属盐官县，置盐监。五代后梁龙德二年（922）析钱塘、盐官2县各半及富春县之长寿、安吉2乡置钱江县，与钱塘县同城设治，今境域先属盐官县，后归钱江县。亭趾、博陆、五杭属钱江县。北宋太平兴国四年（979），钱江县改为仁和县。其时亭趾、博陆、五杭境域属仁和县。北宋端拱元年（988）临平建镇，历元、明、清，均隶仁和县，亭趾、博陆、五杭亦然。

南宋时，杭州城为一朝京都，城内设厢坊，郭外设乡里。据淳祐《临安志》、咸淳《临安志》记载，钱塘、仁和2县下辖的厢、坊、乡、里如下：仁和县城内辖7厢、39坊；郭外分11乡，辖44里；其中丰年乡（今塘栖镇泉漳村及运河街道一带）辖五杭、博陆、长寿、前庄4里。

元至元十五年（1278），改临安府为杭州路。杭州为江浙行省治所，仁和属杭州路。明代，杭州府与仁和县同城设治。万历时，以城设坊，以郭设隅，以郊设乡：仁和县负郭设2隅，辖10里；郊外设芳林、肇元、大云、丰稔、长乐上、长乐下、永和、安仁东、安仁西、廉德、太平、临江12乡，辖332里。其中丰稔乡等即今运河街道所在。

清代宣统二年（1910），仁和县分县城和西镇、五都镇（今塘栖镇等地）、江干（今闸口、望江门外沿江地带）、湖墅（今德胜坝、大关、登云桥、拱宸桥一带）、临平、乔司、皋亭、皋塘、会堡（今清泰门外沿江地带）9个乡。其中今运河街道即在五都镇、临平辖下。（按：清光绪《唐栖志》将博陆、五杭、亭趾归纳其中，而沈谦《临平记》则载亭趾事）。

民国元年（1912），仁和县与钱塘县合并为杭县，民国16年（1927），又将杭县划分为杭州市和杭县。其中，杭县划分为6个区，临平为其中之一。据1931年《杭市县都图乡镇一览图》，临平区包括26个乡镇：星桥镇、中贞乡、南亭乡、小林镇、临平镇、国和乡、东湖乡、安平乡、黎民乡、千金乡、长寿乡、永安乡、西乾乡、东元乡、北利乡、民权乡、丰稔乡、高安乡、永宁乡、信义乡、长子乡、博乐乡、民生乡、五杭乡、民族乡、万寿乡。

20世纪三四十年代，临平区的行政区划屡有调整。据1942年《浙江省杭县行政区域图》显示，临平区的范围有明显变化。被划入临平区的乡镇包括临平镇、亭趾镇、亭趾乡、安民乡、东郭乡、博陆乡、五杭乡、泉漳乡、乾元乡、小林镇、小林乡。原属临平区之星桥等乡，则划入乔司区。此外，乡（镇）的区划也有所调整，基本的变化是减少了乡镇数量，扩大了乡镇的规模。但该区域仍以临平为中心，区域内部的基本格局并无变化。这项有关临平历史文化研究的地理范围，按1931年的行政区划，就是一个以临平镇区为中心，北至民族、五杭、长子、万寿等运河沿岸乡镇（与德清县接壤），南至星桥、国和两乡（与乔皋区接壤），西至民族、民权、东元、北利、中贞、星桥乡（与五都、西镇两区，今塘栖镇、崇贤街道接壤），东至万寿、信义、永宁、高安、千金、安平、东元、国和乡（与德清县、海宁县接壤）的区域。[①]

民国35年（1946），杭县设临乔、五西、瓶调、上泗4区，临平、塘栖、乔司、瓶窑、良渚、三墩、留下7镇，亭趾、东安、五杭、博陆、乾元、小林、翁梅、和睦、永熟、星亭、丁兰、泉塘、定河、超山、宏磻、崇贤、龙旋、四维、义桥、平泾、肇元、仁和、云会、永泰、东平、纤石、崇化、大陆、山桥、双桥、塘河、蒋邱、五场、履

---

① 杭州市档案馆编：《杭州都图地图集（1931—1934）》，浙江古籍出版社2008年版。

亭趾南桥头　　　　　　　　　　　　　　　　摄影　吕伟刚

泰、严庄、龙坞、定山、树塘、云泉、周安、寿民、东清、新宁、回龙
44 乡。民国 37 年（1948），杭县辖 4 区、7 镇、42 乡。其中临乔区辖临
平、乔司 2 镇，丁兰、忠义、永和、翁梅、小林、东安、乾元、亭趾、
五杭、博陆 10 乡。

1949 年 5 月至 1950 年 5 月，杭县区、乡（镇）的行政建制有临乔、
五西、三墩、瓶窑、上泗 5 个区，临平、塘栖 2 个县属镇和 47 个乡
（镇）。建立区、县属镇人民政府和乡（镇）公所时，亭趾、博陆等乡属
临乔区人民政府管辖，五杭乡属五西区（塘栖）人民政府管辖。

1950 年 5 月，建立临平区公所，1951 年 4 月至 1952 年 8 月曾改称
亭趾区公所，先后下辖东安、西安、双林、新塘、小林、横山、乾元、
禾丰、兴隆、亭趾、南港、五杭、杭南、杭北、长春、博陆、高桥、胜
利等 18 个乡人民政府。其中亭趾、南港、五杭、杭南、杭北、长春、
博陆、高桥、胜利等乡人民政府在今运河街道范围内。1956 年 4 月调整
乡的规模，合并为双林、乾元、亭趾、五杭、博陆等 5 个乡人民委员
会。

1956 年 4 月，亭趾、南港 2 个乡和新塘、禾丰乡的一部分合并为亭趾乡。长春、杭南 2 个乡和杭北乡的一部分合并为五杭乡。博陆、高桥、胜利 3 个乡和杭北乡的一部分合并为博陆乡。

1958 年 5 月，杭县建制撤销，划为杭州市郊区，其地属之。

1959 年 3 月，杭州市郊区建立半山、拱墅两个联社（县级），亭趾、博陆、五杭乡属半山联社。翌年，半山、拱墅联社合并为钱塘联社。建立杭州市临平区，亭趾、博陆、五杭乡属之。同年 10 月，建立亭趾人民公社，下辖亭趾、幸福、南港、杭南、杭北、长春、高桥、博陆等 8 个大队。1961 年 4 月，从亭趾人民公社分出建立五杭、博陆人民公社管理委员会。

1961 年 4 月，钱塘联社与原余杭县合并，改建为余杭县，9 月建立临平区公所，亭趾、五杭、博陆等 12 个人民公社属之。

1965 年 3 月区公所撤销后，公社（镇）政权组织隶属县人民委员会。

1978 年 12 月 19 日，临平区的革命领导小组改建为区公所，亭趾、五杭、博陆人民公社属之。

1983 年 12 月，实行政社分设，恢复乡镇建制，今运河街道范围当时有亭趾乡、博陆乡、五杭乡。

1985 年 12 月，博陆乡改建博陆镇。1987 年 12 月，亭趾乡改建亭趾镇。1988 年 10 月，五杭乡改建五杭镇。

1994 年 4 月，撤销余杭县，设立余杭市。由省直辖，其行政管理委托杭州市人民政府代管。亭趾、博陆、五杭镇属之。1999 年 8 月，博陆镇五红村更名新宇村。

2001 年 3 月，撤销余杭市，设立杭州市余杭区，区治临平街道。亭趾、博陆、五杭镇属之。同年 8 月，镇乡区划调整，撤销亭趾、博陆、五杭镇建制，建立运河镇。

2011 年 8 月，撤销运河镇行政区域镇建制，设立运河街道办事处，下辖 14 个建制村，2 个农村社区、3 个居民社区。年末户籍人口 39421 人，其中非农业人口 10266 人。区域面积由 40.45 平方公里减为 32.15 平方公里。

追述运河街道的历史沿革可知，远至南宋已有五杭、博陆、亭子地名。

咸淳《临安志》记载：仁和县郭外分 11 乡，辖 44 里：其中丰年乡（今塘栖临平北及运河街道一带）辖五杭、博陆、长寿、前庄 4 里。到了明代，仁和县郊外设 12 乡，其中的丰稔乡由青林村、庄溪村、博陆村、前溪村、五杭村、淳溪村六村合建，即含今运河街道及原塘南乡运河南部地域。明万历时，仁和县郊外设芳林、肇元、大云、丰稔、长乐上、长乐下、永和、安仁东、安仁西、廉德、太平、临江 12 乡，辖 332 里。其中丰稔乡辖五杭（禹杭）、博陆、亭趾村（里）。清宣统二年（1910），县以下划分自治区域：仁和县分县城和西镇、五都镇（今塘栖镇等地）、江干、湖墅、临平、乔司、皋亭、皋塘、会堡 9 个乡。其中五都镇辖五杭、博陆村，临平乡辖亭趾村。

20 世纪三四十年代，临平区的行政区划屡有调整，然仍以临平为中心，区域内部的基本格局并无变化。

民国 37 年（1948），杭县临乔区辖临平、乔司 2 镇和丁兰、忠义、永和、翁梅、小林、东安、乾元、亭趾、五杭、博陆 10 乡。今运河街道境内则亭趾、博陆、五杭乡三足鼎立。

迨中华人民共和国成立后，运河街道行政区划之隶属及建制又经多次变迁。1950 年，现域范围内包括亭趾、博陆、五杭乡。1950 年—1951 年，亭趾乡划出部分村与乾元乡部分村建立禾丰乡，划出两个村给双林乡；划出费庄等村与双林乡部分村建立新塘乡，又分成南港乡与亭趾乡。博陆乡划出部分村置高桥、胜利乡。五杭乡分建杭南、杭北、长春乡。

到了 1956 年，南港乡及禾丰、新塘部分村又并入亭趾乡；高桥、胜利乡及杭北乡东前溪村则并入博陆乡；杭南、杭北、长春3乡复又合并设五杭乡。

1958年11月，亭趾、博陆、五杭3乡合并建立亭趾人民公社，驻地亭趾街，下辖亭趾、胜利、博陆、高桥、五杭、长春六个管理区，辖区范围与今运河街道相同。

1961年，亭趾人民公社再一分为三，亭趾、胜利管理区合建亭趾人民公社；博陆、高桥管理区建博陆人民公社；五杭、长春管理区合建五杭人民公社，隶属新建立的余杭县。

1983年12月，实行政社分设，恢复乡镇建制，今运河街道时有亭趾乡、博陆乡、五杭乡。

1985年12月，博陆乡改建博陆镇，下辖戚家桥、长子、螺蛳桥、南石桥、金家埭、庄前、南园、五红8个村。1987年12月，亭趾乡改建亭趾镇，辖亭趾、湖津荡、道家圩、南横港、杨家墩、滩里、大来

五杭南水渭　　　　摄影　吕伟刚

桥、费庄、褚家坝、南栅口、章家河 11 个村。1988 年 10 月，五杭乡改建五杭镇，辖郭信、双条坝、杭北、杭南、中水渭、唐公、五杭、长春、黄家桥、道墩坝、圣塘河 11 个村。

2001 年 8 月，镇乡区划调整，撤销亭趾、博陆、五杭镇建制，建立运河镇。下辖戚家桥、长子、螺蛳桥、南石桥、金家堠、庄前、南园、新宇、亭趾、湖津荡、道家圩、南横港、杨家墩、滩里、大来桥、费庄、褚家坝、南栅口、章家河、郭信、双条坝、杭北、杭南、中水渭、唐公、五杭、长春、黄家桥、道墩坝、圣塘河 30 个村和亭趾、博陆、五杭 3 个居民区。

2003 年 9 月，村规模调整为亭趾、兴旺、明智、南横港、滩里、费庄、褚家坝、南栅口、章家河、螺蛳桥、东新、博陆、新宇、戚家桥、圣塘河、道墩坝、杭南、长虹、五杭、唐公、双桥、杭信 22 个村。同年 12 月撤居（村）组建亭趾、博陆、五杭 3 个社区。

2007 年 2 月 16 日，国务院正式批复的杭州市城市总体规划中，临平副城作为杭州市三大副城之一，将分担一部分城市中心的职能。运河镇也在临平副城的范围之内，因此迎来了新的历史契机。全镇下辖 21 个建制村（其中章家河、滩里、南横港、道墩坝、圣塘河、长虹等 6 个村自是年 11 月起委托余杭经济开发区管理），210 个村民小组，4 个社区，其中 1 个农村社区（褚家坝）。2007 年末总户数 12485 户，户籍人口 47836 人（其中农业人口 45440 人），外来人口 23981 人，区域面积40.4 平方公里。

2011 年 8 月，撤销运河镇，设立运河街道。为农村向城市转化提供了强有力的保障，也使社会公共服务职能向城市社区不断延伸，使城市的综合功能日趋完善。

至 2018 年底，运河街道下辖亭趾村、兴旺村、明智村、费庄村、螺蛳桥村、东新村、博陆村、新宇村、戚家桥村、杭南村、五杭村、唐公村、杭信村、双桥村 14 个建制村，亭趾社区、五杭社区、博陆社区、

南栅口社区、褚家坝社区 5 个社区。年末总户数 10200 户，人口 41768
人。农村常住人口 62318 人，其中外来从业人员 19028 人。除壮族、苗
族、蒙古族、畲族、彝族、黎族、满族、瑶族、土家族、布依族、侗族
等 11 个少数民族 216 人外，其余均为汉族。

三、村坊里社述变迁

"运河"作为镇、街道之名的历史虽短，然原亭趾、博陆、五杭三镇之名则历史悠久，源远流长。关于三处地名之来历均有传说和出典：

亭趾，一名亭祇，据传宋时有异僧至其地，闻有佛音缥缈，募资建亭于村之西，亭中供奉大士像，颇著灵异。里人神之，而亭祇以名。亭趾之名，或系"亭祇"之音讹而来。

而五杭、博陆之地名最早见之于典籍是在南宋咸淳《临安志》，这是杭州现存最早的三部地方志之一，因成书于度宗咸淳年间（1265—1274）而命名，为当时临安知府潜说友所主持纂修。该志卷之十七载："仁和县，东北至安吉州德清县，以博陆村为界，八十里。""水路：东北自江涨桥沿下塘河至博陆村，抵安吉州德清县界，八十八里。"卷之二十："仁和县管十一乡。丰年乡，管里四：长寿、五杭、博陆、前庄。"这是最早提及博陆、五杭地名的地方志书。清光绪《唐栖志》中亦载："咸淳《临安志》有永泰里、葛墅里（今葛墩）、仲墅里（今平宅）、五杭里、博陆里、前庄（今泉漳）里，今皆唐栖所统之乡村。"又载："博陆村创于宋，毁于元，复兴于明。"又载有"北陆埠"。盖其地港汊纵横，得陆为埠，以利交通，志以"陆埠"，又或以其地在县治之北，故取名"北陆埠"。后传讹为"博陆"。清康熙《仁和县志》载，宋丰稔乡所属有博陆里。《唐栖志》内《下塘漕河全图》中也标有"五杭村""博陆村""亭趾村"。

民国22年（1933）浙江省民政厅测丈队对杭州市及杭县区域进行测量绘成的《杭州都图地图》载明，民国年间今天运河街道所辖亭趾、五杭、博陆区域共有十多个小乡。今天的五杭片区有：民族乡、五杭乡、民生乡、民权乡、丰稔乡西北部。博陆片区有：万寿乡、信义乡、长子乡、博乐乡及永宁乡北部。亭趾片区有：永宁乡、丰稔乡、高安乡、永安乡、长寿乡大部及千金乡北部。

（一）五杭区域（含民族乡、五杭乡、民生乡、民权乡）

民族乡，四至范围：西至落家乡（今塘栖镇龙光桥自然村）、大灵泉漾（按：今称落瓜漾）、泉漳乡；南至民权乡；东至五杭乡；北至德清县禹越乡。全乡共有 28 个自然村。其村坊里社自西北往东南有：张家门前、轮湾角、毛洋兜、头条坝、二条坝兜、三条坝兜、东沿塘、四条坝兜、太均坝、河西、河东、宋家坝、枇杷湾（以上大运河北），龙光桥南（造桥港）、长子桥、百亩里、宋家河兜、江家坞、中圩、徐家坝、念亩里、东上圩、梅家河、黄塘寺、旗下坝、东坝河（以上大运河南，西塘均（泾）漾、太极河，——一名斜弓港西）。中水渭、南水渭（以上西塘均（泾）漾东）。

五杭乡，四至范围：西至民族乡；南至民生乡；东至长子乡；北至德清县禹越乡。全乡共有 10 个自然村。其村坊里社自西北往东南有：北杆、南杆、宋家埭、郭姜坝（以上四里在大运河北、峰［风］北港西），双条坝、荡头（在大运河北），北塞口、地心里、东泗河、鹕马坞（在大运河南）。

民生乡，四至范围：西至民权乡；南至丰稔乡；东至永宁乡；北至五杭乡。全乡共有 32 个自然村。其村坊里社从东北往南往西有：葡塘堰、方家堰、东坡里、念伍亩里、小贤里、箬帽潭、（西桥、东界永宁乡）西桥堰、菱河浜（东南侧是白鲤鱼漾）、田心里、顾家角、纪家湾、黄家桥、李家角、朱家圩、曹家基、韩家角、圣堂河、东家埭、鱼池圩、河东畈、池塘屋、上（长）村角、上（长）村、荒塘上、董家坝、钟家埭、道丁坝、六里泉庵、石家坝、尤家埭、尤家坝。

民权乡，四至范围：北至民族乡；西至孤林乡；南至东元乡；东南至丰稔乡；东至民生乡。全乡共有 39 个自然村。其村坊里社从西北往东南有：渡船头、孤林港、高地上、唐家北、周家埭、尤家埭（塘子坝桥）、唐家南、西港堰、曹家湾、高路底、高家埭、周家坝、大洪堰、西港堰、田心里、孙家围、缺田头、状元地、河西坂、赵家河、木河兜、梁家坝、梁家坝兜口、姆乌河兜、北沙河兜、六亩里、夹墩坝（以上禾丰港西）、野河里、陈家埭、董家坝、庞家道地、北胡家坝、道丁坝、端午头、胡家坝、石牌楼、李家园、西所头、长河坝河兜（以上禾丰港东，北往南）。

（二）博陆区域（含万寿乡、长子乡、博陆乡、信义乡、永宁乡西北部）

万寿乡，四至范围：北至德清县禹越乡；东至德清县大麻乡；南至信义乡；西南、西至长子乡、博陆乡。全乡共有 31 个自然村。分河东河西二片，其村坊里社河东从北往南有：保安桥、梁安桥、老鸦窠、木桥头、姜石、白堤圩、沈石河、盛家埭、南白堤、北庄河桥、石角圩、白堤堰。河西从北往南有：仁（淳）安桥、孟家横、丰康圩、陆家里、圣堂漾、斗门坝河北、柴头圩、乌里圩、陈家埭、东牌角、河南斗门、屠家湾、郎家兜、大家桥河东、河中圩、上南港、东南港、北晃圩、西小溪。（万寿乡位于大运河北面）

长子、博乐乡，四至范围：东至万寿、信义乡；北至德清县禹越乡；西至五杭乡、民生乡；南至永宁乡。全乡共有 38 个自然村。其村坊里社从西北往东南有：长子西圩、上家河、里荡、河洋浜、里湾、河北埭、戴家里、坝桥头、大畔堰、枫岭圩、登太洋、黄田塘（天成桥）、荡头、胡家里、钟家里、梁字湾、南河、李家坝、破水圩、黄片圩。以上大运河北。大运河南从西往东有：葡塘堰、市心坝、大坟头、白杜圩（白渡港）、西独圩、梁家里（福禄桥）、油车潭（油车桥）、河北埭（丰年高桥）、朱家桥（天街桥）、北西桥、南西桥（南庙港）、庄前村、东独圩、南石桥、博陆里（金锁桥）、第一条河北、第二条河北、第三条河北。

信义乡，四至范围：北至万寿乡；西至博陆、永宁乡；南至永宁乡；东至德清县大麻乡。全乡有 46 个自然村及地名。其村坊里社从东北往西南有：北庄河桥、庙东圩、苏竹圩、梅香圩、东洋埭、杨家河、天王寺（寺南东岳漾）、秀才桥、寺桥、金锁桥、南石桥、顾家河、荡里埭、杨家角、上岸浜、张李埭、郎岸浜（西邻东岳漾）、上柜圩（北邻东岳漾）、蔡家道地、邵家角、见龙桥、菱花圩、吊桥、李家角、杨居湖、金山河、钱家湾、港口、腰带圩、菱湖垰、金家埭、六十庄、海田河、杭家河、晒头、渡船桥、曹操河、石蟛圩、吴池湾、沈家道地、邵家圩、道家圩、河北地、庭生道地、邓沈道地、菱晃圩、螺蛳桥（螺蛳桥，位于乡之西南角上）。

永宁乡，四至范围：北至信义、博乐乡；西至民生、丰稔乡；南至亭趾、高安乡；东至德清县大麻乡。全乡有 40 个自然村及地名。其村坊里社从西北往东南有：西园、西桥、东前溪、永丰桥、两家村、浪网圩、北高地、南高地、白田滩、许家角、中央里、虎居浜、长石湾、上石湾、西斗沿、庙后村、文庙前、小螺蛳桥、钟家道地、桃树塘、孟家圩、军田圩、杨家坟头、姬家道地、陶家圩、汤家角、陈家道地、千户桥、张家角、里塘河、练树河、元家湾、下施圩、朱家河、湖津荡、木桥头（木桥）、庵堂湾、王家河、田心庵、南庄。

（三）亭趾区域（含永安乡、长寿乡、高安乡、丰年乡、永宁乡东南、千金乡北部）

永安乡，四至范围：东至亭趾、长寿乡；北至丰稔乡；西至东元乡；南至黎民乡、西乾乡。全乡有 26 个自然村及地名。其村坊里社从东北往西南有：北塘河、大栏桥、高地廊、汤家角、塘河埭、梁家桥、褚家坝、芦梗坝、畚箕河漾、车家坝、长桥洋（长桥）、长桥江、车前坝、坝桥漾、江桥坝、章家河、新庙江、沈家道地、朱家河、新庙前、王家河、赵家坝、苏俞坝、六四横、万寿庵南、河安坝。

高安乡，四至范围：东北至德清大麻；东至千金乡；南至千金乡；西至长寿乡、亭趾；北至永宁乡。全乡有47个自然村及地名。其村坊里社从西北往东南有：南塍圩、水门口、庙门前、外荡河、钱芳桥、北姚家、余庆桥、亭趾镇、先生桥、罗汉寺、杨家桥、南栅口、东至谷、陆家村、北塘河、白鹅潭、沙田圩、长田圩、高地郎、打网里、塘沽坝、白马坞、高安桥西（高安桥）、大坝里、木桥头、小桥头、姚大坝、（顾金桥）、施家坝、张家圈子、荡田里、杨家湾、杨家湖圩、费家庄、东围圩、前里湾、河南圩、西港、潘家河、费庄坝、梅家庄、百路先、耳朵湾、田螺港、丁港、东南汇。

丰稔乡，四至范围：北至民权乡、民生乡、永宁乡；东至永宁乡、亭趾镇；南至永安乡；西至东元乡。全乡有44个自然村及地名。其村坊里社从西北往东南有：北田头、杨家墩、（坝桥）、（亭桥）、（小桥）、元家角、北圣、湛家角、（万界桥）、（蒋家桥）、东荡、金家角、北塘河、山花里（按：今称三花里）、（大前桥）、箪饭桥、（万寿桥）、陈家里、掌项城、大泾头、北稔河、（降福桥）、南横港、河南坟、郎坞、陈家里、横排圩、仲江头、姚家河兜、西塘河、独圩郎、周家角、李家角、（兴福桥）、采士角、曹家道地、王家角、铁匠角、高地郎、塘河里、石板头、桃树北、车家坝、（台灯桥）。

千金乡北部，四至范围：北至德清县大麻乡；东至海宁许村乡；南至安平乡；西至高安乡、长寿乡。千金乡北部有21个自然村及地名。其村坊里社从北至南有：鳑鲏滩漾、西坟头、王家河头、金家圈、西荡湾、南田、庄前、张家湾、坝里、高地头、杨家湾、西江圩、周家池、田心里、千金桥、戴家埭、万安桥、长河埭、圆通庵后、赵家堰。

再往南是千金乡南部，有20个自然村及地名，其村坊里社从东北往西南有：（赵家木桥）、黑桥头、大家车缺、三邻圈、胡家埭、宋家滩、庙前埭、小桥头、十字港、安平村、汪家阁、俞家角、双林村、山弯里、香坝、卜易石桥、圣堂庙、戚家桥（按：位于西南角）、月华河东，隔河标注长寿村。（按：以上用括号者是指当时的桥梁。）

自民国以来，亭趾、博陆、五杭建置如下。

（一）亭趾乡（镇）村郭里社之详述

关于亭趾，清光绪《临平记》卷三载："永安村改亭子村，又名亭溪。"《临平记》作者沈谦云："去临平之北十里许，曰永安村。丁养浩有言，宋时有异僧至其地，募资建亭于村之西，以便行人息足。中设大士像，颇著灵异。人或遗物于中，有拾取者辄大疾。里人神之，而亭子以名。其说得诸故老传闻，当非诬罔。至路有遗金，人不敢取，谓非大士之灵其能若是乎！"后来亭子村之名变成了亭趾，或是因后来亭子湮灭，仅剩亭趾（趾、址可以通用）之故。

民国时称亭趾乡，中华人民共和国成立初依旧称亭趾乡。1956年，由亭趾、南港2个乡和禾丰、新塘2个乡各一部分合并为亭趾乡。1958年称亭趾人民公社亭趾管理区，1961年该管理区改称亭趾公社。1983年12月建立亭趾乡。1987年12月，亭趾乡改建亭趾镇，辖亭趾、湖津

亭趾刘家道地　　　　　　　　　　　　　　　摄影　吕伟刚

荡、道家圩（圩方言读 yu）、南横港、杨家墩、滩里、大来桥、费庄、褚家坝、南栅口、章家河 11 个村。集镇中心南距县治临平镇 5 公里。

亭趾村："亭趾"村之名，以邻近亭趾集镇得名。中华人民共和国成立初，属亭趾乡，包括五、六、十一、十二等村，1956 年由亭趾一社、亭趾二社、永宁社等合并建立红星高级社，1958 年命名亭趾大队，1961 年分为亭趾、永宁、红星 3 个大队，1966 年合并称前进大队，1981 年 8 月复称亭趾大队，1983 年 12 月亭趾大队改名亭趾村。村民以种植水稻、络麻为主，兼营蚕桑、淡水鱼、甘蔗等作物，养殖甲鱼、黑鱼为大宗。有白湖潭（村西南有湖泊名白湖潭，村以湖名）。头庄廊（系亭趾镇近旁第一村庄，故名头庄。廊，方言"上"之意）。东至角（此村东南北三面环河，唯正西有通道。从西到东来此村，无其他陆路可通，故称东至角）。打网里（村民多从事渔业，故名）、高地廊（以地势较高得名）。阮家湾、里塘河（村里有塘，村后有河，以此得名）。外塘河（村后有一爿 5 亩多的鱼塘，村前有河，故名）。前方桥、庙后村（旧时村前有一古庙，名永宁庙）。大坝里（村西有河，河中间原筑有一坝，供人来往）共 11 个自然村。1999 年，农村门（楼）牌编制时废止白湖潭自然村名。

明智村：该村历史上分属湖津荡村，道家圩村。一是湖津荡村，中华人民共和国成立初，属亭趾乡十一村，1955 年包括和平、建南 2 个低级社，1956 年合并称和平高级社，1958 年命名和平大队，1981 年 8 月更名湖津荡大队。有湖津荡（村边有一口较大的池塘约 70 亩水面，俗称湖津荡，村以荡名）、南庄（相传村民原由大麻南庄迁移而来，故名）、木桥头、王家河、朱家河 5 个自然村。二是道家圩村，中华人民共和国成立初，属亭趾乡十一村，1956 年由永安、建福、螺蛳桥等社合并建永建高级社，1958 年命名永建大队，1983 年 12 月名道家圩村。有小螺蛳桥（旧时村西有座小螺蛳桥，村以桥名）、陈家道地、千户桥村、道家圩、汤家角、沈家道地、七家头 7 个自然村。2003 年 9 月村规模调整，湖津荡、道家圩2村合并命名明智村，以境内明智小学得名。历史上村民以种植水稻、络麻为主，兼营蚕桑，甘蔗等作物，现兼营甲鱼、黑鱼。全村辖湖津荡、南庄、木桥头、王家河、朱家河、陈家道地、千户桥、南道家圩、北道家圩、汤家角、沈家道地、七家头（旧时该地只有七户人家，故称七家头）12个自然村。1999年农村门（楼）牌编制时废止道家圩（分为南道家圩、北道家圩村）、小螺蛳桥2个自然村。

南横港村："南横港"村之名，以东西横贯村南的一条港得名。中华人民共和国成立初，属亭趾乡，1954年为拥护、新建2个合作社，1955年合并称拥护高级社，1958年命名拥护大队，1981年8月更名南横港大队，1983年12月南横港大队改名南横港村。有南横港南、南横港北（因有一河贯村，河名南横港）、坞廊（旧时此村由三坞组成，"坞廊"即"坞上"之意）3个自然村。历史上村民以种植水稻、络麻为主，兼营甘蔗、蚕桑、甲鱼、白条鱼等栽种和养殖。1999年农村门（楼）牌编制时废止南横港（分为南横港南、南横港北村）自然村。2007年11月起委托余杭经济开发区管理。

兴旺村：由原杨家墩和大来桥村合并而成。其一是杨家墩村，中华人民共和国成立初属亭趾乡十三村，1955年包括杨家墩、三花里、王家埭、北田头4个农业合作社，1956年合并建联益高级社，1958年命名联益大队，1983年12月定名杨家墩村。村民以种植水稻、络麻为主，兼营蚕桑、甘蔗等作物。有湛家角（村三面环水，村民多姓湛，故名）、北兴村（旧时村东端有庵，称北兴庵，村以庵得名）、金角家、杨家墩、三花里（相传村南坟地中有三朵石菊花而得名）、丹万桥、北田头7个自然村。其二是大来桥村，驻地大来桥。中华人民共和国成立初，属亭趾乡七村，1956年分属余庆桥、大来桥2个合作社，1958年命名余庆桥、大来桥2个大队，1966年大来桥大队和余庆桥大队一部分合并称红卫大队，1981年8月更名大来桥大队，1983年12月定名大来桥村。村民以种植水稻、络麻为主，兼营蚕桑、甘蔗等。有大来桥（村东有桥，俗称"大来桥",村以桥名)、北姚家(曾名月辉桥,桥已毁)、余庆桥(村以桥名)、高地廊(以地势较高得名)、塘河里5个自然村。1983年12月,联益、大来桥2个大队分别改建杨家墩村、大来桥村。2003年9月村规模调整时,杨家墩、大来桥2个村合并命名兴旺村。"兴旺"村之名,以地处兴旺工业区内而得名。全村辖湛家角、北兴村、金家角、杨家墩、三花里、丹万桥(村边曾有一座石桥,名单万桥,后讹为"丹万桥")、北田头、大来桥、北姚家(旧时此村只有八户姚姓农户,"八""北"方音相同,讹为北姚家)、余庆桥、高地廊、塘河里12个自然村,1999年农村门(楼)牌编制时废止金家角自然村。

滩里村:"滩里"村之名,以境内滩里自然村得名。中华人民共和国成立初,属亭趾乡十四村,1956年由三联、建设、胜利、新民、链铭、新联等6个农业合作社合并建六联高级社,1958年命名六联大队,1960年分为六联、周家角、车家坝3个大队,1966年又合并称东风大队,1981年8月复名六联大队。1983年12月六联大队改名滩里村。村民以种植水稻、络麻为主,兼营蚕桑、甘蔗、甲鱼等。有王家角、车家坝、曹家里、彩市角(旧时有一染匠,来此定居营业,染色多彩,村以此得名)、铁匠角、李家角、周家角、头二埭(此处原只有两间民房,故名)、滩里、姚家河、陈家里11个自然村,2004年6月,新增滩里新苑农居点。

费庄村:"费庄"村之名,因费庄坝得名,一说以费庄高级社得名。中华人民共和国成立后,属亭趾乡十村和新塘乡费庄,1955年由费庄一社、姚大坝社、费庄二社、春池巷社、杨家车社合并建费庄高级社,1958年命名费庄大队,1966年改名东方红大队,1977年复称费庄大队,1983年12月费庄大队改名费庄村。村民以种植水稻、络麻为主,兼营蚕桑、甘蔗等。有湾里(地处河湾之里)、高梅家埭(村民半数姓高、半数姓梅)、杨家车(旧时村中有一油坊,"油车老板"姓杨)、坝口、毕家埭、田横廊、长埭廊、河南角、湾里河南、东坝里、姚大坝11

个自然村。"费庄"村之名，以前，亭趾集镇东就有费庄坝村，村内多坝，如姚大坝、东坝里、坝口等。全村辖高梅家埭、湾里、杨家车、坝口、毕家埭、田横廊（旧时此地都是田，后来以村民在田间建住房，得名田横上。"廊""上"方音相同，意为"田地上"）、长埭廊、河南角、湾里河南、东坝里、姚大坝、费兴（为费庄村拆迁户指定建房地，寓意费庄村经济兴旺发达）12个自然村，1999年农村门（楼）牌编制时新增费兴自然村。

褚家坝村：以驻地褚家坝自然村得名。中华人民共和国成立初，属亭趾乡七、八村。1956年由一联社、三联社合并建幸福高级社，1958年命名褚家坝大队，1966年改名建设大队，1981年8月复称褚家坝大队。1983年12月，褚家坝大队改名褚家坝村。村民以种植水稻、络麻为主，兼营蚕桑、甘蔗等。全村辖褚家坝（相传曾有褚姓者自外地迁来开荒垦田，而村名沿用，分褚家坝河北与褚家坝河南）、塘河埭、梁家角（相传施家里人避乱来此建村）、刘家道地（以刘姓人家聚居得名）、蓑衣坝（旧时村民多以做蓑衣为业而得名）5个自然村。1999年农村门（楼）牌编制时废止褚家坝（分为褚家坝河南、褚家坝河北二村）自然村。至2005年，全村已无耕地，村民以个体经营和集体经营为主。

南栅口村："南栅口"村之名，以境内南栅口自然村得名。驻地陆家村，距乡驻地0.2公里。中华人民共和国成立初，属亭趾乡三村，1956年由南新社、陆新社合并建幸福高级社，1958年命名南栅口大队，1966年更名新卫大队，1984年3月新卫大队改名南栅口村。村民以种植水稻、络麻为主，兼营蚕桑、甘蔗等。有陆家村（传此村原有六姓，故名）、南栅口（村民多以捕鱼为业，村口建有一栅，俗称南栅）2个自然村。全村辖南栅口、陆家村2个自然村。

章家河村："章家河"村之名以境内"章家河"自然村得名。中华人民共和国成立后，属禾丰乡六、七村，1956年称幸福高级社，1958年命名幸福大队，1961年称章家河大队，1966年称前锋大队，1984年

3月前锋大队改名章家河村。村民以种植水稻、络麻为主，兼营黄姜、甘蔗等。有王家河、罗梗坝（沿村河岸多植芦苇，称芦梗坝，俗称罗根坝，分罗梗坝南埭、罗梗坝北埭）、章家河、赵家坝、和合坝（旧时村北有一和合庵，村以此得名）5个自然村。1999年农村门（楼）牌编制时废止罗梗坝自然村。2004年废止和合坝（更名和合新村）自然村。2007年11月起章家河村委托余杭经济开发区管理。

2011年8月，政府机构调整，撤销运河镇，成立运河街道。下辖19个村（社区）。

运河街道亭趾片有4村3社区。

亭趾村：全村辖头庄廊、东至角、打网里、高地廊、阮家湾、里塘河、外塘河、前方桥、庙后村、大坝里10个自然村，全村地域面积为2.36平方公里，置9个村民小组。

兴旺村：由原大来桥村和原杨家墩村合并而成，全村区域面积2.22平方公里。全村辖北姚家、余庆桥、大来桥、高地廊、塘河里、湛家角、杨家墩、金家角、三花里、北田头（2个村民小组）等11个村民小组，因拆迁搬迁形成高地廊、杨家墩两个居民小区（241户农户），剩余北姚家、余庆桥、大来桥、塘河里、北兴、湛家角、北田头等7个自然村。

费庄村：全村辖高梅家埭、湾里、杨家车等12个自然村，区域总面积1.718平方公里。有高梅家埭、杨家车、

费庄村　　　　　　　　摄影　吕伟刚

田横廊、长埭廊、湾里等 12 个自然村。共 11 个村民小组。

明智村：全村地域面积 2.1 平方公里。明智村成立于 2003 年 9 月，由原道家圩村、湖津荡村合并而成。明智村内河港交错，池塘密布，具有较好的自然资源。2018 年，全村辖湖津荡、南庄、木桥头、王家河、朱家河、陈家道地、千户桥、南道家圩（"圩"方言读 yu）、北道家圩、汤家角、沈家道地、七家头 12 个自然村，9 个村民小组。

社区

褚家坝社区：面积 1.8 平方公里。1983 年 12 月，褚家坝大队改建褚家坝村。2005 年，村里已无耕地，村民以个体经营和集体经营为主。2007 年 11 月，撤村建居。原辖褚家坝河南、褚家坝河北、塘河埭、梁家角、刘家道地、蓑衣坝 6 个自然村。2009 年，社区 4 组蓑衣坝、6 组梁家角拆迁。2010 年社区 2 组褚家坝河北、3 组褚家坝河南拆迁。2012 年，玲珑香榭小区划入褚家坝社区，成为褚家坝社区 7 组，原先拆迁的居民已经于 2016 年 12 月通过摇号分房，全部回迁，入住杭机路 44 号

亭趾白湖潭　　　　　　　　　　　　　　　　　摄影　吕伟刚

运潭公寓。褚家坝社区位于运河街道最繁华地段，紧临国家级开发区——余杭经济开发区，东湖北路延伸段贯穿其中，交通便利，经济发达。社区下设 7 个居民小组。

南栅口社区：面积 0.92 平方公里。南栅口村三面环水。2008 年 11 月份，南栅口村撤村建居，改称社区。下设 4 个居民小组（陆家村和南栅口村 2 个自然村）。

亭趾社区：亭趾集镇成市较早，南宋就载入史册。中华人民共和国成立后，特别是改革开放以来，小城镇建设加快，道路拓宽延伸，形成了运河镇较繁华的商业中心。辖区内主要街路有银桥路、兴旺大道、永宁路、日辉路、湖潭路等 10 余条。临博公路、临五公路穿境而过，交通便利。1989 年，建立南桥居民区。2001 年，亭趾、博陆、五杭三镇合并后建立亭趾居民区。2003 年 12 月，撤销亭趾居民区，组建亭趾社区。包括老街及嘉丰万悦城小区、运河丽园小区新建楼盘。社区面积 0.6 平方公里，辖 7 个居民小组。

（二）博陆乡（镇）村郭里社之详述

博陆之名，清光绪《唐栖志》载："博陆村创于宋，毁于元，复兴于明。"又有"北陆埠"。后传讹为"博陆"。宋代称博陆里。民国时称博陆乡。中华人民共和国成立初仍为博陆乡，1950 年 10 月分建高桥乡，1951 年 4 月又从博陆乡分建胜利乡。1956 年由博陆、高桥、胜利 3 个乡和杭北乡之东前溪村合并为博陆乡。1958 年属亭趾人民公社博陆、高桥管理区。1961 年两个管理区从亭趾公社分出建立博陆公社。1983 年 12 月建立博陆乡。1985 年 12 月，博陆乡改建博陆镇，境域南北最长距 4.3 公里，东西最宽距 3.6 公里，总面积 12.53 平方公里，集镇中心南距县治临平镇 9 公里。辖戚家桥、长子、螺蛳桥、南石桥、金家埭、庄前、南园、五红 8 个村。计 67 个村民小组，分布于 72 个自然村。1999 年 8 月博陆镇五红村更名新宇村。博陆地属平原水网地区，京杭大运河由西向东流经全境，支河港汊交错纵横，极利灌溉。主要河道有：木桥港、喜安港、亭趾港、凌河港和八字桥港，全长 12.16 公里，属大运河水系。其中木桥港是原博陆市河。20 世纪 70 年代，木桥港被填埋，成为今天博陆之主要街道"鹿溪路"。境域内耕地占总面积的 70.46%，水面占 17.1%。历来是余杭粮食高产区之一。除种植水稻，还经营络麻、油菜、蚕桑、甘蔗和渔业、畜牧业。

下属村社：

戚家桥村：此村村名以村内有一座戚家桥而得名。此地原有七姓氏联合出资建桥，俗称七家桥。因土语"七""戚"音相近，传讹为"戚家桥"。中华人民共和国成立初属博陆乡，1958 年命名戚家桥大队。1961 年分为 3 个大队，即戚家桥大队、孟家横大队、郎家兜大队。1966 年合并称红阳大队。1981 年 8 月复称戚家桥大队。1983 年 12 月戚家桥大队改名戚家桥村。村民以种植水稻、络麻为主，兼营油菜、蚕桑、甘蔗、甲鱼、黑鱼等。全村有周家里、郎家兜、陈家埭、王家里、孟家横、仁安桥、潘家里、陆家里、港头河东、港里河西、沈塘漾、蒋家里 12 个自然村。

戚家桥　　　　　　　　　　　　　　　　　　　　　　　摄影　吕伟刚

博陆村：博陆村是由庄前村、南园村合并而成。庄前村，该村村民原系个体捕鱼为业的内河渔民，1961年组织捕捞队，1968年命名博陆水产大队，1983年12月博陆水产大队改名庄前村。有水面800亩（53.33公顷），村民以养殖淡水鱼和捕捞野生杂鱼为生。计划经济时，村民粮油由国家定额供给。有庄前湾、姚家浜、王家道地、钟家角、南庙前、朝东埭（房屋都朝东，故名）6个自然村。南园村，以境内南园自然村得名。中华人民共和国成立初属博陆乡，1958年命名南园大队，1966年改称向红大队，1981年8月复称南园大队。1983年12月南园大队改名南园村。村民以种植水稻为主，兼营络麻、蚕桑、甘蔗等。有朱家湾、南园、北西桥（乡驻地之西有南北向河流一条，上有两桥，南为南西桥，北为北西桥）、河北埭、张家弄、庄前村（以位于博陆镇之前，故名）、南西桥、梁家里、西独圩（位于村之西，位置偏僻，隔河交通不便，故名）9个自然村。1999年农村门（楼）牌编制时废止庄前湾（更名庄前村），设姚家浜和王家道地、钟家角、南庙前、朝东埭（5个自然村并入庄前村）、庄前村（更名祥子苑）、张家弄、南西桥8个自然村；新增寺西苑、朱家桥、打鸟浜3个自然村。2003年9月村规模调整时，庄前、南园2个村合并命名博陆村。全村辖博新苑、庄前村、朱家湾、南园、北西桥、博陆河北埭、梁家里、西独圩、朱家桥、打鸟浜、寺西苑、祥子苑（此地原有祥子港，村形成后，曾名庄前村，后以港得名祥子苑）12个自然村。2004年10月新增博新苑农居点。

双桥村：双桥村是由原五杭乡双条坝村与博陆乡长子村合并组建。双条坝村，以驻地双条坝得名。中华人民共和国成立初，属五杭乡十三村，1956年建永和合作社，1959年与共和合作社合并称为共联大队，1961年从共联大队分出称双条坝大队，1983年12月定名双条坝村。村民以种植水稻、络麻为主，兼营蚕桑、甘蔗等。有双条坝（村边有两条小河，河上分别筑有供人行走的坝，俗称双条坝，村以坝名）、荡头村（前有一爿通往运河的荡，称荷花荡）、南河（有一条通运河的河浜，称南河）3个自然村。长子村，以境内自然村得名。中华人民共和国成立初属博陆乡，1958年命名长子村、河北埭、盛家坞3个大队。1966年合并命名长征大队，1983年12月定名长子村。村民以种植水稻、络麻为主，兼营蚕桑、畜牧。有河洋浜、李家坝、梁字湾、戴家里、河北埭、盛家河、长子村（长子村初为12村、13村，12村包括李家坝、戴家里、梁字湾、钟家里，13村包括河北埭、盛家河、河洋浜。该村位于大运河北岸，地形呈东西长条形，古称有"十八里"，是德清、桐乡来博陆贸易的必经之路，或云此村旧时以踏高跷闻名乡里，故称长子村）7个自然村。2003年村规模调整时，双条坝村与长子村两村合并命名双桥村。"双桥"村之名，以境内双桥得名。村南京杭大运河东段有两座桥。俗称双桥。全村辖梁字湾、双条坝、南河、河洋浜、李家坝、戴家里、河北埭、盛家河8个自然村，1999年农村门（楼）牌编制时废止长子村、荡头（与南河同为一个自然村）两个自然村。

双桥村 摄影 吕伟刚

螺蛳桥村：螺蛳桥村村名以境内晾网圩二鼻头漾处凌河港上的大螺蛳桥和小螺蛳桥得名。中华人民共和国成立初属亭趾乡，1958年命名胜利大队，1966年改名红星大队。1975年9月，向河港要粮，填河拆除大小两座螺蛳桥。1981年改名螺蛳桥大队。1983年12月，红星大队改名螺蛳桥村。村民以种植水稻、络麻为主，兼营蚕桑、甲鱼、黑鱼等。有前溪、二家村、晾网圩、邓沈道地4个自然村。

东新村：东新村是由南石桥村和金家埭两村合并而成。南石桥村，以境内有南石桥，故名。南石桥，坐落博陆镇之南，原系石拱桥，后改建，为临博公路主要桥梁之一。中华人民共和国成立初属博陆乡。1958年命名扶栏桥、东联2个大队。1967年合并称立新大队。1981年8月更名南石桥大队。1983年12月定名南石桥村。村民以种植水稻、络麻为主，兼营蚕桑、甘蔗等。有港口（旧时称江口，与亭趾乡一河相隔，因位于3条河道交叉口，故称港口）、邵家角（三面环河，东有东华漾，西有塔前漾）、朱家里、东独圩、东桥头（博陆镇东有座石桥桥名见龙桥，因村位于桥东，故名）、杨家坞、蔡家道地、东漾埭（以位于东华漾之东而得名）8个自然村。金家埭村，以境内金家埭自然村得名。中华人民共和国成立初属博陆乡。1958年命名金家埭、兴福2个大队。1966年合并命名东方红大队。1981年8月更名金家埭大队。1983年12月改名金家埭村。村民以种植水稻、络麻为主，兼营蚕桑、油菜等。有鲁家河（此地旧有鲁家庵，庵前有河称鲁家河）、顾家河、塘里埭、张里埭、金家埭、陆石庄、西晒头、东晒头、浜岸廊、杨居河、杭家河11个自然村。2003年9月，村规模调整时南石桥村、金家埭村合并命名东新村。东新村之名，以原南石桥村立新大队，金家埭村东方红大队名称中各取一字组成。全村辖港口、邵家角、朱家里、凌家里、扶栏桥、东桥头、杨家坞、蔡家道地（村以原蔡姓大户人家门前铺有较大场地——方言称道地而得名，村民蔡姓居多）、东洋埭、顾家河、塘里埭、张里埭、金家埭、陆石庄、晒头、浜岸廊、杨居河、杭家河18个自然村，

1999年农村门（楼）牌编制时废止鲁家河（并入金家埭）、东独圩（更名凌家里）、东晒头（更名晒头）、西晒头（并入杭家河）4个自然村，新增扶栏桥自然村。

新宇村：这一带民国时称"白堤圩"，因地荒人穷得名，后改造成新圩。中华人民共和国成立初属博陆乡。1958年命名为五红大队。1961年分为五星、红旗2个大队，1966年合并称红旗大队，1982年2月更名新圩大队。1983年12月，新圩大队改建五红村。1999年农村门（楼）牌编制时，根据村民意愿将五红村更名为新宇村。村民以种植水稻、络麻为主，兼营蚕桑、油菜、甲鱼、黑鱼。全村辖姜石、王家里、北庄河、盛家里、李家角、茧子里、老鸦窠、新房子、梁安桥、戴家里、奚家里、李家埭、沈家里、保安桥、沈石河15个自然村。

2011年8月，政府机构调整，撤销运河镇，成立运河街道。运河街道下辖19个村（社区）。

其中博陆片有6村1社区。

戚家桥村：位于运河街道最北端的京杭大运河北岸，东与新宇村隔河相望，村面积2.2平方公里，以养殖甲鱼为主，兼营种植水稻、草坪等。2018年，全村共12个村民小组，12个自然村（郎家兜、陈家埭、周家里、王家里、港里河东、蒋家里、港里河西、孟家横、仁安桥、潘家里、沈塘洋、陆家里）。戚家桥村有始建于隋朝的"千年古刹"——慧日禅寺，有"一桥跨三府"的市级文物保护单位——淳安桥，曾为古运河航标的300多年古樟树，还有拟申请非物质文化遗产的蛇医馆，有清朝光绪三十六年重建的古桥七家桥等。

双桥村：双桥村之名，以境内双桥得名。全村总面积2.38平方公里，种植水稻，兼营甲鱼养殖。有浙江省千亩生态甲鱼示范园区，是全国一村一品示范村。全村辖双条坝、南河、河洋浜、梁字湾、李家坝、戴家里、河北埭、盛家河8个自然村，9个村民小组。

螺蛳桥村：村域面积1.36平方公里。全村辖前溪、二家村、晾网圩、邓沈道地 4 个自然村，下辖 5 个村民小组。

新宇村：1999 年 8 月五红村更名新宇村。新宇村地处运河街道东北面的京杭大运河北岸，与桐乡大麻镇百富村交界，区域面积 2.2 平方公里，有 14 个村民小组。全村辖姜石、王家里、北庄河、盛家里等 16 个自然村，14 个村民小组。

博陆村：2003 年 9 月村规模调整，由庄前、南园 2 个村合并命名博陆村。总面积 1.7 平方公里，全村有 14 个村民小组。全村辖博新苑、庄前村、朱家湾等 12 个自然村。2004 年 10 月新增博新苑农居点。

东新村：全村有晒头、杭家河、陆石庄、金家埭、李家角、安西、杨居河、港口、顾家河、塘里埭、蔡家道地、张里埭、邵家角、扶栏桥、朱家里、凌家里、浜岸廊、东洋埭、杨家坞、东桥头、金锁桥 18 个自然村，17 个村民小组。总面积 3.31 平方公里。

博陆社区：博陆社区的前身是中华人民共和国成立后建立的博陆居民区。1986 年 2 月改建中心街居民区。2001 年亭趾、博陆、五杭三镇

东新村　　　　　　　　　　　　　　　　　　摄影　吕伟刚

合并后，改称博陆居民区。2003 年 12 月撤销博陆居民区，组建博陆社区。博陆属水网地带，又称博溪。其地名，志书以为"或以其地在县治之北，又称'北陆埠'"。后传讹为"博陆"。民国时期曾叫博鹿、博乐，解放后名博陆村、博陆乡、亭趾公社博陆管理区、博陆人民公社、博陆镇。博陆社区面积 1.08 平方公里，地处京杭运河南岸。从晚清时起，邻县各地羊市云集于此。一集有三家油车，且较兴隆。20 世纪 20 年代开始成为买卖兴隆的活水码头集镇。辖区内主要街路有天顺路、育士路、金锁路、鹿溪路、双桥路等。临五公路、临博公路直通 320 国道，水陆交通均便捷。2018 年，社区有 5 个居民小组。

（三）五杭乡（镇）村郭里社之详述

五杭乡位于县境东北，京杭大运河两岸。北界德清县禹越镇，东连博陆镇，西接塘栖塘南乡，南与亭趾乡、乾元乡为邻。集镇中心南距县治临平镇 9 公里。乡以驻地得名。清称禹杭村，讹为"五杭"。中华人民共和国成立前称五杭乡。1951 年 6 月，由五杭乡分建杭南、杭北、长春 3 个乡。1956 年，杭南、杭北、长春（东前溪村划给博陆乡）3 个乡合并为五杭乡。1958 年称五杭、长春管理区，属亭趾人民公社。1961年，五杭、长春 2 个管理区从亭趾公社分出建立五杭公社。1983 年 12 月建立五杭乡。五杭乡南北最长距 3.4 公里，东西最宽距 4.5 公里，总面积 13.51 平方公里。辖 11 个村，计 73 个村民小组，分布于 52 个自然村。至 1985 年 12 月，共有 3296 户，人口 14294 人。1988 年 10 月，五杭乡改建五杭镇，辖郭信、双条坝、杭北、杭南、中水渭、五杭、唐公、长春、黄家桥、道墩坝、圣塘河 11 个村。五杭系平原水网地区，港汊纵横。有关资料记载，五杭是全区水域面积最大的乡镇。大运河自西向东横贯全境，总长 5200 米。境内主要河道有五条：运河、斜弓港、禾丰港、风北（波）港和长春河，全长 14.2 公里，基本上达到抗旱通水的要求。耕地占总面积的 73.04%，水面 13.73%。除水稻、络麻外，种植麦类、油菜、甘蔗、香瓜，兼营蚕桑、畜牧、淡水鱼等。

下属村社：

杭信村：由杭北村和郭信村合并而成。杭北村，驻地三条坝，以辖区在五杭镇北，故名。中华人民共和国成立初为五杭乡十五村，1954年成立洋北、中心、头兴、丰河等农业合作社，1958年命名杭北大队，1983年12月定名杭北村。村民以种植水稻、络麻为主，兼营蚕桑、甘蔗等。村内有三条坝（由龙光桥往东第三座桥，俗称"三条坝"，村以坝名）、毛羊兜、头条坝、二条坝、四条坝、太均坝（漾口有一坝，俗称太均坝）6个自然村。郭信村，驻地郭姜坝。中华人民共和国成立初属五杭乡十四村，1956年建郭信农业合作社，1958年命名郭信大队，1966年改称国兴大队，1983年12月定名郭信村。村民以种植水稻、络麻为主，兼营蚕桑、甘蔗等。有郭姜坝（以姓氏名坝）、宋家埭、宋家坝3个自然村。2003年9月村规模调整，杭北、郭信2个村合并命名杭信村。"杭信"之名，是以原杭北村、郭信村两村各抽一字组成。全村辖郭姜坝、宋家埭、宋家坝、三条坝、二条坝、四条坝、头条坝、太均坝、毛羊兜9个自然村。

五杭村：村驻地东泗河。五杭村由原五杭村和中水渭村合并组成。五杭村，中华人民共和国成立初属五杭乡四村，1956年建共和农业合作社，1959年和永和农业合作社合并为共联大队，1961年从共联大队分出称共和大队，1981年8月更名五杭大队。1983年12月，五杭大队、联合大队分别改建为五杭村、中水渭村。有东泗河、东街廊（因位于五杭集镇东北面，故名）、西村头（因位于五杭集镇之西）3个自然村。中水渭村，中华人民共和国成立初，属五杭乡十二村，1957年建联合农业合作社，1958年命名联合大队，1983年12月定名中水渭村。有梅家河、北水渭、胡家里、周家里4个自然村（其中胡家里、周家里亦属于中水渭）。2003年9月，五杭、中水渭2个村合并命名五杭村。村民以种植水稻为主，兼营蚕桑、甲鱼、白条鱼等。全村辖东泗河、东村头、西村头、蔡家里、中水渭（按：传隋开运河年间即称中水渭，沿袭至今。塘泾漾是京杭运河的一个水渭，即河湾，此村位于塘泾漾东中段，故名）、北水渭、梅家河、洋口 8 个自然村，1999 年农村门（楼）牌编制时废止东街廊自然村，新增东村头、洋口、蔡家里 3 个自然村。

唐公村："唐公"之村名，以境内唐公村得名。中华人民共和国成立初，属杭北乡。1954 年包括南星、中星等 6 个农业合作社。1958 年命名唐公村大队。1966 年改称红卫大队。1981 年 8 月复称唐公村大队，1983 年 12 月定名唐公村。村民以种植水稻、络麻为主，兼营蚕桑、甘蔗、淡水鱼等。有尤家埭、荷叶墩、唐公村、打铁桥、前后南水渭、唐家墩、南水渭 7 个自然村。其中尤家埭、荷叶墩居住人口中有部分为五杭社区居民。全村辖唐公村（村民曾在运河里发掘出一块石碑，署有"唐公"二字）、唐家墩、尤家埭、荷叶墩、木桥河西、河北埭、鱼桥头、打铁桥、南水渭、前后南水渭 10 个自然村，1999 年农村门（楼）牌编制时新增木桥河西、河北埭、鱼桥头 3 个自然村。唐公村南水渭自然村是清代乡贤沈近思故里。

杭南村：杭南村之名是以地处五杭集镇南得名，驻地坝口。中华人民共和国成立初属五杭乡。1954 年包括三联、渡船头等农业合作社。1958 年命名杭南大队。1966 年改名立新大队。1981 年 8 月复称杭南大队。1983 年 12 月定名杭南村。村民以种植水稻、络麻为主，兼营蚕桑、甘蔗等。全村辖坝口（因坐落上南河坝边，故名）、周家埭、马宅、周家坝、胡家里（曾名田心里，因村四面皆农田，村民多姓胡）、坞兜头、梁家坝、渡船头、曹家湾、高家埭、池廊（村四周皆鱼塘，故名。"廊"，"上"之方音）、尤家坝、孙家埭、高地廊 14 个自然村。1999 年农村门（楼）牌编制时，废止坞兜头（更名上南河）自然村。

长虹村：长虹村是由长春村和黄家桥村合并而成。长春村，以驻地长春得名。中华人民共和国成立初属五杭乡。1956 年成立建设、许家角 2 个合作社。1958 年命名长春大队。1983 年 12 月定名长春村。村民以种植水稻、络麻为主，兼营蚕桑、淡水鱼等。有长春、池塘河（由一鱼塘发展而成，曾名池塘屋）、羊毛袋3个自然村。黄家桥村，以驻地黄家桥（有古桥名黄家桥）得名。中华人民共和国成立初属五杭乡第一行政村。1954年成立福胜、新联等农业合作社。1958年命名黄家桥大队。1983年12月定名解放，后改为黄家桥村。村民以种植水稻、络麻为主，兼营蚕桑、甘蔗等。有黄家桥（村民多姓黄，故名）、顾家角、凌河浜、李家角4个自然村。2003年9月长春与黄家桥两村合并为长虹村。长虹村之名，"长"是取长春村的"长"，"虹"则以黄家桥村原名东方红大队取其"红"字，"红""虹"同音，故命名长虹村。全村辖黄家桥、长春、池塘河（曾名池塘屋）、羊毛袋（村前有只小浜兜，形如一顶草帽，称为"凉帽袋"，后音讹为羊毛袋）、顾家角、凌河浜等6个自然村，1999年农村门（楼）牌编制时，废止李家角（并入凌河浜）自然村。2007年11月起委托余杭经济开发区管理。

道墩坝村："道墩坝"村之名以境内道墩坝自然村而得，村委驻地道墩坝。中华人民共和国成立初属五杭乡，1954年包括众联、胜联、三联等农业合作社。1958年命名为胡家坝、董家坝、道墩坝3个大队。1966年合并称联丰大队，含"联合丰收"之意。1983年12月联丰大队改名道墩坝村，有胡家坝、道墩坝、董家坝3个自然村。村民以种植水稻、络麻为主，兼营蚕桑、甘蔗等。辖道墩坝（道墩坝村有小河将村分成两半，河一端筑坝看似"丁"字形。"丁""墩"方音相近。村东有一池塘呈"桃子"形，"桃""道"方言相近，村以此得名）、南胡家坝、北胡家坝、董家坝、陈家埭、朝东埭、榆树下、钟家里、高家里、庞家里10个自然村，1999年农村门（楼）牌编制时废止胡家坝（分为南胡家坝、北胡家坝二村）自然村；新增钟家里、陈家埭、榆树下、朝东埭、高家里、庞家里6个自然村。2007年11月起委托余杭经济开发区管理。

圣塘河村："圣塘河"村之名，以境内圣塘河自然村得名。中华人民共和国成立初属五杭乡第一村。1953年成立圣塘河合作社，1958年分建圣塘河、中心、东南3个大队，1966年合并为东风大队。1981年8

月改称圣塘河大队。1983年12月圣塘河大队改建圣塘河村。村民以种植水稻，络麻为主，兼营蚕桑、甘蔗等。有圣塘河（此地原有圣塘庵，传系清同治年间建，已毁）、许家角、曹家棋3个自然村。1999年农村门（楼）牌编制时新增韩家角、吴家角、上石湾3个自然村。2007年11月起，委托余杭经济开发区管理。

2011年8月，政府机构调整，撤销运河镇，成立运河街道。运河街道下辖19个村（社区）。

其中五杭片有：4村1社区。

杭信村：该村是2003年9月规模调整时，由杭北、郭信2个村合并命名，"杭信"之名，是以原杭北村、郭信村两村原名中各抽一字组合而成。辖区总面积2.3平方公里。2018年，全村辖郭姜坝、宋家埭、宋家坝、太均坝、四条坝、三条坝、二条坝、头条坝、毛羊斗等9个自然村，13个村民小组。村委驻郭姜坝102号。

五杭村 摄影 吕伟刚

五杭村：2003年9月，五杭、中水渭2个村合并命名五杭村。1999年农村门（楼）牌编制时废止东街廊自然村，新增东村头、洋口、蔡家里3个自然村。全村区域面积2.2平方公里，现有7个村民小组，8个自然村。2018年，全村辖东泗河、东村头、西村头、蔡家里、中水渭（塘泾漾是京杭运河的一个南北向水渭，即大河湾。此村位于塘泾漾东中段，故名）、北水渭、梅家河、洋口8个自然村，7个村民小组。

唐公村：唐公村村名的来历，当地传说旧时有村民曾在村旁运河里发掘出一块石碑，署有"唐公"二字，遂以唐公之名命村名。辖区总面积2.33平方公里，至2018年，全村辖唐公村、唐家墩、尤家埭、荷叶墩、木桥河西、河北埭、鱼桥头、打铁桥、前南水渭、后南水渭等10个自然村，13个村民小组（其中尤家埭、荷叶墩居住人口中有190人为五杭社区居民）。

杭南村：杭南村之名是以村地处五杭集镇南得名。全村区域面积1.92平方公里，共有13个村民小组。2018年，全村辖坝口、周家埭、马宅、周家坝、胡家里、上南河、梁家坝、渡船头、曹家湾、高家埭、池廊、尤家坝、孙家埭、高地廊14个自然村。

五杭社区：位于京杭运河南岸，原五杭集镇中心，素有"江南水乡、风情小镇"之称。20世纪初开始，因水陆交通便捷，成为商贾云集、生意兴隆之地。它是知名的红烧羊肉发源地。辖区内主要街路有东明路、繁荣路、玉露路等22条。临五公路直通320国道、荷禹公路通往德清县接禹越公路。1991年2月，建立禹王庙居民区。1998年4月，改称为禹王居民区。2001年8月，亭趾、博陆、五杭镇合并建立运河镇后，改建五杭街道居民区。2003年12月，撤销五杭街道居民区，组建五杭社区。2018年，社区面积2平方公里，有7个居民小组。

四、水韵兵劫说河港

运河街道自古交通便利，是古代杭州城东北水陆交通要道。其中最主要的水路就是流经五杭博陆的这条京杭大运河。

明代曾官至云南布政使的塘栖泉漳人丁养浩写过一首《运河》诗：

长河如带绕神州，千里萦回势不休。

一脉济源分活水，九区藩服济方舟。

宅尊自昔推中土，建国于今据上游。

终古帝图牢不拔，金汤不独美炎刘。

大运河太均坝河口   摄影　吕伟刚

诗中描写了京杭大运河的千里风光，更赞叹了大运河对于稳定大明帝国的重大作用。

南宋定都杭州后，此河与上塘河一样都是连接南北交通、往来都城的重要水运通道。因其位于杭州城北部北新桥之北，而北新桥设有税关，称北新关，简称北关，故此河亦称为北关河。

宋施谔淳祐《临安志·卷十》载："城外运河，在余杭门外北新桥之北。通苏、湖、常、秀、镇、润等河。凡舟不入上塘河者，皆行于此，诸路纲运及贩米客船皆由此河达于行都。"按：此处行都即指杭州。宋高宗建炎三年（1129）二月驻跸杭州，诏以为行宫。七月，升杭州为临安府。绍兴八年（1138），正式以临安府为都城，仍称为行在、行都。因为在当时南渡宋人的心目中，沦陷的汴京（开封）依然是首都。尤其是朝中的主战派，力主北伐收复中原河山。辛稼轩词"金戈铁马，气吞万里如虎。元嘉草草，封狼居胥"，陆放翁诗"王师北定中原日，家祭无忘告乃翁"，可谓"情怀壮烈"和"爱国情怀，古今独步"。淳祐《临安

下塘河官塘纤道旧影　　　　　　　　　　　　　　　　供图　吕伟刚

志·卷十》又有："下塘河，南自天宗水门接盐桥运河、余杭水门，二水合于北郭税务司（在湖墅江涨桥西）前。""……由清湖堰闸至德胜桥与城东外沙河、菜市河、泛洋湖水相合，分为两派，一由东北上塘过东仓新桥入大运河，至长安闸入秀州，曰运河；一由西北过德胜桥，上北城堰，过江涨桥、喻家桥、北新桥以北入安吉州界（湖州古称安吉州），曰下塘河。"

文中将流经上塘的那条水路称作"大运河""运河"，对过北新桥入安吉州的那条水路（即今天的大运河）指明为"下塘河"。据此，确证了从杭州北新桥经塘栖往东再经五杭博陆至大麻的河，叫下塘河。宋时湖州称安吉州，当时博陆东面的大麻属于德清县，正是安吉州境域。

同书还载有："淳祐七年夏大旱，城外运河干涸，吏部尚书安抚知临安府赵公新开河奏照得，临安府客旅船只经由下塘系有两路，一自东迁（按：东迁属湖州南浔区，位于南浔镇西面。此河古称烂溪、濑溪、又有称澜溪）至北新桥，今已断流，米船不通。"清乾隆《盛湖志》记载："烂溪源出东天目，途经盛泽的京杭古运河。"《嘉兴市志》则载："澜溪塘为五代吴越时开，因红叶烂漫而得名'烂溪'。"（按:此条烂溪河从江苏震泽往浙江，在东迁分流，一支往南至练市、乌镇、新市，经过塘栖新桥湾，穿越塘栖镇中往西到伍临头往南至杭州，称运河中线。另一支是往西至湖州，再向南至菱湖、德清，在伍临头西侧汇入大运河至杭州，称运河西线。而文中断流的河段应是伍临头至杭州北新桥的部分河段）。一自德清沿溪入奉口至北新桥，间有积水，去处亦皆断续。（按：所谓沿溪入奉口，是指沿东苕溪至奉口入西塘河往南至北新桥）。文中又将下塘河称为"城外运河"，并将东苕溪奉口闸至北新桥的西塘河，称奉口河，一称宦塘运河，并将此河也包括在了下塘河范畴之内。

明章潢辑《图书编》载："浙西诸水俱发源于天目，万山泄泻，一由德清而入太湖，一由余杭而入于栖溪，至塘栖又分为二，一由濑溪而落震泽，一由嘉兴而东入于海。"文中"由德清入太湖"是指苕溪。"由余杭入栖溪"，是指从余杭塘河、下塘河至塘栖，再在塘栖镇东一分为二：一由濑溪入震泽，即运河中线；一由嘉兴而东入海，就是经五杭博陆至嘉兴，可连通黄浦江入海的大运河东线。

而《明史》卷二十六《河渠四·运河下·海运》则载："江南运河，自杭州北郭务至谢村北，为十二里洋，为塘栖，德清之水入之。逾北陆桥入崇德界……"文中北陆桥，即今天博陆。

《清一统志·杭州府一》则载：上下塘河"一派由西北至江涨桥，与子塘河合，又余杭塘河亦西来会焉，又出北新关桥，曰下塘河，西北接新开运河至塘栖镇，入石门县界"。明确了下塘河之水源是子塘河和余杭塘河汇流之水，出北新关桥接元代张士诚所疏浚的新开运河"至塘栖镇入石门县界"。就是从塘栖镇东流经五杭、博陆、大麻（按：大麻乡清代以前隶属湖州府德清县）至崇福（清代隶属嘉兴府石门县）的运河水路。

清光绪王同《唐栖志》卷二中还有一篇《唐栖漕运河考》，又有《附下塘考》，文中都有对下塘运河的详细描述。"元至正末，张士诚以旧河

大运河运河街道段　　　　　　　　　　　　　　　　　　　摄影　吕伟刚

狭甚，自五林港开至北新桥，又南至江涨桥，阔二十余丈，遂成巨河。"

乾隆年间唐栖人周兆谦撰《栖乘类编》则载："张士诚据杭，自吴达浙，以滥（一作"濑"）溪称便。惟五林港以上港道淤隘，大军难行，故发民夫二十万浚成巨河。自五林港开至北新桥，又南至江涨桥，阔二十馀丈。"

据此可确知，元代张士诚开阔疏浚的运河就是塘栖镇西伍临港，即今天的伍林头至杭州北新桥延伸至江涨桥这段河道，并未涉及伍林头至塘栖镇上的河道。故从伍林港东西向流经塘栖镇至麻溪（大麻）、语溪（崇福）的运河并非张士诚所开掘的新河。这条河春秋时期即已存在，五代吴越时又挖掘过。从天目山下泄的东苕溪，经獐山奉口闸入东塘港至伍林头，向东至塘栖镇，又分为二支，其中一支出里仁桥、跨塘桥、龙光桥至五杭、博陆、大麻的就是古代的下塘河，今天的大运河干线杭州塘。而出北新桥往东北至新市直至南浔、震泽的就是张士诚来往苏州称便的"滥溪"。后来，塘栖及五杭、博陆的兴盛正是因为张士诚疏浚了下塘运河所带来的利益。

吴王张士诚

此后，明朝正统年间浙江巡抚衙门又沿着运河修筑堤塘，建造桥梁，开通了自杭州北新桥至嘉兴崇德县的官塘道路。《浙江通志》载：明正统七年，通判易輗条上利害，巡抚侍郎周忱便宜处之，自北新桥起迤北而东，至崇德县界（即今石门镇），修筑塘岸一万三千二百七十二丈，桥七十二座。水陆通行，便于漕饷。从此后塘栖、五杭、博陆一带水陆通达，成为沟通中国东南部南北往来之交通要道。

明代隆庆时期，徽商黄汴所撰的《一统路程图记》卷七列有"杭州府至镇江府"的"江南运河水路"内容："钱塘江口。万松岭。凤山门。朝天门。吴山。共二十里武林驿。北关门（今武林门）。十里得胜坝。五里北新关。四十五里武林港。西北百里至湖州府。北五里塘栖。九里落瓜桥。九里五黄桥。九里双桥、二座。九里大茅桥。九里宋老桥。一里远店桥。八里崇德县。二十里石门。"

这部《一统路程图记》，不仅详细记录 16 世纪中叶时漕运，还将途经塘栖、五杭（文中称五黄桥）、博陆（文中称双桥，二座）、大麻桥（文中称大茅桥）等河段——注明："浙江杭州府至镇江，平水随风逐流，古称平江，船户良善，河岸若街，牵船可穿鞋袜，船皆楠柏，装油米不用铺仓，缓则用游山船，漫漫游去；急则夜船可行百里。秋无剥浅之劳，冬无步水之涉，是（随）处可宿，昼夜无风。盗之患惟盘门、五龙桥、八测、王江泾、大船坊，唐栖小河多，凶年有盗，艘船无虑，早晚勿行。苏州聚货，段匹外难以尽述，凡人一身诸行日用物件，从其所欲皆有。水多，诸港有船，二文能搭二十里程，一人可代十人劳。御史朱寔昌，瑞州府人，嘉靖七年奏定门摊客货不税，苏、松、常、镇四府皆然，于是商贾益聚于苏州，而杭州次之。"

在民国《杭县志稿》中也对当时从杭州往北的水路、陆路交通有详细记载：

其中关于水路："新开运河：自北新桥首受下塘河之水，北流至图子桥七点二里，北流至横泾桥十一点七里，北少东流至武林渡五福桥一〇点八里，东流至塘栖镇六点四里，东少北流至里仁桥一点九里，东少北流至跨塘桥三点四里，东流至落瓜桥五点二里，东少北流至坝桥三点二里，东少北流至万年高桥四点八里，东少北流至丰年高桥六里，东流至五里牌大麻塘三点八里，与德清分界。"

此段文字的意思是说：新开运河，即今天的京杭大运河在北新桥向北，至图子桥是 7.2 华里（按：大抵位置在今天瓜山左近）；再北流至横泾桥 11.7 华里（按：横泾桥在今天沾桥街西侧运河官塘上）；北稍东流至武林渡五福桥 10.8 华里（"武林"是"伍林"之误，伍林渡五福桥即今天伍林头西南东塘港口）；东流至塘栖镇 6.4 华里。东稍北流至里仁桥 1.9 华里；东稍北流至跨塘桥 3.4 华里；东流至落瓜桥 5.2 华里（按：即今天塘北村与五杭头条坝交界处之龙光桥）；东稍北流至坝桥 3.2 华里（按：坝桥大抵位置在今天杭北村四条坝南官塘上）；东稍北流至万年高桥 4.8 华里（此万年高桥应是五杭万寿高桥）；东稍北流至丰年高桥 6 华里；东流至五里牌大麻塘 3.8 华里，是当时杭县博陆与德清县大麻分界处。

同书，对陆路交通则有如下记载：

"武林门干路三，起左家桥讫大麻塘，共六七点九里。中经市区。自武林门外左家桥起，行过江涨桥至北新桥东三点八里，北行过登云桥、拱宸桥至徐娘桥一〇点三里，北行至横泾桥八点七里，东北行至营房桥六点二里，东北行过人和桥折而东至塘栖镇通济长桥一〇点二里，

大运河博陆河道段　　　　　　　　　　　　　　　　　　　　摄影　吕伟刚

49

东少北行至里仁桥一点九里，东北行过跨塘桥又过落瓜桥曲曲东行至坝桥一一点八里，东少北行至万年高桥五里，东少北行至丰年高桥六点二里，东行至大麻塘五里牌三点八里，与德清分界。"（按：所谓武林门干路，就是指干道，主要道路。此道路与以上水路基本保持平行，应该就是明代正统年间修筑的大运河官塘道路。）

"艮山门枝路四，起费家堰讫丰年高桥共一七点六里。自费家堰西北行至报恩新桥六点一里，又曲曲北行至鹭鸶桥（今称螺蛳桥）九点三里，又北行二点二里，至丰年高桥入武林门干路三。"（按：这条道路就是从临平上塘河费家堰经亭趾南面报恩新桥，从亭趾经博陆螺蛳桥，至今天博陆街东面丰年高桥连接从大麻至杭州左家桥的武林门干路三。）

所以，从以上众多史料疏理中，证明了塘栖经五杭、博陆至大麻、崇福这条东西向河道自古即已存在及下塘运河历史的悠久。据此可确认，最晚在五代吴越时，塘栖往东经五杭、博陆、大麻至崇德的下塘运河以及往新市、练市、东迁、南浔的烂溪，已经是湖州东南治域及苏南地区水路前往杭州的重要水上通道。到了元代至正十九年（1359），据有浙西，当时尚称诚王后来改称吴王的张士诚为运送军粮财赋，役使20万军民，历时九年，疏浚了杭州北新桥至伍林港口三十余里的运河航道，将原来宽窄不等的河流统一开掘成了阔达二十余丈的大河（后称新开运河）。此项工程彻底解决了下塘运河在枯水季节会有航道断流的情况。从此以后，下塘运河水脉贯通，南北往来之舟船行旅和官舫漕船舍弃需拔船越坝方能通行的上塘河，取道更加便捷的塘栖下塘水道往来苏杭间。也自此时开始，上塘河完成了京杭大运河杭州段主航道的历史使命，成为了京杭大运河的古河道。而塘栖经五杭、博陆至崇德的下塘水路，今天称为杭州塘，则风帆猎猎，舟船如梭，商旅行脚一派繁盛，成为京杭大运河延续至今的主航道。

当代学术界研究证明：江南运河杭州塘是中国大运河各个段落中延续使用时间最长的河段之一，展现了浙北平原的大运河自春秋至现代的完整演进历程。

清初塘栖诗人吕律有诗云："溪塘百里浙江湄，风物山川自昔时。山由天目裙拖带，水落苕源本一支。"蜿蜒流淌的江南大运河之水源于苕溪，不仅有着如画的风景，而且孕育了独特的运河经济和文化。春天桃花杨柳迎风舞，夏日藕花官漾数十里，秋来芦花如雪雁阵飞，冬日草枯风寒舞孤舟。更有早春超山的梅花，初夏塘栖的枇杷，夏秋桑麻瓜果，一河碧水鱼虾多。明人王穉登在《客越志》中说："过塘栖，水益阔，桑益多，鱼亦益贱。青田白鹭，小船如瓜，叶叶烟波中，有濠濮间想。"（按：濠：濠水，在今安徽凤阳县东北。濮：濮水，源出河南封丘县，流入山东境内。想：遐想。意思是指闲适无为、逍遥脱俗的情趣。）

在历史的长河中，历代有多位帝王及无数高官显宦行经此地，更有无数文人骚客被运河风光迷恋而吟唱歌咏，给我们留下了如"清绝运河水，传名自禹经。""江村数里野桥横，背手斜阳陌路生。茅屋人家烟里住，寒山藜杖画中行。""万井晴烟寒日短，三江雪浪片帆低。风尘远棹归来晚，回首天涯总是迷。""暮帆风力缓，客况自凄凄。菱叶澄波阔，桑阴断岸低。人家烟火际，山色石桥西。莲艇时相值，清歌远渐迷。"等不朽的诗句，无一不是歌颂大运河及江南水乡那充满诗情画意自然风光的赞歌。

再看宋·高九万《下塘》诗二首：

河水新添三尺高，河边芦苇有凫巢。

波流夜夜飘渔舶，空点篮灯照树梢。

其二

日出移船日又斜，芦根时复见人家。

水乡占得秋多少，两岸新红是蓼花。

以及清·乾隆《登舟》诗：

御舟早候运河滨，陆路行余水路循。

最是蓬窗心惬处，雨晴绿野出耕人。

还有塘栖乡贤西安太守杨汝梗留下的描写塘栖东乡这一带风光的《竹枝词》：

灯火村塘簇市缠，萦回春水薄于烟。

侬家楼上临塘口，看尽南北来往船。

又如钟筠的夫婿塘栖仲恒"阿侬晨夕自经过，肩挑野菜唱山歌"等句，至今读来韵味无穷，脍炙人口。

桑蚕稻麻，绿野竹树，长河碧水，村舍篱落，织成了一幅幅江南水乡锦绣画图。每当融入"细雨迷蒙，烟波缥缈，白云联树色，升腾雾袅袅"之境时，真可称为："田园不墨千秋画，绿水无弦万古琴。"

运河街道境内河流众多又互相沟通，水道纵横，像一张密布的蛛网。除了流经五杭、博陆的东西向大运河，还有几条重要的支流。

第一条河是禾丰港（按：五杭人历来称五杭境内这段河道为庙前港），又名临五航线，此河古为上塘河通下塘运河之泄水道，南起临平一号桥向北行至禾丰港，东北接临（平）亭（趾）航线，再北行至五杭集镇，流经庙河漾在今天万寿新桥东侧 250 米处东明桥下注入大运河。全长 10.76 公里。此河从南向北连接喜庵港、八字桥港、亭趾港、庙前港、谢公（斜弓）港、运河等河道，解放后是余杭县境内通过双林船闸和七堡船闸，沟通京杭大运河、上塘河、钱塘江的唯一航道。1979 年省内河航道普查时，该航道最低通航水位水深 0.50 米 ~ 0.70 米，河底宽 2 米 ~ 2.50 米，全程有航道桥 6 座，尚可通航 15 吨级 ~ 20 吨级船舶。20 世纪 80 年代后，因航道失修，两岸河岸坍塌，河道严重淤浅，除京杭大运河杭申线过东明大桥延伸约 3 千米航道尚可通航外，其余航段轮船不能进港，常年水位仅可通行 10 吨左右的船舶。枯水季节难以通航。

第二条河是亭趾港，南起临平上塘河，经二号桥往北至亭趾街，经落水湾港、湖潭路南桥下向北稍西往博陆，在西独圩南分流，一支向东北至博陆东新村东再向北，约 500 米，从丰稔桥西侧 110 米处汇入大运河。另一支向西稍南至顾家角、再往西偏北至长虹社区，又西流 500 米至五杭东泗河向北经繁荣桥，从跨于运河塘路上的东明桥下注入大运河，长 9.29 公里。

此外在五杭、博陆大运河北面还有两条重要的河流。其中一条称白马塘。《杭县志稿》引《杭州府志》记载："大运河向北有要港曰'白马塘'，位于五杭、博陆间，北有白马村。南达临平，北达德清之新市镇。自此嘉、湖、苏、松正流支港，皆可往来。明季，陈万良率义师出入临平、德清、五杭、博陆间，辗转至吴江，与吴易会师，皆此地为根据也。"

考此河即是被今天五杭人称为风北港，位于五杭万寿新桥（桥额书"五杭大桥"）辅桥之下流经德清县禹越镇（徐家庄）境内的南北向河流，此河宽度在 30 米至 80 米不等。航船往来通行顺畅。古称"白马塘"。又因区别于塘栖到大麻的大运河干流（当地人俗称"外塘河"），

五杭境内的禾丰港

摄影　吕伟刚

53

故此河又叫"内塘河"。河的南端从余杭区大运河五杭北塘万寿新桥之西辅桥下分流往北，经德清县徐家庄镇东南侧千树坝、水磨墩，约10华里即是白马村（按：今称白马里），再往北3里至高桥之牌头村，再往北过白马高桥、油车桥、利安、苏林、横塘，往北九里就到新市镇的南栅。再从新市入澜溪（按：即今运河乙线）可至震泽、吴江，入太湖。顺治三年（1646）陈万良率领抗清义师就是经由此白马塘去往吴江与吴易指挥的白头军会盟，并约定联合抗御清军。

吴易（音 yáng，古同"阳"），字日生，号朔清，吴江人。崇祯十六年（1643）进士。福王时，前往扬州投史可法，授职方主事，并任监军。明年（1645），赴江南筹集粮草，未还而扬州陷，率船队开赴吴江。前往太湖扎营，与同邑举人孙兆奎、诸生沈自驹起义抗清。封忠义伯。吴易屯兵长白荡，出没太湖、松陵三泖间。八月二十四日，与清兵吴胜兆战于塘口，获舟二十艘。次日大雨，为清兵所败，吴易仅一人泅水走，父吴承绪、妻沈氏及女皆溺死。南明隆武二年（1646），乡人周瑞

白马塘即今凤北港　　　　　　　　　　　　　　　摄影　吕伟刚

复聚众四保汇反清。吴兆胜攻之，大败。吴易再度入主长白荡，趁吴江城内闹灯会之机，率兵第三次占领吴江城。六月在嘉善被俘，被执至杭州草桥门，不屈而死。其绝命辞有：

鳖眼神州何处在，成败史笔论英雄。

半窗斜月透西风。

梦里邯郸还说梦，蓦地晨钟。

吴易曾率吴江义军来博陆、五杭汇合陈万良，参加进攻德清城的战斗。

关于抗清义士陈万良以五杭一带为据点抵抗异族入侵的史实，当时在许多诗文中有详细记述。

陈万良（1616—1646），一作范良，字鸣皋，小林乡北陈村（今属临平街道）人。出身贫苦，少年时做工度日，从小力大过人，以勇见闻。时值明末，朝政不修，百姓为求生存，各地暴动此起彼伏。万良聚众以计夺得仁和县解京饷银四万两，分给乡亲，令其各自谋生，当时万良年仅19岁。陈万良是抗清义士，主要活动在

吴易像

五杭、博陆、大麻一带运河水域，此处民间至今尚有陈万良大麻劫皇粮的传说。

清顺治二年（1645）夏，与沈羽簏（字君怡）结寨临平、五杭、博陆间。清兵陷南京，熊汝霖拥立朱以海为监国，招万良，授游击衔。拒清兵于塘栖镇东五杭，以火炮干草发火器，全歼来犯清军千余人。授总

兵衔，命防崇德、桐乡两县，断敌后援。次年，又授平吴将军，率部将徐龙达进驻乔司。后在进攻德清时，龙达战死城下。万良收残卒，继战于翁家埠，又败。再战临平镇，又败。万良令部下匿避，自己与马云龙等人，易敌服，作北音，挨近清军，夺得敌马，疾驰而去。

清陈棠、姚景瀛辑《临平记再续》一书中，有引用徐芳烈《浙东纪略》关于陈万良等起义兵抗清始末之详细记载：

乙酉（1645）闰六月，台州绅衿士庶，共推鲁藩监国。九月，义声四布，三吴来归者，先后而起义，方兴之、陈万良则多率壮士，以梗北兵，北亦患焉。熊汝霖亦以江面仰攻不如内地做起，慨然以书币聘，于是万良来。十月，浙西之师于四通桥相冲杀，至塘栖北，复杀伤将士，获陈万良妾。十六日，又来，万良登岸夹击北军，被矢炮落水死伤甚多。其家眷幸熊汝霖拨副将徐明发等至，力敌北船而免。十九日，熊标总镇徐龙达以兵三百会。二十日，杀临平务官。廿一日午，扎博陆，并擒坐船官杨清。北援至，监军佥事鲁美达同旗鼓蔡镇祥迎战截杀。廿二日，扎五杭北，嘉湖道佟（国器）率众千余来，徐龙达拥舟师相对敌，陈万良据高桥用炮石，徐明发取干草发火器，至午，杀北军百余，焚座船二，夺小船二十余，大炮四，铁甲三，弓三十一，刀枪一百四十件。廿三日，扎新市。廿四日，进双林。廿五日，至吴江，有斩获。廿七、廿八日，自五杭退临平。……丙戌（1646年）二月，熊汝霖令总兵张行龙、朱世昌连络各营，而以陈万良为首领，晋平吴伯，锡以敕印、蟒玉。汝霖欲由宁、盐直捣嘉、湖，截北粮道，而又虑嘉、湖为苏、松往来之冲，虽取未必能守，而湖州接连太湖，长兴、吴江义师屯聚，王师一至，如响斯应，实为浙北第一要著，踞此肩背，计无出此。然必得劲旅三千，半月粮饷，发付万良以凭调用，庶机会可乘，而当事懵懵，了无筹算。先是九月，仍复议西征，陈万良新募千人往，以（萧）山、会（稽）、上虞折差银三千两，抵作西征费。先遣监军佥事胡景仁，密备船只，至（时）无一舟，以至监纪推官严士杰、副将来时桂（只能）分头陆进，前标冲散，至落瓜桥。万良躬冒矢石，斩北焚粮，逼德清城，兵破（败）德清，义兵先溃，总兵徐龙达死焉。

陈万良抗清隶属于南明东阁大学士熊汝霖。《东南纪事·熊汝霖传》载：

熊汝霖（1597—1648），字雨殷，又字梦泽，浙江余姚人。南明首辅大臣，抗清志士，民族英雄。崇祯四年进士，授福建同安知县。任内曾率兵渡海，在厦门击败荷兰殖民者。这是抗击侵略者的战争。明朝灭亡，清军入关，南明小朝廷起用熊汝霖。弘光政权灭亡后，1645年闰六月，联合孙嘉绩在余姚县城起兵反清，迎鲁王朱以海于绍兴。因军功擢升兵部尚书，授东阁大学士。同年六月，孙嘉绩起兵余姚，郑遵谦起兵郡中，熊汝霖募兵宁波，与孙嘉绩合军，军西陵（今萧山西兴）。他认为"江面迎攻甚难，不如间道入内地为攻心策"，于是率领一千多人渡西陵，扎乔司、海宁，招募兵员，万人响应，号称"熊军"。牛头寨焚敌营，百骑突出，此战都司张行龙战甚力。擢升参将，令回籍临平，图结义兵，夹攻内应。

全祖望《明大学士熊公行状跋》中亦有一段记录：大意是当时陈万良、沈羽篪结寨五杭、临平间，熊汝霖欲收编其兵攻取北关，遣临平籍的参将张行龙前来招收，监国鲁王封万良为平湖将军，继封为平湖伯。孙嘉绩派遣余姚知县王正中，率兵渡江至平湖乍浦，不克而还。于是万良三疏请行，公为之力筹措军饷，但无舟船，乃以兵陆进，冒矢石以前，几克德清，由于德清内应之兵先溃，万良部将徐龙达战死。（当时）吴易方率白头军来会，惜陈万良兵已溃败，而熊汝霖以无力为继，也已渡江南撤。浙江巡抚张存仁出兵攻打吴易，吴易无功而返，败退吴江。是役也，假使江上有牵制之兵，则公军尚未返，万良与吴易皆得互相援助，而又以独进败，于是公请急援万良，而江干已失。后万良西行复城邑，大清兵断其后不得出，死于门中。公亦入海，卒死郑彩之手。这应是 1645—1646 年的抗清战事。

《杭州府志·忠义传》也载：陈万良聚众以计夺得仁和县解京饷银 4 万两，全部分给部下，令其各自谋生，时万良年才 19 岁。众义之，愿为之死。清顺治二年（1645）夏，与沈羽骦结寨临平、塘栖间。清兵陷南京，熊汝霖拥立朱以海为鲁王，招万良，授游击衔。万良率义军拒清兵于塘栖，以火炮干草发火器，全歼犯五杭清军千人，授总兵衔，命防崇德、桐乡两县，断敌后援。次年，又授平吴将军，率部将徐龙达进驻乔司。后在进攻德清时，龙达战死城下，万良收残卒，继战于翁家埠，又败。临平镇再战，又败，令部下匿避，自己与马云龙等人，易敌服，作北音，挨近清军，夺得敌马，疾驰而去。

陈万良后来遭清军诱捕。在狱中抗争不屈，语极不逊，敌以铁索捆其手脚，昼夜严加禁守，逾数日，万良竟折断铁索，翻墙逃出。清兵闭城大肆搜捕，抓回后，残忍地折断其臂肘，遂壮烈就义，年仅 30 岁。万良妻每逢搏战，亦披甲相从，与万良同时被俘，以奇计诈死得脱，后不知所终。

清末陈棠所撰《临平记再续》稿中有："闻诸乡人云：万良，北陈村人。微时，食耕于东阳门郁氏，膂力绝人。尝浴河中，有米舶顺风扬帆来，万良只手扼船唇，船不得驶，估客惧，分米之半予之。由是以勇闻。旋膺鲁王之招，贵后改葬其父母，启莹，中有墨蜂数百，顷刻四散。不数年而败。鲁王乡人呼为港王。又熊汝霖令张行龙回籍临平，图结义兵。是参将，固里人也。"

前人评价曰：陈万良、徐龙达、陈明环、翁思明、马云龙皆明季殉国之遗烈，虽拒师临平不殊螳臂，而孤忠亮节，可媲（美）于（张）苍水。

此比喻虽稍显溢美夸大，但陈万良等人忠于明室，不愿剃发作顺民，为求生存，率众起义，奋勇抗击异族入侵，其事载诸府志，应属明末殉国之遗烈则无可疑矣。

全祖望有一首《临平吊故陈将军万良》诗：

> 苍头特起誓平吴，回首江东望眼枯。
>
> 痛哭浴龙祠下塞，凄风碧血两模糊。

五杭这条古称白马塘今名凤北港的内塘河，在明末清初期间又曾因大麻一带贼寇猖獗，有数十年间成为往来苏杭间乱象丛生的的交通要道。

据民国《德清县志》记载：杭嘉湖三府接界有大麻村，周围一带皆水乡芦荡，自明末为剧盗（即大盗）盘踞者二十余年，官兵来剿，屡挫其锋，联络太湖，势甚猖獗。

据此可以了解到，明末清初，朝代更替，遭逢乱世，民不聊生。大麻一带因水巷交叉、芦荡密布，成为强盗贼寇聚集的地方，沿大运河往来大麻河段的商旅行人常有被抢劫财货甚至丢失性命的危险。当时官府

运河旧影　　　　　　　　　　　　　　　　供图　吕伟刚

曾多次派兵，仍难以清剿，盗寇甚至联络太湖强盗与官兵对抗，十分猖獗。行旅官商为避开盗抢，改从五杭经高桥到新市镇的水路，这条白马塘（内塘河）成了当时安全便捷的水路通道。

清初新市人陈后方《重建横塘桥记》一段话就是明证："由五行（即五杭）而下，北折栗安（今利安）、苏林，抵新里（新市），其水深而堤平，曰内塘。比年以来，人苦暴掠，以故商舶潜行，从五行内塘北居十九。"文中所谓"暴掠"即指抢劫、掠夺。可以认定，当时，运河中往来苏杭间的大部分商船都经行这条白马港内塘河，从而躲避开大麻一带的贼盗。

一直到了晚清，此段河道上盗匪仍然猖獗。在吴友如主编的《点石斋画报》上，有一幅《宦舟被劫》图，记载了清代末年五杭、博陆运河水道上的一次抢劫大案，原文如下：

浙省之塘栖镇，距省垣之艮山门约四十里。近镇有地名五港博陆者，亦一小小集市，当大河之冲，盐枭抢匪时有出没，故上宪派两炮船以镇压之。前月三十夜，有某官坐船过此。时已四鼓，突有四五小艇，疾若飞猱，剪波而至，一声胡哨，登跃宦舟。舟中人咸股栗，不敢声张，遂任其搜刮一空而去。天明诣县报案，闻为数甚巨。

文中叙述了当年五杭博陆水上盗匪出没，宦舟被劫的整个过程：文中首先说塘栖距离杭城约四十里，靠近塘栖有地名叫"五港""博陆"的小集镇，由于地处大运河的要冲之地，故有盐枭抢匪经常出没。上司派两条炮船在这一带巡逻镇压，并为过往商民船只护航。前月三十日夜晚，有位官员坐官船经过此地。当时已是后半夜两点左右，突然有四五艘小船像腾跃的猿猴一样断开波浪而来，一声尖锐的口哨信号后，小船上的盗匪迅速跃上官船。官船里的人恐惧之甚，因紧张害怕而两腿发抖，也不敢叫喊。任由贼人将船上财物洗劫一空。等到天亮，才到县衙门报案，听说被抢走的财物数量巨大。

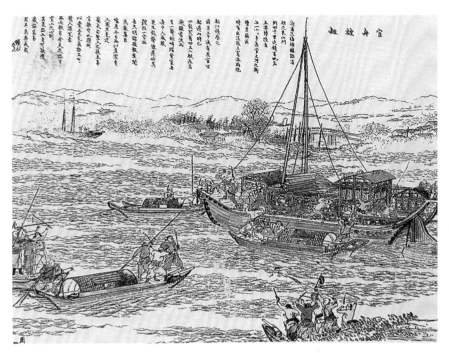

宦舟被劫图　　　　　　　　　　　　　供图　吕伟刚

此《宦舟被劫》图中官船高大，桅杆耸立，四五艘小船从前后左右团团围住官船，其中一艘小船上还有一人挥动令旗，显然是打劫者的首脑在指挥。另一艘小船直接和官船靠帮，打劫者挥舞刀枪攀上大船。此画构图严谨，人物线条流畅简洁，形态栩栩如生。

《点石斋画报》是中国最早的旬刊画报。1876年，英国人美查在上海创办《申报》后，又开办了点石斋石印书局。光绪十年（1884）起，开始印制《点石斋画报》。他聘吴友如担任《画报》主笔，专门编绘画报。该画报用连史纸石印，每10日出一册，每册画页八幅，随《申报》附送。吴友如把各地时事和社会新闻等新鲜事物作画材，所载之事真实可信。如介绍外国的风俗景物、高楼大厦、轮船火车及声光电气等科学奇异的东西，以及时事新闻等，并在每幅画旁加上一段夹叙夹议的说明文字，将画面时间、地点、人物、情节都交代得清清楚楚。这本图文并茂的画报很受当时市民读者的欢迎。光绪二十四年（1898）停刊。

在《宦舟被劫》图文字后半段的记载中，我们还发现作者对当时官员巨额财产来源的怀疑，调侃讽刺之语跃然纸上："噫，居今日而以廉洁责人，固不免迂腐气，非圣人之徒，未易言操守也。顾何囊橐充盈，讵不可倩人汇兑者，而必挟巨金走夜路，生宵小（指盗贼）之心，则其来路亦自可疑。慢藏诲盗，易固早为垂戒哉。"

意思是说：现在的人用廉洁要求别人，本来就有些不合时宜，不是圣人就不要说品德操守。身边这么多财物，为什么不请钱庄汇款，却一定要带着大量现金走夜路，终于酿成被盗贼夜劫的后果，也真怀疑这些财物的来源。

在 1884 年 11 月 27 日上海《申报》第 4177 号第 2 版上，亦登载了此次"盗窃宦舟"。文章说：

距杭垣艮山门四十里，有塘栖镇焉。近镇有地名五港博陆者，亦一小小市集，为大河中冲要之区，上宪特派两炮船停泊驻守。前月三十夜，有某宦坐船过此，时已四鼓。突有四五小艇疾若飞猱，剪波而至。一声胡哨，跃入某宦之舟，一盗先以刀将舟人击倒，禁勿声张。船中诸人皆股栗，喋不敢声。群盗乃从容入舱，尽情搜刮，席卷一空，仅存破旧衣服及卧具而已。闻某宦由叔父任所回来，携资甚巨，待天明飞棹至杭，亲诣仁和县署呈告。赵澹如大令即于午后带领差役亲兵，乘舟至该处踏勘。一面严饬差捕，会同各营汛四路踩缉，务必获案严惩。

塘栖镇东五杭、博陆至大麻一带，之所以在清末又成水匪聚集的匪巢，是有其深刻的历史社会背景的。

一是，这一带是三府三县交界之处，政府管理薄弱，又地处水陆交通要道，过往商旅众多。加上野苇丛芦，大河茫茫，荒村僻壤，水巷众多，便利盗匪作案逃窜。故该处成了散兵游勇及破产农民打家劫舍的匪巢。

二是，由于太平天国运动被镇压后，因苏、浙、皖三省是太平军与清军及帝国主义洋枪队、常胜军长期交战厮杀的战场，人口因战乱锐减。据统计，浙江人口从战前 2800 万，减少到 637.8 万。江苏人口从4400 万左右减少到 1982 万。安徽从战前的 1800 多万，战后只剩 206 万人口。江南乡村大片田园荒芜，荆榛塞路，一片萧瑟。清政府为恢复生产，在江南遣散安顿部分湘、淮军兵勇，其中还有不少被湘军收编的太平军降卒。他们被分散安置，开辟荒地。江苏无锡、宜兴，浙江长兴、杭州余杭一带"种田者无数"，其中"内多散贼"①。此外，还有大批湖广籍外来客民流迁江南，带来了哥老会等帮匪组织的扩散，更增加了这一地区社会的复杂性。

光绪三年（1877），浙江杭州府拿获哥老会分子崔华云，承认系湖南常宁县人，本在严州湘营中充勇，遣撤后主要在仁和县塘栖等地活动。其人并开设洋烟馆，"时有游勇钟景光、黄收洋、胡镜卿、彭受辉等来往吸食"。遂起意纠邀会众结拜哥老会，崔自任为"浙省集贤龙头总坐总理合办各军帅"，并放票（每票 600 文）招邀会徒。他们"释兵则民，执兵则盗"，常有劫富济贫、抗税抗租等举动。

宣统年间的王世昭塘栖劫掠案也是一起典型案例。王世昭（1875—1913），小名四早，天台人，清光绪二十三年（1897）到武康上柏谋生落户。他勇武有力，豪爽重义，与林老虎、台州阿法等结为八兄弟。宣统三年（1911）十月聚众举义，号称义民军，自称义民军王，提出"独立起兵、割富济贫、有福同享、有难同当"口号。并张贴告示，声明只要部伍粮饷有着，可力尽保护地方之责。仅半月，集合队伍五六百，确定塘栖镇为军饷征发对象。十月二十五日率 300 余人，由水路进发，在塘栖阜兴当铺抢获大批金银、首饰及衣物，被武、德两县民团视为"盗匪"。王世昭于民国 2 年被浙江省内河水上警察厅拘捕后伏法。

余杭山水清丽，物产丰饶，民风淳朴，气质温雅。自鸦片战争之

---

① 事载佚名《平贼纪略》，《太平天国史料丛编简辑》第 1 册，中华书局 1952 年版。

后，中国沦为半殖民半封建社会。清代末世已是一个堕落的年代。官场中结党营私，卖官鬻爵；军队里装备陈旧，营务废弛；财政上国库亏空，入不敷出；底层劳动人民生活艰难，挣扎在死亡线上。当时社会矛盾激化，农民抗争不断，帮会组织兴起。在这样的背景之下，连山水锦绣、鱼米之乡的江南地区也变成了难以安身立命的安全之地。以上"塘栖宦舟劫案"以及"王世昭抢窃塘栖阜兴当铺"就是明显的例证。

此外，民国期间五杭运河中曾有抢轮船事，其首犯黄关生于20世纪50年代初伏法。

五、名门市井忆繁华

交通是经济繁荣的重要因素。因得益于四通八达的水路交通，运河街道一带早在南宋时就是区域内的重要集市，以稻米、鲜鱼、蔬果、甘蔗等闻名于世。

历史上的博陆、五杭、亭趾是余杭（仁和县）境内粮食、蚕桑及淡水鱼的主要产区之一，又是甘蔗主产地。五杭、博陆一带主产的青皮甘蔗不同于稍南侧的临平甘蔗，松脆多汁，甜而不腻，嚼无碎屑，曾被列为贡品。历来被人们当作上等水果享用。每当收获时节，当地农民车载、船运、窖藏甘蔗，并销往周边城乡和杭宁申苏等地。

大运河往五杭方向　　　　　　　　　　　　　　　　　摄影　吕伟刚

运河街道境内的商业街道，主要集中在亭趾、博陆、五杭 3 个集镇，过去每镇都有一条小街，街面是石板路面，两旁为单层或两层木结构房屋。

据历史记载，宋代域内已有五杭、博陆、亭趾三个集市。

清《唐栖图说》略云：今之唐栖，宋之下塘也。咸淳《临安志》有永泰里、葛墅里、仲墅里、五杭里、博陆里、前庄里，今皆唐栖所统之乡村。光绪十六年王同《唐栖志》中的四至图则载有亭趾村。

关于亭趾历史，清初沈谦《临平记·卷三·附记》有"永安村改亭子村"的记载："去临平之北十里，曰永安村。丁养浩有言，宋时有异僧至其地，募资建亭于村之西，以便行人息足。中设大士像，颇著灵异。人或遗物于中，有拾取者辄大疾。里人神之，而亭子以名。其说得诸故老传闻，当非诬罔。至路有遗金，人不敢取，谓非大士之灵，其能若是乎。"据此记可知，亭趾村原名永安村，因宋代有僧建亭，亭有灵异而更名"亭子村"，又变为"亭趾村"。所以今天的亭趾之名，正是源自这座宋代异僧所建的庙亭。康熙间塘栖张之鼐《栖里景物略》亦记载："北宋政和三年（1113），有僧释道经此地闻钟磬声，遂开佛刹，在此建庙亭。南宋乾道四年（1168），命名为"罗汉寺"。元至正末寺毁。明洪武六年重建。正统年间，僧昙定又进行扩建。到了康熙十六年，住持源澄益拓殿宇，请元瑞法师大开讲席，立为丛林。"罗汉寺里原有一株吴越王时代的古树，闻名遐迩，光绪《唐栖志》卷七载有明初塘栖诗人张辂（字行素）《咏亭溪村寺吴越时古树》诗云：

> 千年古树荫僧房，踊踵那堪作栋梁。
>
> 自与彭聃同岁月，不知吴越几兴亡。
>
> 龙蟠老干波光动，鹤立高枝月影凉。
>
> 窃忆蟠桃今又熟，欲随方朔去偷尝。

亭趾除了罗汉寺，镇南还有报恩寺，镇西有化坛寺，镇北有永宁庙，在当地都很有名。

历史上亭趾曾有姚、郑、邹、徐、韩等大族聚居。

郑家是亭趾的大家族。郑家的老房子还在，一排七间，朝东面河，青瓦白墙阅尽百年沧桑。河东岸那条小路曾经是通往北面博陆的主要道路，原先是有石板路一直铺到博陆，今天石板古道大多已踪迹全无。郑家老宅的北侧，原先是一座老石拱桥，亭趾人叫做"南桥"，传说此桥是唐朝时候造的，也有传说是明初刘伯温造的。亭趾郑家，旧时曾是大户，听当地老人说，解放前亭趾街上有一句俗语，叫"姚百万，郑无底"，据此可知郑家曾经是亭趾最富裕的家族。

郑家老宅的南面，就是白湖潭漾，现在那条东西横贯的湖潭路（东部即亭趾老街），就是以白湖潭得名的。

清末，亭趾有冯学藩，字少亭，是位秀才，著有《白湖诗钞》。其中有《村居杂咏》诗，其一云：

> 种蕉无事学涂鸦，十幅鸾笺洒彩霞。

亭趾郑宅　　　　　　　　　　　　　　　　摄影　吕伟刚

招得吟朋皆旧雨，爱栽野卉当名花。

偶因诗兴浓于酒，便忘愁怀乱似麻。

匝地红尘飞不到，垂杨深处是吾家。

诗句清丽脱俗，读来令人产生无限遐想。

亭趾的姓氏中，要数湛姓最为少见。湛姓在百家姓中排名 288 位，是一个稀有姓氏。此姓人口数量虽然少，但历史上曾出了不少名人，东汉有湛重（或名湛仲），字文叠，江西坞土塘人，后迁豫章（今江西南昌），官至大司农诏加奉车都尉，荆州刺史，敕封汉昌侯。湛重是全国各地湛氏族人的重要先祖之一。东晋有中国"四大贤母"之一的陶母湛氏，她是东晋一代名将、太尉、大司马陶侃之母。陶侃在稳定东晋初年动荡不安的政局上很有建树。陶侃幼为孤子，家境贫寒。陶母含辛茹苦，靠纺纱织麻维持生计，供养陶侃读书。陶母一直教育儿子，交朋友一定要交比自己更有水平、更有文化之人。陶母"截发筵宾""封坛退

白湖潭   摄影　吕伟刚

鲊"的教子故事曾广为流传。唐代有佛教天台宗高僧湛然，明朝更有与王阳明齐名的大儒甘泉先生湛若水。陈棠、姚虞琴的《临平记再续》里，则列有一位亭趾本地诗人、清朝湛大鸿，字天云。他有一首《中秋》诗，有句曰："碧空如水月当头，写出良宵万里秋。"陈棠，字荫轩，临平人，清末举人，他的祖母也是亭趾湛氏族人。据此可知湛家曾是亭趾的名门。今天的亭趾兴旺村还有一处地名叫湛家角的自然村。

亭趾徐氏最出名的要数民国年间湖津荡徐氏内科名医徐子谅，当地人称"子谅先生"。他从小随父徐阿大习内科，医术高超，擅长温症，悬壶乡里。大麻名医"浩浩先生"就是他的学生兼女婿。其医术还传子徐聿德，徒俞超梅。聿德始行医于乡里，1948年迁临平镇上太和堂国药店应诊，自创"三鲜汤"用于临床：鲜生地甘润存阴，鲜石斛养胃生津，鲜菖蒲芳香通窍。徐聿德又授徒王尚荣、徐本浓、徐本治、徐尚克、张楚雄、王钜永，多半在临平一带行医。所以徐氏是亭趾颇有名声的中医世家，曾造福地方许多年。俞超梅也是亭趾、五杭一带的名医，其后代也在当地行医。

亭趾还有姚氏家族，族人中经商发迹的有"姚百万"，还有姚细毛。而近代家族中最出名的则要属文化名人姚虞琴（1867—1961）。姚虞琴精于书画，又得高寿，时人将他与齐白石并称为"南姚北齐"。他还是大麻一代名医金子久的表兄。姚虞琴的夫人华氏，是许村孟湖人。姚家在民国期间经营南货业，姚裕源南货店是亭趾供销食品厂的前身。

亭趾韩家，居于南栅，民国时期，有一位韩蔼卿做过亭趾乡长。他的儿子韩宗保、孙子韩秋泉后来迁居大麻，父子两人都是民国时期当地的名流乡绅。

亭趾沈家更是一个名门望族。沈家定居亭趾很早，明朝成化年间塘栖泉漳人丁养浩（1451—1528），就曾给亭趾《沈氏族谱》题过诗。其诗名《亭溪沈氏族谱》，诗曰：

宗法久不立，世道日已衰。若非修谱系，何由叙睽离。

沈君志古道，手录素所知。世经人以纬，瓜瓞相依维。

源流既浚发，根枝亦同归。昭穆一以序，恩义一以施。

服属一以辩，祀事一以时。正名以定分，缘情而制宜。

人心既敷治，王化乃坯基。刑措可不用，礼乐亦系之。

沈君知所重，古道良可追。愿言永珍袭，千载垂芳誉。

    姚虞琴的私塾老师也是沈氏族人，名叫沈任，字和卿，清代秀才，著有《守黑斋诗文稿》。陈棠《临平记再续》有："和卿少孤家贫，居亭趾村中，无学可就，经书皆母夫人唐口授。迨弱冠，效人为制艺。又数年即工，遂补博士弟子员，藉教授以养母。其境遇之拂逆，有不堪为人道者。不久，以不得志而卒，……遗稿不知流落何处。诗人姚虞琴其弟子也，忆有《西湖竹枝词》三十首，而仅得其一，自楚北寄示，亟录之。"沈任《西湖竹枝词》（选一）：

湖塘十里水连空，游女如云践落红。

人蘸燕支山蘸黛，一般妆束问谁工？

    沈氏家族中还有一位叫沈懋功，亭趾街南栅口那座保存完好的七孔古桥——报恩新桥上刻有他的名字。证明他是当年亭趾一带有地位、有家产的里绅善信。

    亭趾沈氏家族最有影响的人物，是清初佛教华严净土宗中兴祖师慈云伯亭大师，生父沈相，母张氏。他9岁出家，是清初著名的学问僧，又是明末四大高僧云栖袾宏五世法孙。一生遍研诸经，融会众说，不拘泥一端。后每讲说，四众云集，盛极一时。历主慈云、崇海、上天竺诸刹，受到康熙皇帝赏识，时人称为"活佛"。伯亭大师于雍正六年（1729）农历三月晦日示寂，世寿八十八。传法弟子二十余人，其中以培丰、慈裔、正中、天怀四师最著名。撰有《贤首五教仪》《圆觉析义疏》《华严宗佛祖传》等六十余卷。于课诵经忏外，兼通四书、诗、易等儒家典籍。所以伯亭续法是历史上运河街道出生的，最具知名度的一位佛教高僧。

而博陆历史更为悠久，据梁代沈约撰《宋书·自序》叙："沈约七世祖沈延，居住（武康）县东乡博陆里余乌村。"南宋咸淳《临安志》卷二十："仁和县丰年乡辖境有'博陆里'。江南运河经此，昔当由杭州至嘉兴之大道。"晋朝时候的武康县域，其县境东面一直要到今天新市、禹越、大麻一带。沈约"自序"中所谓"县东乡"，大抵就在这一个区域。故其在《宋书》里提到的"博陆里"，应该就是现在的博陆。而当时博陆里应该隶属于武康县。当然，沈约也曾说过"地理参差，其详难举"，所以，其最早隶属，因岁月悠远，已难以考证清楚了。

位于古钱塘东北面的五杭、博陆两座古商埠，在有史记载的宋代已是大运河边与塘栖一样的商贸市集所在，店家众多、经济繁荣兴盛，其形成的市井风情，水乡文化，风貌较为独特。

境域之内地势低平、河荡星罗、港汊纵横，一派水国风貌。

柏亭款砚铭   供图 吕伟刚

元至元二十七年（1290），弁阳老人周密曾送女嫁入博陆吴家，在其《癸辛杂识续集》卷上《雷雪》载：二月三日春分，余送女子嫁吴氏，至博陆，早雪作。至未时，电光继以大雷，雪下如倾，而雷不止，天地为之陡黑，余生平所未见，为惊惧者终日。

周密（1232—1298），字公谨，号草窗，又号霄斋、蘋洲、萧斋，晚年号弁阳老人、四水潜夫、华不注山人。祖籍山东济南，先祖因随宋高宗南渡，入籍吴兴（今湖州），置业于弁山南。另一说其祖后来自吴兴迁杭州，周密出生于杭州，是南宋词人、文学家，南宋末年雅词词派领袖。

周密的词作融会姜夔、吴文英两家之长，形成了典雅清丽的词风。他一方面取法姜夔，追求意趣的醇雅，另一方面与吴文英交往密切，词风也受其影响，因此与之并称"二窗"（吴文英号"梦窗"）。他的成名作、描绘西湖十景的组词《木兰花慢》，即以文笔清丽而著称。

清光绪《唐栖志》则载："博陆村创于宋，毁于元，复兴于明。""其地港汊纵横，得陆为埠，以利交通，志以'陆埠'。""或以其地在临平之北，故名'北陆埠'，后讹为博陆、博鹿。"

元至正年间，张士诚疏浚下塘运河。明正统年

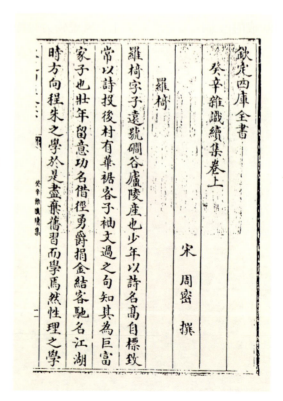

周密《癸辛杂识》

间，浙江巡抚衙门修筑运河塘岸一万三千二百七十二丈，建桥七十二座，打通了从杭州北新桥向北经塘栖、五杭、博陆、大麻、崇福的水陆通道，带来了沿线乡镇人口聚集，市镇繁荣。晚清杭州丁丙《三塘渔唱集》有诗：

> 博陆曾开慧日筵，水亭觞宴侍群贤。
>
> 重寻雪壁鸿题印，六十回头欠一年。

《杭州府志》卷一百七十五载：宣统三年（1911）五月，大清邮政在博陆镇设（邮政）代办分局。

民国《杭县志稿》卷一四记载：博陆街上的商店"在运河南岸，去塘栖、石门、新市、临平并在不远，里民繁多，所以成市。申、苏班轮船可暂停"。"五杭、博陆产瓜特盛，各种蔬菜亦以此两乡装船。行销为广、苏、沪地方，所谓嘉兴黄芽菜者，由该乡转运居多。""而五杭、博陆、金佛寺、古荡、留下等处均有渔行之设置，以鲜鱼供应沪、杭。"《杭县志稿》卷十四则载："民国35年（1946），国民政府重新商业登记，博陆街上有商号39家，其中买卖业20家，技术业3家，兑货金钱业2家，集客业6家，行记业3家，运送业5家。"

每个地方的世家大户、乡绅人家，是旧时体现经济文化发达程度的重要标志。明清两代，博陆有不少大户人家，除了钟家、姜家，还有王家、沈家、唐家、胡家等，后来又有陈、赵、张、陆、吴等家族。其中，博陆钟氏家族是当地最负盛名的名门望族，代表人物是明代钟化民。

钟化民，字维新，号文陆，万历八年（1580）进士，曾担任福建惠安、江西乐平知县，政绩卓著。官至陕西茶马巡按御史、河南巡抚，赐谥"忠惠"，《明史》有传。

到了晚清民国年间，博陆有一位钟杏坡（1878—1952），在博陆街上开设米店、酒店、豆腐店等，曾担任杭县参议员，是当时博陆著名乡绅，其家住在仁隐桥东面。"仁隐桥"桥名即出自其手笔。杏坡之子钟安仁（1906—1978），博陆人尊称其为"毛毛先生"，他是大麻名医金子久的关门弟子，得乃师真传，仁心仁术，在余杭、桐乡、德清一带有很好的口碑，娶五杭俞氏，俞家亦以医名世。

除了钟氏，博陆还有姜氏家族。明代有姜梦龙，他是钟化民同届进士。明代还有一位姜文进，此人爱好收藏，曾藏有赵孟頫的书画。

博陆王氏家族，是明代云南布政使丁养浩的舅舅家。另外丁养浩在《先考妣马鞍山墓表》一文中说博陆唐家"以财雄于乡"，故唐家可称是当时的博陆首富。

博陆河北埭还有胡氏家族，当地传说胡家有"四位进士"。这"四进士"具体是谁？因志书记载不详，已很难考证。从地方志的记载，以及当地耆老介绍来看，博陆西面塘栖青林村（今孤林）有胡氏家族聚居，明朝嘉靖、万历年间曾出过二位进士。其中胡心得是嘉靖四十四年（1565）进士，官至郧阳巡抚，他的夫人就是博陆王家人。胡胤嘉是万历癸丑（1613）进士。2015年笔者曾在博陆寻古访谈，当时有胡家后人

仁隐桥额   摄影 吕伟刚

说起，祖上是从徽州迁来，此证明博陆胡氏家族与孤林胡心得家族是自族。博陆还有一位胡枢，是清代顺治戊戌（1658）年的进士。父胡士维，秀才。康熙三年胡枢担任江西万安知县，在任上做了许多好事。

京杭运河由西向东流经博陆街北，丰年（稔）、长寿两桥横跨大河之上。民国《绮云丛载》："博陆高桥，五杭桥东博陆村，跨大河。雍正间，李宫保卫重建。有二桥，俗名双桥。"清代侍读学士宝鋆途经博陆有《舟次双桥有作》（诗载《文靖公诗抄》卷二）：

> 归帆斜指路迢遥，满目寒云锁沉寥。
>
> 膏泽一旬飞白雨，丰年两字喜红桥。
>
> 敢云鉴拔皆名士，祇有驱驰答圣朝。
>
> 回首杭城劳想象，几人团坐话星轺。

诗中原注"二十二日雨势益大，桥在唐栖镇北二十余里额曰丰年"。"沉寥"是指清朗空旷。宝鋆，字佩蘅，索绰络氏，满洲镶白旗人，世居吉林。道光十八年（1838）进士，授礼部主事，擢中允，三迁侍读学士。咸丰时曾任内阁学士、礼部右侍郎、总管内务府大臣。同治时任军机处行走，并充总理各国事务大臣、体仁阁大学士。与恭亲王奕䜣、瓜尔佳·文祥等自同治初年当枢务，是洋务运动时期朝廷主要领导人之一，造就同治中兴。光绪年间晋为武英殿大学士。卒谥文靖，入祀贤良祠。

博陆水路交通便利，东通嘉兴、上海，西连杭州，北往新市入烂溪，可达湖州、吴江、苏州。四通八达的水道，造就了博陆湖羊贸易市场的繁荣。据传，博陆羊行起源于明代，在杭嘉湖一带知名度极高。当年大运河在博陆街西面分流，主流折北逸东过长寿桥往丰年（稔）高桥流去，另一支入油车桥下，即是雅称"鹿溪"的博陆市河，河水向东穿越市中。而历史上的博陆羊市则有东羊行浜和西羊行浜之分。每年冬春二季，羊市生意兴旺，水路贸易者均隔夜摇船至博陆，嘉兴方向来船泊于东羊行浜，湖州、杭州方向来船泊于西羊行浜。交易时间从傍晚起直至第二天早晨。其中冬季以食用羊为主，挑好的羊请羊行里的师傅来估价。而春季则以买卖养殖的羊为主，买羊主要是回家续养。据当地老辈人回忆，清代光绪年间羊行生意特别兴隆。湖羊皮有外销需求，商贩收购羊皮至上海，销往香港运往欧洲。其中的胎羊皮销路极好。胎羊皮即冬春季节刚产下未曾喂乳的小羊（羔羊）皮，洁白舒卷，皮质柔韧，人称软宝石，曾深受欧洲上流社会之青睐。羊肉则被视为冬令进补之美味佳肴，酒楼饭店、家庭聚餐离不开红烧羊肉。故而五杭、博陆红烧羊肉名声大噪。每年冬季，博陆街上羊肉飘香，成了冬令进补的美味佳肴。鲜美滋补的湖羊肉，令酒家、饭铺门庭若市，生意兴隆。博陆老街以"木桥"为中心，市河木桥港南北两岸非常繁华，闹市区主要由沈家弄、高家弄、张家弄3条街弄组成，各类商铺众多，有大小羊肉店、羊肉摊、大小茶馆、茶摊，还有专门买卖湖羊的"羊行"，各地商户及来自上海等地的客商都会到这里来买卖湖羊，故被称为"江南羊市"。

历史上的博陆镇是由"丁字街"组成的水乡古镇，位于京杭大运河的南岸，东临嘉兴桐乡，北界湖州德清，是杭、嘉、湖三府的交界处。1938年，古镇曾惨遭日寇飞机轰炸和烧杀抢掠，繁华了数百年的街市被

今天的长寿桥 　　　　　　　　　　　　　　　　　　摄影　吕伟刚

大火烧毁。今天，昔日热闹的博陆老街仅仅成为乡里老人们的梦中回忆了……

博陆于20世纪60年代填河建路，成了今天博陆的主要街道"鹿溪路"。平原水乡，船是最实用便捷的交通工具，当年，周边地区的商贾利用水道乘船云集此地，抛锚系缆，上了河埠便是街市。

博陆土地肥沃，物产丰富，曾经非常繁荣，街市上可以购买许多生活必需品，特别是一些日用小商品。"市河"两岸的商店鳞次栉比，商品琳琅满目。大凡来博陆的人，除了买卖湖羊的商人，大都是走走看看，或卖点自产蔬菜瓜果，或买点家用物件的周边农民。有闲有钱的乡人，也会弄点小吃点心，或坐坐茶馆。他们一边品茶讲古，一边凭窗欣赏"市河"两岸的景色，那是江南水乡市井生活中的闲情逸致。

博陆红烧羊肉古时候就已经闻名遐迩了，除了红烧羊肉外，博陆的特色食品中，板鸭也十分出名。民国早年街上有个叫"板鸭七"的沈姓老板，他做的板鸭味道极好，一个早市下来，当天所做的板鸭就会被一抢而空。因为"板鸭七"的名声太响亮了，他的本名反而没人叫了。直至今天博陆街上还有板鸭七的后人会做板鸭。据说比塘栖传统名产"塘栖薰鸭"味道更纯正。

博陆历史上的灯会很出名。传说博陆的灯会是为了庆祝财神菩萨的生日，因此，从前高家弄南口的过街楼上设有一个财神堂，供奉着财神菩萨。灯会那一天，四乡的村民都会来博陆，街上人山人海。因为街道狭窄，临河的路面也不够宽敞，人们就在市河上面用木板搭成过道，以免有人落入河中。灯会的主要节目就是彩灯巡游，除了各色彩灯，还有采莲船、踩高跷等表演。更有趣味的是，巡游的彩灯队伍里还有由"敲鼓亭"表演的戏文片段，比如"苏三起解""唐伯虎点秋香"等，这是小孩子们最喜欢看的。

博陆地处水乡湿地，自然风光秀丽，博陆前代乡贤曾总结评选出远近闻名的"博陆小十景"分别是：悲渡望月、塘隈大树、洪坟夕照、双桥残雪、文阁渔灯、前溪风芦、西流奇槐、慧日晨钟、柳荫听蝉、平堤踏月。十景之名富于诗意，并均有出典，从中可以感受到浓浓的家乡情结和文士情怀。

"悲渡望月"之出典。据民间传说，乾隆皇帝是海宁陈阁老的儿子，被调包来的皇家格格被陈家抱回江南老家，后来出家做了尼姑。她的出家之地就是博陆的悲渡庵。悲渡庵旁边有座桥，俗称扶栏桥。格格尼姑因尘缘未了，常会在皓月当空的夜晚，只身来到桥上，手扶桥栏仰望着皎洁的月光，思念远在北方的故乡和亲人。

"塘隈大树"，说的是博陆运河畔的一株大樟树，也与乾隆皇帝有关。相传，某年夏天，乾隆帝沿运河下江南途经博陆，见运河堤岸上双桥之间有一棵四五人合抱的大樟树斜卧河面。此树树干虽斜，但平坦，上面竟然可以摆上方桌，供闲人雅士、文人骚客喝茶饮酒，作诗吟诵。乾隆好奇，让随从屏退闲人，上树歇息。皇帝老儿在树上眺望着运河两岸美丽的景色，只感凉风习习，好不惬意，不由赐言："此乃博陆双桥大树隈也。"金口玉言，后人为此立碑记事，"塘隈大树"从此闻名于世。那时正值六月，是河面菱田开花的时节。乾隆皇帝还随口说了一句："这是金底银面的好地方。"金底指河中的鱼，银面指水面的菱花。于是，象征着博陆美丽富饶，"金底银面"的说法也在周边流传开了。

"洪坟夕照"之典故更带有浓浓的民间色彩。此典要从博陆原有的两座南北横跨大运河的石拱桥说起。东面高桥叫"丰稔桥"，西面那座高桥叫"长寿桥"。当地人按两桥建造时间的先后，习惯称长寿桥为老高桥，称丰稔桥为新高桥。由于两桥走向的原因，每当夕阳西下，阳光正好穿过两座桥的桥洞，聚焦在远处陆地的一个点上。乡人认为此阳光落点之处一定是块风水宝地，于是，有洪姓人家便在那里建了坟地。此后，"洪坟夕照"也就成了博陆一景。

"双桥残雪"，这就又要说到博陆运河中两座高桥了。江南冬春季节，常会雨雪霏霏。每当大雪融化后，两座石拱高桥上留下的残雪，景色萧瑟，几乎可以媲美杭州西湖的断桥残雪。

"文阁渔灯"，缘自运河中间一个叫文阁墩的小岛。小岛虽然叫文阁墩，却既无亭阁，也无人家，只是到了夜晚，运河渔民都会到此停船歇夜。此时，从博陆街上望去，墩隐船影，渔火点点，犹如一幅桨声灯影的水墨图画。久而久之，该地就成为博陆人心目中独特又难忘的风景。

"前溪风芦"也是博陆著名的景点。在博陆之西一个叫前溪的地方，就是今天螺蛳桥村靠近白渡港一带，曾有过大片湿地。有一条叫凌河港的河流，河两岸长满了成片的芦苇，春风里嫩苇摇曳，苇叶葳蕤；夏日里，三二白鹭掠空飞翔，艳阳下，白羽绿苇和微波涟漪的河水闪着亮丽的色泽。秋阳下芦花胜雪，晃漾若银海。当秋高气爽，蓝天遥远，那一簇簇、一片片雪一样洁白的花冠，在瑟瑟秋风中婀娜摇曳。冬日，枯黄的芦苇一杆杆挺立在风中，有一种傲然苍穹之美。唐代戎昱诗中有："野菊他乡酒，芦花满眼秋。"风芦美景让人不禁心旌神摇。雍裕之的"芦花"更绝："夹岸复连沙，枝枝摇浪花。月明浑似雪，无处认渔家。"诗中写出了秋月之夜芦花简洁明快，如雪耀眼，连渔家也难以寻找了。

"西流奇槐"的故事产生在很早以前。当时在博陆街高家弄南口有一过街楼依傍"市河"。沿街而过的市河，两岸遍种榆树，故此街又称为榆树街。市河东面有座太平桥，西面有座元家桥。市河南面有条斜西港，发大水时节，河水从南面奔流而来，到了市河里，水向东流。因太平桥的桥洞太小，太窄，不能顷刻排泄急流涌来的河水，所以，除了一部分河水经过太平桥孔向东流去，另一部分河水因被桥阻拦而回旋转向，向西面的元家桥流去。人在斜西港口看流水，一股向东，一股向西，显得十分奇特。高街弄口的市河边则长有一棵长相奇特、两人合抱不住的大槐树。此树历经风雨沧桑，树身已腐蚀一空，只剩下靠河一面还有一米多宽的树皮连系着根部，支撑树冠。此树虽然老而且残，但树皮上仍分枝生杈，依然枝叶茂盛。里人称此景为"水不东流向西流，槐树剩皮命还留"，据此取名"西流奇槐"。

此景又称"西水东流"。说是博陆地处大运河南岸，河水来自东苕溪。苕溪水进入运河后，由西向东流去。当水流到了博陆东桥漾时，由于地势的原因，河水在这里形成了一股回龙水，经过一条南北向的支流，往南后又由东向西流去，进入博陆"市河"。因此，原本由西向东的运河水，到了博陆"市河"却反其道，变成由东向西而行，"西水东流"也就成了博陆一景了。

"慧日晨钟"是指坐落在博陆集市西首大运河南岸的慧日禅寺的晨钟暮鼓。每当清晨，人们总能听到寺内钟声鸣响。晨钟暮鼓，出于佛家因缘。亦比喻使人警觉醒悟。唐·李咸用《山中》诗有："朝钟暮鼓不到耳，明月孤云长挂情。""晨钟暮鼓"这个词，又谐音"臣忠目古"，很多人以为凡寺庙应是早上敲钟晚上敲鼓。其实不论早晚，寺庙都既要敲钟又要击鼓。所不同的是，早晨是先敲钟后击鼓，晚上是先击鼓后敲钟。陆游亦有诗句"百年鼎鼎世共悲，晨钟暮鼓无时休"。句出自《剑南诗稿·卷十四·短歌行》，是以晨钟暮鼓告诉世人，岁月虽绵绵流淌，循环不已，但警世的钟声不会因时间的推移而停止。晨钟暮鼓更是提醒忘记心路的人们警醒觉悟、增生正念、自强不息、奋发有为。

"柳荫听蝉"，指的是夏天在博陆道路河岸旁栽种的桑杉柳樟上，那不绝于耳的蝉声鸣奏不歇，奏鸣出了炎夏烈阳下的交响曲。

"平堤踏月"亦有一则典故。说是在博陆大运河北面，有一座关帝殿，殿东面有一条宽不足2米、长约60多米的堤塘，堤上有座石桥将运河水与堤北面季家滩相连。因此段堤塘与运河水面落差很小，当波浪冲击堤岸，水就会漫过河堤，成了一条水中塘路。若遇发大水，水更会淹没堤塘，人们可脱鞋走在塘上。每当河水满盈，又逢月圆之夜时，月光倾泻在堤上水中成为天水一色，分不出哪里是堤岸，哪里是水流。此时，人若漫步塘上会有一脚可踏踩水中月亮的感觉。踏着水中皓月而行，是多么富有诗情画意的场景。因此里人给此段河堤取名为"平堤踏月"。

其实，所谓的博陆"小十景"，不只是博陆先民对家乡风景的热爱和情感寄托，也是人类热爱自己家乡的一种诗意表达。美丽的博陆美景，伴着日夜流淌的古运河流水，演绎了无数动人的故事，直至流传于今天。

抗日战争期间，因博陆地处三府三县交界之地，又是水路四通八达的太湖流域，经常有国军抗战队伍在这一带活动，故而被日寇盯上。1938年3月15日（农历二月十四），大批日军包围了博陆。当天中国军队（俗称"中央军"）62师与日本鬼子在博陆交火，日军死伤数人。交战中日军动用飞机丢炸弹，炸毁了许多民房，百姓伤亡无数，连慧日禅寺也挨了炸弹，把寺院大殿柱子上的一副对联也炸残了，炸残的正好是这副对联上下联的头一个字"千"和"万"。镇上老百姓就说："千万千万，看来以后日本鬼子还要来侵犯啊！"事情还真如老百姓说的，过了一个多月的4月20日（农历三月二十），又有大批日军包围了博陆。这些日本鬼子是带着"乔司大屠杀"的淫威来报复的。这一天，日军包围博陆之后，就在街上放火烧房子。瞬间火光冲天，"市河"北面的房子大部被烧光。鹿溪路上的吴姓大户，今天还保存着一对被日本人烧得焦黑如炭的厢房木门。那时大门石门框被火烧碎裂的痕迹至今仍触目惊心！时过80多年了，陈行帆家还一直保留着当年遭日军飞机轰炸后留下的楼上窗户和墙板上的弹孔。

日本鬼子不仅放火烧房，而且还随意枪杀百姓。当时百姓纷纷外逃避难，灭绝人性的鬼子见了逃难的人就开枪。他们在进出博陆的几座桥上都架上机枪扫射路人。在南石桥上，他们看到一只从西面河里过来的逃难船，不分青红皂白就是一阵狂扫，直到把船上百姓都杀死。

这段不堪回首的历史，博陆人民将永志不忘。

五杭地名历史悠久，起始于大禹王时代。当地流传着一则故事：相传大禹王南巡到了五杭，航船停靠在一个无名荒墩。当时墩上尚无人

吴家留存于今的火烧门板　　　摄影　吕伟刚

家，野苇丛生，一片荒凉，只有几只捕鱼小船在此歇夜。大禹到时已是夜幕将临，航船靠着荒墩，歇息了一夜。第二天，大禹便率人渡江南行。这些捕鱼人看到大禹的航船在此停靠，认定此墩定是风水宝地，便纷纷到墩上建房定居。为了纪念大禹航船在此停泊，后来便把这个小墩定名为禹杭。经过数代人后，有人因禹杭村四周有五条河港在此汇聚，即斜弓港、禾丰港、风北港，大运河又东通北京、西到杭州，因地形所定，故改禹航村名为五航，再后来又讹成了五杭村。

其实，五杭地名在南宋已载入史册，咸淳《临安志》上载明有五杭。但五杭之名，也写作"五行"的，盖因"杭""行"两字，读音一样。"禹航"也是今天五杭最早的名称。清代塘栖曹菽园的《栖水文乘》则明确说：此地本名禹航，后来叫别了，就成了五杭。《唐栖志》关于塘栖四至也有"东著禹航之迹"之语，指的也是五杭，说的就是大禹王治水时曾经到过五杭。据此可证，五杭在四千年前的夏朝，就已有居民聚居了。

五杭地处水乡平原，河港交错，灌溉便利，农业发达。

宋代以来，五杭隶属杭州府仁和县丰年乡。南宋时五杭商贸街市兴起。到了元末张士诚疏浚下塘运河后，五杭变成水路要冲。明代以降，五杭人烟聚集，街市渐成为四周乡村的贸易市集，小镇迅速繁荣。清代五杭有一位较出名的文化人叫顾树德，字元灏，家住五杭街。早卒。留下的《七夕馆中小课》二首诗，载入了陈棠、姚虞琴编撰的《临平记再续》一书中，诗曰：

> 一年一度涉银河，怪煞天公定例苛。
>
> 毕竟双星孰来往，痴心我欲问嫦娥。

> 其二
>
> 马嵬山下走仓皇，夜半长生密誓忘。
>
> 解识天孙犹抱恨，这回休更怨三郎。

《杭县志稿》记载：民国二十三年（1934）已有五杭镇，抗战胜利改设五杭乡，隶属杭县临平区，县政府曾在五杭设立警察分驻所，以保地

五杭东街旧影　　　　　　　　　　　　　　　　　　　摄影　吕伟刚

方治安。

五杭与博陆一样，同处京杭大运河畔，水路交通便利。《杭县志稿》卷一四之《商业·五杭》载："商店在运河南岸，去塘栖、石门、新市、临平并不远，里民繁多，所以成市。""有九坝十三圩，民家列肆绵延，宛如小镇，街上有油车、酱园。申苏班轮亦有码头停靠。"旧时，"五杭、博陆夏秋产瓜特盛，各种蔬菜亦在此收购装船，行销广、苏、沪等地。当年所谓嘉兴黄芽菜者，多由该乡水路转运居多。""而五杭、博陆、东塘金佛寺等处均有鱼行之设置，新鲜鱼虾供应沪、杭"。五杭街上的"洪昌酱园"规模较大，知名度较高，被载入《中国实业志》一书。

民国期间，五杭街市曾惨遭三次大火劫难，街上被匪徒焚毁房屋十分之五，损失惨重。成为老辈人心底永远难以抹去的惨痛记忆。

第一次大火是 1939 年（民国 28 年）11 月 30 日（农历十月二十）夜间，土匪放火焚烧街南端的五杭大庙和街西北侧的宝光寺。据老人们回忆，前一日后半夜先烧五杭庙，再烧宝光寺。这次大火五杭大庙被烧毁了大部分，仅存大殿。宝光寺烧毁山门建筑、金刚殿、大悲殿和西面蜢将殿、大雄宝殿、观音殿等，仅存北侧一进和东面四个房头几十个和尚的住房未被烧毁。同时烧毁的还有紧邻宝光寺西侧五杭最早的洋学堂。被烧去的宝光寺残余房屋于 20 世纪 50 年代中期改建为乡中心小学校舍。后几经拆改，现已被改建为企业厂房，旧迹无存。

第二次大火是 1943 年（民国 32 年）9 月 22 日（农历八月廿三）夜，土匪部队 100 多人放火焚烧五杭街。大火从上半夜开始一直烧到第二天天放亮后才熄灭。熊熊大火把五杭繁华的南街两边几十间店面几乎烧尽。大火又往南一直烧到了车桥头，顾家油车及路西厅房等皆被烧毁。此外，市河北岸东街上店面房也烧去大部分，大火一直烧到马家汇角，并蔓延到北街的朱家桥附近。东街上店面仅留顾家延吉及相邻沈家共六间未烧毁，东面几家的后面内房全赖风火高墙阻隔才得以幸免。西街店面也烧去约 10 多间。厉家的五进老宅烧剩下了最后一进。当时五杭街上有名的中山茶楼、共和茶楼以及西酱园、同福酱园等都毁于这场人祸浩劫。据老人们回忆，这次放火焚烧五杭街的土匪部队番号未详。灾后统计，大火共烧毁民房 100 多间，烧死一人（上海人子根的孩子），财产损失难以估算。

之后约两年，五杭街又一次遭遇火灾。这次火灾是南街上不慎失火所致，烧毁的房屋中有不少是新建的草房。

火劫之后，五杭街市元气大伤。之后渐渐恢复，陆续复建店面房，且大多为平房，其中多草舍，也有几间火烧基地多年后一直荒废着。

民国 36 年（1947）由本乡乡绅曹凤春（阿凤）发起重建五杭大庙。参与人员有孙六斤、阿和先生、周金奎、尤美荣等。其时广筹资金，写数捐资，邵子法资助木材。正殿中央上面横梁上"风调雨顺　国泰民安"八个大字是本乡书家宋秉宽所书。五杭大庙于 20 世纪 50 年代起改作供销社麻站。20 世纪末恢复大庙，称"禹皇寺"。

放火烧大庙和宝光寺的土匪头子是细头生昌和麻子老孔，是国民党74 师中逃逸漏下来的残孽（一说是国民党绥靖部队，为首的是钱大队

禹王寺大殿　　　　　　　　　　　　　　　　　　　　　摄影　吕伟刚

长）。两次大火，给五杭当地老百姓造成了深重的灾难，破坏了大量历史遗留下来有价值的文化和建筑，损失惨重。由于时间已经过去80多年，许多细节已无法复原。

民国35年（1946），国民政府重新进行商业调查登记，五杭有商号48家，其中买卖业27家，制造加工业3家，技术业4家，兑货金钱业1家，集客业6家，行纪业2家，运送业3家，居间业2家。

五杭镇区原先是由西北的北塞口、东北面东泗河、东面鹢（音yì）马坞、以及正北地心里（亦称蔡家里、北墩）、正中荷叶墩（亦称南墩）等数个四面环水的土墩组合而成。各土墩之间有石桥相连。从东往西有位于运河官塘上的东门桥（连通鹢马坞与东泗河），关帝殿桥、朱家桥（连通东泗河和北塞口）。而位于五杭集市中心，南北向横跨市河的金登桥，则连通五杭地心里与南街（荷叶墩）。五杭庙东还有跨庙前港的广通桥（即五杭原庙桥）。旧时镇上的老街主要有东街、西街、北街、南街，并以南街为主、东街次之。东街与西街以金登桥为界，沿着五杭市河一字排开。东街东侧连接北街，这里也是旧时五杭集镇的航船码头，俗称马家汇角，从此乘航船可至周边乡镇。沿着北街一直向北至大运河边的关帝殿。金登桥（俗名鳑鲏桥）与南街相通，向南可至玉露桥、禹王庙、广通桥。金登桥的北堍过街路直对现今已浇筑水泥路面宽度近4米的街路（今成万寿路）。这条北端达运河边的新街万寿路长不足200米，原先的南口是一条窄小的石板路弄堂胡家弄，弄北全是杂地。当年的五杭街上聚集了各行各业的商家，店铺毗连，一间挨着一间。每当清晨早市至中午，周遭乡民上街赶集、喝茶、购物，人声鼎沸，市井繁荣。这样的状况一直延续到20世纪70年代后。

五杭东街旧时曾称北街，而北街却称为东街，这个叫法在老辈人中尚有很深的记忆。因早时五杭只有南街和北街（即现所称东街）两条街（西街只有不多几件店面，旧时一直称"西村头"）。之后北街马家汇角处折向北，店面增加渐成市面，因其位置在街东北面，又因北街已有，所以只能称"东街"了。

五杭曾有多家饮食店家，常年供应面饭小吃等，各种美味佳肴有板鸭、猪头肉、炸鸡、醋烧鱼块、包圆等，更有闻名四乡的红烧羊肉。其制作方法与众不同，五杭红烧羊肉是用传统柴火土灶烹烧，加各类辅料熬煮而成，其香糯甘浓的美味让人赞不绝口，久久回味。近年更有多家红烧羊肉店。其中营业于庙东新街上的万士达酒家，红烧羊肉最多曾经日销500多碗，一个冬季羊肉总销量达3000多斤。

五杭集镇上的各种建筑都是江南水乡的缩影。20世纪50年代初，街上的米店、茶馆店、肉店、杂货店、箍桶店、剃头店、染坊等刻满了历史的沧桑。木构房屋刷的油漆大都已褪色。70年代，因镇上农贸市场空间太小，特别是南街，在早市时段人流拥挤交通不畅，影响周边农户在街上自产自销。为此，当时政府将金登桥拆除，并填平市河，开辟了一处露天菜场进行过渡。90年代初又在五杭街东新建室内五杭农贸市场。从此始，老街上的市面日渐冷清，但原有店房、民宅时至今日仍基

新修建的五杭东街　　　　　　　　　　　　　　　　摄影　吕伟刚

本保持旧貌。

自明清至民国，五杭街上的玉露桥南堍也是一处闹市，商业繁盛。玉露桥东庙后西南角的河湾俗称雪荷池，名字带有诗意。桥东北角庙湖漾边上，原先是镇上顾家大户开的顾源昌油车（榨油作坊），颇有名气，因此当地人把玉露桥叫作"车桥"。当年的油车碾碎菜籽榨成食油，全凭人工操作。老人回忆说，传统的榨油先碾碎油菜籽，后加上稻草做成油饼，用铁箍固定后放在榨膛中，在油饼的一侧塞进木块，然后利用吊着的撞杆撞击木块之间的一个三角形楔块。随着楔块被打入榨膛，榨膛中横放的木块会对油饼产生挤压而出油。这一切全赖人力完成，劳动强度非常大。做一块饼要多次弯腰，三个工人拼命打撞，油才一点点地榨出来。1943 年，顾家油车被焚于五杭街道的大火。20 世纪 50 年代，这块油车被焚后叫做"车基地"的场地，路口曾为街道篮球场，东面在一段时期内建有多间房屋，曾是早期五杭乡公所办事处及唐公村集体用房。之后的车基地开过五杭铁木合作社，后为镇属企业，一度称为五杭五金皮件厂，之后称杭州锦昌机械有限公司。

民国年间，五杭街上有厉家、顾家、沈家、尤家和宋家等望族的店铺与宅院。如今五杭街内主要街路则有东明路、繁荣路、玉露路、宝光路、万寿路、泾漾路、万丰路等十数条。

六、古迹钩沉几停骖

运河街道历史悠久，古迹遗存众多。疏理一下，今天留存下来的古迹主要有三类：一是散见于境域内的众多古石桥；二是集中于亭趾、博陆、五杭三处集镇的零星古民居；三是那些寄托里人浓浓乡愁的古寺庙。

根据余杭区文物部门统计，今天京杭大运河（余杭段）河道两岸存世遗产共计 131 项。其中，水利工程遗产 37 项，运河聚落文化遗产 1 项，大运河历史相关的其他物质文化遗产 90 项，运河生态与景观环境 1 项，大运河相关非物质文化遗产 2 项。这里面涉及运河街道的有古桥 17 座，水利工程遗址 1 项，寺观遗存 1 座。现择要介绍如下。

（一）古桥

桥之本义，是指"架在水上或空中便于通行的建筑物"。儒家文化有"桥梁道路王政之一端"的教化，视"修桥铺路"是利国利民的善行、义行、卓行。既为"普渡众生"，也为自己"积德行善"，笃信宗教宣扬"因果报应"会得到善报。造桥修路，是积德行善，造桥是与人方便，是行善事、积阴德。而行善就是推行美好的事物。故而，从古到今，人们公认"修桥铺路"是造福民众的善举。纵览历代方志、史料和民间传说中的古桥，除了极少数重要的桥是由官府出钱修建外，运河街道境域内，绝大多数古桥都是由民间发起募建的。

历史上地处杭嘉湖平原的五杭、博陆、亭趾境域内，河道纵横，水网密布。生活于这方土地上的人民，为了生产生活之便利，为人员物资之交流，在家乡建造了许多木桥、石桥。

　　康熙《仁和县志·桥梁》、光绪《唐栖志》、民国《绮云丛载》上都详细记载着今天运河街道境域内的古桥梁。细数一下，旧时，这一片区域的古桥就有 40 多座，可谓石桥众多。

　　根据以上方志记载疏理，历史上亭趾境内有：余庆桥、普济桥、相家桥、姚店桥、普宁桥、杨家桥（以上六桥俱在亭溪村沈塘至小林路上）。通济桥，在亭溪村，南环桥北，沈塘至小林路。丰年长寿桥，在亭溪村东南，明洪武十三年重建。长寿桥、永宁桥、圣永桥、乐善桥在亭溪村。《仁和志》附注：亭溪有积善桥，无乐善桥。此外亭趾街西还有先生桥、杨家桥，街北有钱芳桥，塘沽坝东面有高安桥，顾家坝还有顾金桥。湖津荡有木桥、千户桥、小螺蛳桥。兴旺村有大来桥、月辉桥、单（丹）万桥等古石桥。

　　除此以外，在亭趾街湖潭路东侧郑家老宅旁那座今天可通汽车的水泥桥是原先亭趾有名的南桥所改建，位置比老南桥南移了约 30 米，从南桥向北约 170 米隔着丁家漾的大来桥村东那座桥就是原先的北桥。而从丁家漾沿余春河向西，那座南北向连接圣堂路的水泥桥就是被改建的原日辉桥（俗称石灰桥）。

亭趾南桥　　　　　　　　　　　　　　　　　　　　　　摄影　吕伟刚

据近年出版的《余杭文物志》记载，今天在亭趾区域还有以下古桥存世：

长福桥，位于南栅口村南栅口 22 号民宅东南侧，西北、东南走向，横跨亭趾港（又名长桥港）。是一座存世稀少的九孔石梁桥，桥全长 49.2 米，宽 1.88 米，中孔跨径 6.45 米，次孔跨径不等。两边设栏板，桥上有望柱 20 根。桥中孔两侧有"长福桥"字样，西北桥堍壁上有"清乾隆三十一年（1766）冬重修长福桥"刻石一方。据此可知，长福桥重修至今已逾 250 多年了。长福桥整体结构保存完整，造型秀丽，见证了江南水乡地区古石桥建造水平。2009 年，长福桥被公布为杭州市文物保护单位。2017 年，又被公布为浙江省省级文物保护单位。

报恩新桥，位于南栅口社区与东湖街道工农社区朱家塘交界处，桥南北向跨六水湾港，是余杭区境内存世较少的七孔石梁桥之一。桥始建于清代，当地人俗称"新桥"。桥长 31 米，宽 2.3 米，高约 3.5 米。桥两边设石栏板，桥墩由三块或四块长条石并列作排柱支撑桥面。两侧桥台用条石错缝叠砌，内嵌石壁墩。2013 年，区文物部门完成了该桥的保

长福桥　　　　　　　　　　　　　　　　　　　　摄影　吕伟刚

护修缮，并建桥亭供市民休憩。修缮时发现石梁上镌刻桥名为"报恩新桥"，此外还发现了原有桥额"报恩桥"及"信士沈懋功"等文字，据此，可知该桥原名"报恩桥"，后来重修改名"报恩新桥"。2015年此桥被列入杭州市文物保护点。

永兴渡船桥，位于兴旺村三花里自然村西北面的亭趾与五杭交界处。桥东西向跨三花港（一名渡船桥港）。东为三花里村，西为滩里村，北为担饭桥。根据桥梁石正中镌刻的文字，可知此桥建于清道光元年（1821）四月，是一座六墩七孔石梁桥，桥全长34.9米，宽1.75米，通高3.7米，中孔跨度6.1米，东边次孔依次序为4.85米、3.85米、2.80米，西边次孔依次为5.05米、3.8米、2.75米。桥两边的石栏板及望柱已被拆除。桥面采用两边石梁上连接搁置宽0.62米、长约1米不等的石板。东西两头各设置两档石级。中孔两侧桥墩曾遭大船撞击略有扭斜。桥中间梁石两侧均阴刻桥名，其中北侧为"渡船桥"，南侧则为"永兴渡船桥"，两旁有阴刻"道光元年四月"纪年文字。桥墩均由三块长条

报恩新桥　　　　　　　　　　　　　　　　　　　摄影　吕伟刚

永兴渡船桥　　　　　　　　　　　　　　　　　　　　摄影　吕伟刚

石作排柱竖砌，上覆承梁以承托桥面。东西桥台均由条石错缝叠砌而成，内嵌石壁墩。渡船桥结构基本完整，气势宏伟且纪年明确，也是余杭区内存世较少的七孔石梁桥之一。目前保存良好。2017 年被列入杭州市文物保护点。

千户桥，位于明智村道家圩千户桥自然村千户桥 54 号西北侧，东西向跨千户桥港。桥始建于明代，1945 年前后当地乡民集资重建。千户桥是一座二墩三孔石梁桥，目前保存较好。

万兴桥，位于亭趾兴旺村北兴 12 号民宅东侧，桥呈东西走向，是一座二墩三孔石梁桥。此桥重建于清乾隆己未年（1739），距今已历 290 余年风雨岁月。目前此桥部分石梁、桥板已更换作水泥板及水泥桥墩，桥堍也浇铸了水泥，保存状态较差。

永明桥，位于费庄村东坝里自然村东 500 米，此桥重建于民国 17 年（1928）。永明桥南北向跨于过经桥港上，是一座单孔石梁桥。该桥部分桥面及桥堍铺浇了水泥。

万兴桥　　　　　　　　　　　　　　　　　　　供图　胡繁甫

　　历史上，博陆区域的古桥更多，据清光绪十六年塘栖栖溪讲舍山长王同撰成的《唐栖志》记载：博陆高桥，在大塘。跨大河有桥二，俗名双桥。雍正间，李宫保卫重建。通泰桥、永兴桥在博陆村南。梁安桥、俞家桥、太平桥、普安桥在博陆村。兴福桥、洪福桥、寿安桥博陆村东。长春桥，在博陆村西，洪武十四年重建。德星桥，在博陆村西，洪武十四年重建。永寿桥，在博陆村北。万寿桥，在博陆村北，洪武年重建。五福桥，在万寿桥西。丰年桥，在博陆村，洪武年间重建。清泰桥，在博陆村纯一院西，洪武年间重建。五里桥，在慧日寺前。永丰桥，在慧日寺右，洪武初重建。孟子桥。永顺桥，在万寿庵北。共计记载了古桥二十一座。这些桥皆载明于《成化杭州府志》。此外还记载有：北环桥，在河津荡。此处河津荡，应是湖津荡之讹，故此座北环桥，应属今天亭趾区域。书中还记载有一座举鼎高桥，在运河北面。（其中长春桥、万寿桥、五福桥在现今五杭范围）。

　　此外，民国年间博陆还有以下桥梁，博陆街东面有南石桥、金锁桥、秀才桥、寺桥、见龙桥。杭家河有渡船桥、螺蛳桥。博陆街上有天街桥（今聚仁桥）、朱家桥、北西桥、南西桥（一名仁隐桥）、福禄桥、油车桥。长子村的河北埭有大坝桥。梁字湾（钟家里）与河洋浜之间有钟家桥。戚家桥村有七家桥、仁安桥（今称淳安桥）、北庄河桥、梁安桥。

今天博陆街上及四周乡村仍有许多桥梁，但都是一些近二三十年间重新建造的水泥桥。

根据《余杭文物志》登录，博陆区域如今存世的古桥有：见龙桥、仁隐桥、聚顺桥、淳安桥、七家桥、积善桥、永丰桥、前溪西桥共八座古石桥。

博陆又名北陆、北陆埠。而文人则雅称博溪、鹿溪。今天那条街名"鹿溪路"的东西向大街，就是填埋了原先博陆的市河后所建。旧时的"鹿溪"，一称木桥港。而博陆真正的明清老街，则是连通鹿溪路中段向北的那条高家弄。高家弄就是当年博陆最主要的商业街，当地文人曾十分夸张地称之为"天街"，并将连通高家弄南北的那座聚顺桥称之为天街桥。据此可见，当年天街上的市井贸易是多么的热闹和繁荣。

历史上的博陆，是一片水中之洲渚，是由水中央的多座墩埠组合成镇的。故而《杭州府志》称其为北陆（即府城最北方的一块陆地）、北陆埠（北面水中的一方墩埠）应是十分贴切的。查考民国老地图，可证实早年间的博陆镇是由六个水中墩埠组合而成的，这在民国年间的博陆地图上标示得十分清楚。

京杭大运河之水从塘栖、五杭汤汤而来，到了博陆街西首分流，其主流折向北面再向东经天成桥（又名长寿桥、新高桥）、再经丰年桥（老高桥）向东往大麻而去。另一支河水则从油车桥下流入油车潭，分流至西桥港入南庙漾，又分流至木桥港，往东经今天鹿溪路上的朱家桥，再流经河北埭连接高家弄的天街桥（聚顺桥），在桥东侧向北，在丰年高桥西面汇入京杭大运河。而流入博陆市河之水则经东桥漾汇入京杭大运河。

而博陆六个居民聚居的主要墩埠之间有油车潭、木桥港、西桥港、市河、长西港、第二条河等多条小河环绕。第一个墩是西北侧的油车潭和河北埭；第二个墩是西南面的梁家里、北西桥、南西桥；第三个墩是位于正南面的庄前村；第四个墩是东南面的南石桥；第五个墩是位于镇中央的博陆里和第一条河北；第六个墩是位于东北面的第二条河北、第三条河北。这些墩埠之间有油车桥（俗称塌塘桥）、福禄桥（一名张婆桥）、朱家桥、寺桥、贤隐桥（一名北西桥）、仁隐桥（一名南西桥）、聚顺桥（天街桥）、沿街桥、太平桥（按：沿街桥和太平桥跨市河）、南石桥、金锁桥相互连通。

博陆街北跨京杭大运河有两座桥，里人称双桥，又称东桥与西桥。博陆东桥旧称丰年（稔）桥、里人俗称老高桥，明代洪武年间重建，桥跨大运河连通博陆街与河北戚家桥村。西桥原称长寿桥，民国地图上称天成桥，里人则俗称高桥或新高桥，桥跨大运河连通博陆街与长子村。

60 年代博陆修建长寿桥 　　　　　　　　摄影　陈少鹏

桥是清雍正年间重建。博陆这两座高桥在1960年（岁庚子）9月里因遭遇特大暴风雨，丰年高桥与长寿桥均毁塌。不久政府重建了长寿桥。1980年又重建了长寿桥和丰年桥。其中丰年桥为砼比曲结构，全长107.8米，单孔，净跨60米，宽4.55米。长寿桥则为钢筋混凝土双曲拱桥，长85米，宽5.56米，单孔，净跨50米。

后来，博陆双桥又经政府多次出资维修。丰年桥因结构老化影响通行安全，已于2020年拆除，即将重建。而长寿桥，是在2000年以前，在博陆高桥西侧50米处重建的钢筋水泥公路大桥，因该桥桥南桥北均设计了360°盘旋而上的环形车道，故被当地人称为盘桥。此桥桥中央有杭州著名书法家姜东舒先生所书的隶书桥名"长寿桥"，年款为"戊寅一月"，戊寅年是公元1998年，故此桥建成至今已有20多年了。在长寿桥东北侧约50多米的河边遗存有20世纪60年代建造的老桥桥墩遗址，尚可看清桥墩那片整齐堆叠的司宝条石。

至于博陆一镇，在同一段河道上，为何要建两座拱桥？分析其原因，一是因两桥东西相距约有800多米，从博陆镇东至镇西，距离较远。二是，因运河北岸，双桥之间有两条河面开阔的内河港。其中东面

60年代长寿桥老桥基　　　　　　　　　　　摄影　吕伟刚

的那条，当地人叫内塘河，河道宽达 80 多米，往北可通德清新市入灁溪。而西面那条大白圩港也有 40 米左右的宽度，河水流经 20 世纪 90 年代从博陆街西迁建于此的慧日禅寺前，向西北约 2.7 公里连通风北港，通往新市方向。

今天博陆区域的存世古桥，根据《余杭文物志》记载有以下几座：

一是博陆东面东菱（凌）河上的见龙桥，位置在东新村五组邵家角自然村，与新建的水泥桥并行，东西向跨东凌河。此桥始建年代不详。桥是一座二墩三孔石梁平桥。长 22 米，宽 1.7 米，跨径 15.4 米。三孔桥面均由 4 条宽大的石梁架就，共用了 12 条梁石。这种桥面构造在我区古梁桥中十分少见。桥两侧有宽厚的护栏石。桥两端的抱鼓石及八根方形望柱完好如初，望柱上均刻有线形雕饰。桥中间梁石两侧阳刻"见龙桥"桥名，桥名两旁阴刻"民国十二年仲冬月重修"。桥墩由四块长条石作排柱，上覆石盖梁，以榫卯结构与桥面连接；东西桥台由条石错缝叠砌而成，内嵌石壁墩。桥的中间排柱上南北都有阳刻桥联，南侧桥联是："环募善长千百家书，重建民国十二年春。"北侧桥联是："南

见龙桥　　　　　　　　　　　　　　　　　　　　　　摄影　吕伟刚

北舟楫桥门足直，东西荷来轨道则中。"

历史上此桥是东面大麻村民前来博陆街上的主要通道。而见龙桥的桥名，"见龙"一词最早可追溯到《易经》："见龙在田，利见大人。"农历二月初二，俗称龙抬头。《易经》中说，这一天之前，虽然已属春天，但龙还蛰伏着，故古人称之为"潜龙在渊"。过了二月初二后，阳气上升，春意可见，故曰"见龙在田"。顾名思义，龙出现了，一切都开始崭露头角。到了这一天，迎春花开始露出笑脸，告诉人们，春天来了。

此桥桥联"环募善长千百家疏，重建民国十二年春"，其意是说为重建此桥，曾向很多人募捐，"善长"是指做好事的长者、好心人，多与仁翁合用。此也彰显了传统文化教育下博陆先辈们的慈善功德，即使放在今天仍有教育意义。

见龙桥的桥名都用阳文楷书刻就，"文化大革命"中曾被人涂抹上黑乎乎的柏油。桥名前后阴刻的纪年文字为"民国十二年仲冬月重修"。民国12年是公元1923年，故此桥重建至今已有97年风雨岁月了。

见龙桥目前保存状况良好。2017年被公布为杭州市文物保护点。

二是仁隐桥。《余杭文物志》载：仁隐桥，位于博陆村南园里25—1号东南侧，单孔石梁桥，东西向跨于西桥港，当地村民称此桥为"南西桥"。桥额上镌有"民国六年众姓重建"文字。桥全长13.3米，桥面长4.6米，桥面宽1.55米。桥面由两根长石梁铺成，梁石中心嵌入青石板，并有一方刻有圆形图案的桥心石。桥墩以长

见龙桥桥联

石块垒成，内侧为条石。桥面桥墩保存较好，桥栏近年已用水泥浇筑，桥的台阶也被浇铸了水泥。

仁隐桥东侧是庄前村，桥西是南园里自然村。此桥从古至今都是东西两村之间的主要通道。而桥名"仁隐"，其意思可理解为"仁爱恻隐"。但其内涵又很广泛。仁，是人的道德范畴，是指人与人相互友爱、互助、同情等；也可指仁义、仁爱与正义；通情达理，性格温顺，能为别人着想。仁人志士、仁爱有节、仁义礼智信，都是儒家经典。而"隐"则是指：藏匿，不显露。隐藏、隐匿、隐居、隐士等。所以博陆先民以"仁隐"二字来命此桥之名，里面包含的故事信息，能让人浮想联翩。

20世纪90年代，因仁隐桥桥面太窄，三轮车等机动车通行不便，故村里在桥北侧又拼接了半座水泥桥，拼阔后的桥面宽逾4米。古桥南侧中间石梁上有阳文"仁隐桥"题额，桥名前后阴刻有"民国六年"和"众姓重建"的纪年款。民国6年为公元1917年，故此桥重建至今已有103年岁月风霜了。据大麻文史学者郁震宏先生考证，晚清民国间博陆有著名乡绅钟杏坡，业中医，曾担任杭县参议员。钟家住在仁隐桥东庄

仁隐桥　　　　　　　　　　　　　　　　　　　　摄影　吕伟刚

前村。民国六年仁隐桥重建时，桥名即由钟杏坡先生书写。

仁隐桥位于博陆街南侧中心位置，村坊前面有一大片宽阔的河水，因河东北侧有一座叫"南庙"的庙宇而得名南庙漾。站在南庙漾前可以清晰地望见临平山。南庙漾南面金家塘河可通往亭趾、临平。

博陆街上还有一座聚顺桥。《余杭文物志》载：聚顺桥，位于博陆村河北埭1号东南侧，南北向横跨木桥港之上。民国单孔石梁桥，桥长12.5米，跨径4.5米，宽2.5米。桥面由四块条石铺成，中有桥心石，两侧设有石桥栏，中间四根望柱。桥两侧梁石中央镌有"聚顺桥"阳刻

聚顺桥   摄影 吕伟刚

桥额，两旁分别署"民国九年"和"众姓重建"纪年文字，西北桥栏外侧有"姚忠春助"阴刻文字。

聚顺桥地处博陆集镇中心高家弄北口小地名为木桥头的民居稠密处，木桥港从西面流来，经过聚顺桥下在桥东 50 米处折而向北，约 150 米，在原丰年高桥东侧汇入京杭大运河。聚顺桥两侧桥栏均是宽厚的大条石，显得坚实牢固。重建时间是民国 9 年，即公元 1920 年，据此可知，此桥重建至今已有 100 年时光岁月了。

从聚顺桥向南是旧时博陆街上的商业中心高家弄。沿高家弄往南可至今天博陆最繁荣的商业街鹿溪路。而从桥北小巷往北可通至运河边上的双桥路。这座连通老街南北的聚顺桥，曾因高家弄商业兴盛而得名"天街桥"，当地人则俗称此桥为"木桥"，桥旁即称"木桥头"。

这条聚顺桥南的高家弄，是博陆真正的明清老街。旧时，这条长约 200 米、宽不足 4 米，铺着石板的窄窄街巷，正是江南水乡博陆曾经的市集中心。街道两旁米店肉摊、百货药栈、茶楼酒肆、杂货香烛、豆腐店、竹器店、铁匠铺、理发店承载着世代博陆土著居民们的柴米油盐和人间烟火。聚顺桥默默坚守着这方土地，在数十年、数百年间，方便了周围居民和四乡农民出街入市交易往来。

近年，高家弄已经整修一新。弄中重新铺设了石板，又整修了两旁民居的立面。走入其内，映入眼帘的是两面青瓦白墙，正是梦里江南之景色。

博陆运河北面有七家桥（今多称"戚家桥"）。从今天慧日寺前面那座丰林湾桥沿慧日寺东侧，沿博桐公路一直往北约1公里左右，便到了戚家桥村。戚家桥村即原来的博陆公社红阳大队。该村位于运河街道北部的京杭大运河北岸，东邻新宇村，北邻桐乡义马镇众安村，西靠双桥村。据老年村民介绍，"戚家桥"是"七家桥"之误读。其村名溯源，是因旧时村内共有七家姓氏，故被命名为"七家桥"。从戚家桥村驻地往西约400多米是周家里自然村，村西头有菩提庵，庵西面不数步就是七家桥。桥是一座三孔平梁石板桥，桥东西向跨于村西一条小河港上。桥的东西两侧各有两根排柱支撑起桥面两块大条石，桥两侧各有六档石台阶。该桥至今保存完好。

《余杭文物志》载有：七家桥，位于运河街道戚家桥村周家里菩提庵西侧河道上，清光绪十六年（1890）十二月重建，七家桥长约16米左

七家桥　　　　　　　　　　　　　　　　　　　　摄影　吕伟刚

右，桥面宽 1.2 米，桥东西向跨于村西的小河港上，是一座二墩三孔石梁桥。

七家桥东侧排柱上镌刻有莲花功德碑。在桥南侧中央石梁上有阳刻"七家桥"桥名，桥名前后有"光绪十六年"和"十二月重建"之文字。光绪十六年即公元 1890 年，故此桥重建距今已有 130 多年时光岁月了。

近年村里在古桥南侧廿多米处，修建了一座排灌水闸，来往行人都在水闸上行走，故七家桥已被作为闲桥。古桥东侧的菩提庵古已有之，庵东侧有一方卧在地上的石碑，无法查考碑文内容。虽然菩提庵近年已经重新修建，但庵前那棵三人合抱粗的古樟树，用它那苍老的容颜，似乎在默默诉说此庵、此桥的悠久历史，并向人们证明曾经逝去的岁月沧桑。

2018 年，七家桥由区文广新局和运河街道共同进行了维修。

博陆还有一座地跨三府、三县的淳安桥。

从博陆七家桥沿博桐公路一直向北，折东再向北，在距离七家桥约 1.5 公里的陆家里自然村中尚有一座地跨三府、三县的古淳安桥存世。

淳安桥南北向跨于河道之上，桥南是杭州余杭戚家桥村十组（小地名陆家里），桥北一带人家却是桐乡义马乡众安村地界。而河中央东西流向之水道却属湖州德清禹越镇钱塘村。故历史上称此桥为跨三府（杭州府、湖州府、嘉兴府），三县（余杭县、德清县、桐乡县）的边界界桥。

淳安桥　　　　　　　　　　　　　　　摄影　吕伟刚

《余杭文物志》载有：淳安桥，位于戚家桥村仁安桥自然村与桐乡淳安桥自然村交界处，南北向跨淳安港。此桥始建于明代，重建于民国初年。三孔石梁平桥，桥全长 25.49 米，宽 1.77 米，跨径 14.35 米。淳安桥的构造虽与一般的三孔石梁桥并无二致，但其地理位置却相当特殊，说明该桥不仅地跨杭州、嘉兴、湖州三府，也是原杭县、德清县、崇

德县三县的界桥，具有重要的历史价值。

淳安桥上刻有许多文字，东北侧那根桥排柱上镌刻着"北首桥门东西直线崇德县界"。东南侧排柱上则刻有"南首桥门东西直线杭县界"。而在桥门正中杠梁石东侧又刻有"中央桥门为德清县东西连接之水道"。聪明的先人，将桥柱充分利用，作为区分地域边界的界碑石来使用了。而在两根排柱的西侧却各刻上了一方小小的莲花功德碑。淳安桥的三孔桥面，其工艺是在两边两条大梁石中间铺上一块块五六公分厚的石板作中间桥面，从而减少了造桥用材成本。古桥西侧中间杠梁上镌刻有"淳安桥"三个模糊的桥名。用长焦镜头仔细观察，发现桥名前有隐约的纪年文字，只可惜无法分辨清楚。而从此桥的建造风格和桥上的分界文字判断，此桥应重建于民国初年，距今约有90余年的岁月。

淳安桥的北塊，村民建有一座小小的总管堂，这应是当地村民初一、十五给菩萨上香，祈求里中平安的信仰场所。如今，桐乡县已在古淳安桥西侧一百米处建起了一座钢筋水泥公路桥，取名仁安桥。从桥上

永丰桥 供图 胡繁甫

文字我们可知该桥建造于 2002 年 12 月，由桐乡交通工程公司建造。而古老的淳安桥，虽已历经风雨沧桑，却仍然在造福两岸村庄中往来出行的人们。淳安桥整体保存较好。2013 年获列为杭州市文物保护单位。

除了以上这些存世古桥，博陆还有以下几座古桥：

积善桥，位于东新村东桥头自然村，在原先博陆东庙南侧。桥重建于清末，南北向，二墩三孔石梁桥，保存状况一般。

永丰桥，位于螺蛳桥村前溪村中部，桥建于清道光三年（1823），南北向跨桥横港。该桥是一座单孔石梁桥，桥塅部分曾浇铸水泥，目前基本保存完好。

前溪西桥，位于螺蛳桥村新临博公路东侧 50 米。桥建于民国年间，东西向，是一座三孔石梁桥。此桥桥塅已拆，桥梁部位保存较好。

五杭集镇地跨京杭大运河南北。据淳祐《临安志》、咸淳《临安志》记载，南宋已有五杭地名。五杭是个多条河流汇聚的水乡，东、西、北、

斜弓港　　　　　　　　　　　　　　　　　　　摄影　吕伟刚

南、西南共有五条河道相通。其中大运河东通博陆、崇德；西通塘栖、杭州；还有风北港向北通禹越、新市镇；庙前港南通乾元、临平；西南还有一条谢公港（斜弓港）通孤林、超山方向。所以五杭地名又叫"五航"，后改称为"五杭"。

五杭境内水域广阔。除主航道大运河及风北港、斜弓港、庙前港外，还有东港、西港与塘泾漾、庙河漾、凌家漾及水面较为开阔的白龙潭等众多河道河浜，形成了江南水乡的独特景色。据统计资料载：五杭有内外塘水面 2160 亩，河道总长达 100 多公里，水域总面积为余杭区第一。明代诗人戴澳《杜曲集》卷十一有一首《五杭道中》诗：

平野雨初歇，湿云浮树巅。人家新涨抱，村路小桥连。

桑秃蚕销假，菰香妇馌田。惭余闲十亩，舟背夕阳牵。

历史上五杭区域内有不少古桥，清光绪《唐栖志》引用康熙《栖里景物略》记载有："万寿桥，即五杭高桥，在五杭村。明洪武年重建。《康熙仁和县志》。跨大河，桥北有利济侯庙，桥侧有万寿庵。""锦登桥，俗名鲂尾桥，在五杭村。玉露桥，在五杭村。弥陀佛桥，在五杭村，洪武九年重建。《成化杭州府志》。兴国桥，在五杭村西，乾隆癸未（1763）里人重建。兴隆桥，在五杭村，乾隆甲申里人重建。"

五杭地处平原水乡，河流众多。旧时大小河道上建有许多石桥，今天五杭人口中还流传着一段关于桥的俗语："南有金登、玉露、广通桥；东有天人、百花、东门桥；……万寿高桥造得高。"

时至今天，五杭到底还有多少古桥存世？带着这一问题，前些年笔者曾数次前往五杭一带寻找古桥。

五杭街北原先跨运河有一座高大的、桥名为万寿桥的圆拱形古石桥，桥连通五杭街和河北面郭信（国兴）村。此桥即是历史上五杭最著名的万寿桥，亦名五杭高桥。桥始建年月无考，明洪武年间（1368—1398）重建。最后一次重建在宣统元年（1909），至宣统三年（1911）

五杭万寿桥　　　　　　　　　　　　　　　　　　供图　胡繁甫

建成。万寿桥呈圆穹形，单孔，桥孔径逾 12.4 米，桥面宽 3.6 米，桥高逾 10 米。桥面为条石台阶，桥坡宽而陡。桥体用料以花岗石为主，桥顶正中龙门石雕有精美的太极图案，桥顶有四根雕刻精美形状威武的石狮望柱。石狮头顶部及后侧呈平面，两边桥栏内为平整座椅状，可供人坐下歇足观光，外侧呈弧形倚靠。大桥南北各有 40 多级台阶，两边护以石栏干。东西两面桥壁各有两副对联雕刻在狭长石屏上，字迹工整秀丽，可惜内容已无法查考。两边桥塊都建有起步石平台。万寿桥北原有利济侯庙（按：利济侯庙之利济侯，据《唐栖志》：侯姓金，康熙间，有功漕艘，封护国随粮王。相传有一位金姓运粮官经江南运河北上，时值杭嘉湖旱灾严重，田亩颗粒无收，百姓苦不堪言。金动了恻隐之心，用漕粮救济灾民。金死后，朝廷查清其事，追封为"利济侯"，又加封为"护国随粮王"）。20 世纪五六十年代万寿桥东不远还有关帝殿，河北双条坝渡口旧有塘北庵。

中华人民共和国成立后，运河水运繁忙。因桥孔阻水碍航，1985 年

8月，交通部门易址于桥西侧 37 米处新建航道桥 1 座，万寿桥于 1986 年 10 月被拆除。1998 年 5 月由杭州港航处在原万寿桥东约 100 多米处重建五杭大桥，桥采取架空桥形式，从南向北跨越大运河，至桥北向桥西拐弯跨越风北港，其形状呈 90° 弧形急转。五杭大桥全长 460 米，桥宽 9.5 米，桥高 11.5 米。是当时余杭区通往浙北湖州地区最便捷的交通要道。五杭大桥建成后不久，航道桥即被拆除。

五杭是典型的水乡。除了以上桥梁之外，五杭街上尚有近年新建的多座桥梁。有位于庙河漾北侧的富民桥，此桥上建有桥亭，俨然已成镇中一景。还有农贸市场东侧的繁荣桥。有跨运河南侧塘路上的东门桥（原是运河纤道上之桥，后改建为公路桥，名"东明大桥"）和另一座平桥，以及老北街上原镇政府西侧小河上已改建为水泥平桥的朱家桥。

在五杭街西面南水渭自然村前的河道上，有一座兴国桥。该桥南北走向，宽约 3 米，长约 15 米，桥基还是老桥的底基，而桥面已是近年被用水泥重新浇筑过了。桥的水泥梁板中央刻有"兴国桥"桥名。

兴国桥   摄影　吕伟刚

听村里老人介绍，原先的兴国桥是一座小型石拱桥。民国 16 年改建成单孔平梁石板桥，当时桥面由三条石梁铺成，桥的南北二侧有四、五档台阶。修建此桥的石头是从伍林头买过来的。原来，那一块块整齐叠砌的司宝石，正是从清代伍林炮台上拆下来的旧石料。而"兴国桥"的桥名却一直沿用了下来。光绪《唐栖志》载："兴国桥在五杭村西，乾隆癸未里人重建。"这座改建过的小桥应该就是载入《唐栖志》中的兴国桥了。

兴国桥下的河水从西面 200 多米处的塘泾漾流来。面积约 200 余亩的塘泾漾水面，是五杭运河南面最大的湖泊，也是塘栖附近最靠近大运河干流的一处湖泊。此塘泾漾在民国 22 年（1933）浙江省民政厅测丈队制作的《杭县临平区民族乡地图》上标注为"西塘泾漾"，从地图上看，当时的塘泾漾水面是与大运河连成一体的。20 世纪 70 年代农业学大寨运动中，五杭公社动员大批劳动力，在漾北侧靠运河航道筑起一条长约 500 米宽约 100 米的土堤。从此，塘泾漾与大运河分隔了开来，也使塘泾漾水面缩减了五分之一多。

从塘泾漾流至南水渭的河水尚且干净。从兴国桥向东是一个面积数十亩的潭，当地人称之为三角塘，俗称"白龙潭"。三角塘的东南、西三面共有五条河水汇入塘中，最大那条河就是从西南面孤林、泉漳流来的斜弓港。沿三角塘北岸向东折北，有小河穿过前后南水渭村中。在距离三角塘不远的小河上，东西向建有一座单孔小石桥，桥的长度有 12 米左右，两侧桥墩与兴国桥一样，也是用古石桥的司宝石作基座，桥面则是用水泥浇筑而成的。桥的南北两侧都用红漆写有"杨花桥"的桥名，记录 1995 年重建。问桥西首人家一位老人，说：这座桥因正对南面有五条河流汇入的三角塘，所以原名叫"五龙桥"。而杨花桥之名，则是因为民国年间此地有开油坊的喻姓人家，称杨花门喻家，喻家祖上曾出资重建过此桥，所以后来改桥名为杨花桥。喻家油坊"杨花门"，听上去颇有些民间帮会的味道。

从杨花桥向北行，不足百米，东西向又有一座单孔桥。此桥与以上二座桥一样，也是在古桥基座上重新浇筑水泥桥面。而此桥西侧的桥塊及紧挨着桥塊的石河埠，明显能辨出仍是古桥的原貌。桥两侧水泥梁正中用红漆写有"兴隆桥"桥名。光绪《唐栖志》有"兴隆桥在五杭村，乾隆甲申里人重建"的记载。故此桥即是志书有载的兴隆桥了，据桥名前书写的1992年字样可知，此桥亦是近些年被改建的。兴隆桥下河道一直向北连通大运河。

兴隆桥西面是小地名唐家墩的自然村，村中人家多为唐姓，村中东西向小河上尚有一座单孔平梁古石桥存世。桥尚且完整，"文化大革命"期间，此石桥的东西两侧的桥名都被人用水泥封糊住，至今尚无人去清理，问了住在附近的居民，也叫不出此桥的桥名。后来是在《余杭古桥》图集中找到了此桥的记载："西仁桥，位于五杭唐公村唐家墩48号南侧，桥建于清晚期，是一座单孔石梁桥。"

在五杭长虹社区黄家桥自然村（2007年起属东湖街道），今天还有

杨花桥   摄影　吕伟刚

一座俗称"黄家桥"旧名"新福桥"的古桥存世。桥位于黄家桥村中间的黄家桥港上，呈南北走向，是一座七孔石梁平板桥，桥长约35米，宽约2米。此桥志书无载，始建年代无考，当地村民相传此桥始建于道光年间，但桥梁石上镌有"民国34年（1945）重建"文字。故重建至今也已有76个年头了。此桥保存状态较好。近年出版的《余杭地名故事》一书中有一则建造黄家桥的故事。

五杭还有与塘栖镇交界处的龙光桥。

龙光桥曾是大运河杭申线上一座重要的古桥梁，因桥所在地古称陆郭，故此桥原名陆郭桥，俗称落瓜桥。桥南北向跨京杭大运河干流。龙光桥南属运河街道杭南村，桥西北属塘栖镇塘北村龙光桥自然村，而桥北堍地域属杭信村。

清《唐栖志》记载：落瓜桥，在落瓜村，当跨塘桥东，跨大河。始建年代无考。明万历年间御史陈心抑捐俸重修。天启间，里绅徐大津作疏募修。顺治初年，临平陈万良率义兵，在此桥上下与清兵激战，桥遭毁损。清雍正五年（1727）丁未，浙江总督李卫重修。乾隆二十二年（1757）岁丁丑，皇帝南巡时更改桥名为"龙光桥"。咸丰十年（1860）桥又毁于太平军。光绪元年（1875）官工重修。龙光桥两边桥柱各镌一联：东联为"是处一名落瓜堰，前程九里古棠栖"，西联为"龙飞圣地此津途，光绪元年庆鼎新"。系郡绅丁丙所撰。

古龙光桥是一座单孔石拱桥，长43.12米，桥孔净跨12.32米，桥高10.9米，桥宽4.62米，桥北堍曾立有桥志碑石。1982年，古龙光桥因大吨位运输船通航的需要，在原桥附近建水泥钢梁新桥，老桥被拆除。

五杭街的解放路和玉露路交叉口，旧时有金登桥。这条东西向的解放路，原先就是五杭的东街和西街，街前面是穿越五杭镇中的东西向市河，20世纪70年代被填河筑路，筑路时位于东西街交汇处，南北向跨于市河上的金登桥也被拆除。这座金登桥，《唐栖志》载：锦登桥，俗名

兴隆桥，西侧老桥基仍可分辨　　　　　　　　　　　摄影　吕伟刚

兴隆桥名　　　　　　　　　　　　　　　　　　　　摄影　吕伟刚

"鲂尾桥"。而"鲂尾"一词出《诗经·周南·汝坟》"鲂鱼赪尾，王室如毁"。鲂鱼：即鳊鱼；赪：赤色；赪尾：赤色的鱼尾。比喻忧劳。旧说鱼劳则尾赤。朱熹《诗经集传》有："鲂尾本白而今赤，则劳甚矣。"后因以形容人困苦劳累，负担过重。其实"锦登"之名吉祥喜庆，用于桥名寓意美好。不知其中有何曲折的故事发生？当地人为何会将寓意美好的"锦登"桥名另称为"鲂尾"这样一个让人理解困难的名词？

从金登桥往南沿南街（近年称"玉露路"）走约百米，即是五杭里人俗称的车桥头，街市中间，河道之上有两座并行的桥梁，东侧是近年新建的水泥洋桥可通汽车，西侧与新桥并行的即是那座本地人称为车桥，清《唐栖志》记载的玉露桥。

以"玉露"一词命桥名，当属文人风雅。故分析当时取桥名的人应是一位乡绅里老、饱学硕儒。关于玉露一词，辞书指"秋露"。南朝谢朓《泛水曲》有："玉露沾翠叶，金风鸣素枝。"唐杜甫《秋兴》诗："玉露凋伤枫树林，巫山巫峡气萧森。"近代王大觉诗："帘外银河淡，琴边玉露清。"都是喻指自然界秋露，深秋露寒的。除此以外，文人还用"玉露"来比喻美酒，如元·顾阿瑛《水调歌头·桂》："金粟缀仙树，玉露浣人愁。谁道买花载酒，不似少年游。"总之都是富含意境，读来让人回味隽永。

玉露桥是一座三孔石梁平板桥，桥长约 13 米左右，桥宽 2 米左右，每节桥面均用三大块宽厚的条石铺架而成，走在上面感觉踏实稳固。古桥南北原先各有十一档石级，而如今因地形地貌的改变，桥北侧仅剩下七档石级了。此桥近年已经修整过，西侧桥面已用水泥柱加铁管替代了原先的石栏板。桥东侧中孔、北孔上面仍是原有的石板桥栏，而固定栏板的立柱只剩下一根半属于古桥原物，在桥中间那残留的半根立柱上面留下五处连接部位，应是瑞兽被砸毁的痕迹，可知当时玉露桥中间四根立柱上曾雕有形态生动的石狮子。

玉露桥　　　　　　　　　　　　　　　　　摄影　吕伟刚

　　玉露桥西侧中间石梁上没有任何文字，而桥东侧杠梁及护栏板中间均雕刻有"玉露桥"大字桥额。其中杠梁石上的桥名前后有"民国六年，众姓重修"的纪年文字。民国6年是公元1917年，故此桥重修距今已有95年了。玉露桥两侧排柱上没有古桥常有的莲花功德碑，而在此桥东南侧桥基座上竟修建有一座小小的石佛龛，这在余杭区现存古桥中是绝为少见的。

　　至于村民口中的"车桥"，究其原因，是因为旧时玉露桥东北面曾是一座油车作坊，故而被村民俗称玉露桥为车桥了。

（二）古寺庵

除了古石桥，旧时运河街道境域内还有不少古寺庵很有知名度。明吴之鲸《武林梵志》、清康熙《仁和县志》、清《唐栖志》、民国《临平记再续》等地方志书上都有相关的记载。

首先说博陆区域的古寺庵。旧时的博陆一带，历代建有不少寺庵，当地古有"三藐（庙）三菩提"之说法。在此，先要了解一下关于寺庙的知识。寺庙是寺和庙的通称。民间称谓的寺庙是指佛教建筑。百科知识介绍：寺庙是我国的艺术宝库和悠久历史文化的象征，它既是人们宗教信仰的皈依之地，又是历史文化的汇聚之所。寺与庙是两个不同概念，不能混为一谈。

"寺"字，上土下寸，意为"寸土之地"，亦表示精确，不容猜疑变化。寺通"侍"与"是"，原为皇帝下属的最高办事机构。三卿九寺，如太仆寺、太常寺、大理寺、光禄寺、鸿胪寺、司农寺等。佛教是东汉时期传入中国的，当时的"寺"是朝廷办公机关，寺的长官称为卿，其中负责外交事务接待国外贵宾的是"鸿胪寺"，最高长官鸿胪寺卿，类同于今天外交部长。所以"寺"不是庙。史载：永平八年（65），蔡音、秦景等人奉汉明帝刘庄之命去天竺求佛，踏上了"西天取经"的万里征途。在大月氏国（今阿富汗境至中亚一带），他们遇到了印度高僧摄摩腾和竺法兰，见到了佛经和释迦牟尼佛白毡像，遂恳请二位高僧东赴中国弘法布教。永平十年（67），应邀来华的高僧摄摩腾、竺法兰和使者一道，用白马驮载佛经、佛像到达都城洛阳。汉明帝见到佛经、佛像，十分高兴，对二位高僧亲自予以接待，极为礼重。并安排他们在负责外交事务的官署"鸿胪寺"内暂住。永平十一年（68），汉明帝敕令在洛阳兴建僧院，为纪念白马驮经，取名"白马寺"。所以今天寺院的"寺"字即源于"鸿胪寺"的"寺"，从此开始"寺"便成了中国寺院的一种泛称。白马寺管理佛陀教育，主要是翻译经典、讲解佛经、指导修行。是佛教传入中国教化世人的办事管理机构，故亦称佛寺。佛寺表示敬信佛陀教化，顺理即化。所以宫廷、寺院建筑与园林之相，系出一脉。以上就是中国寺院的起源。

而庙则是供奉先祖、鬼神的地方，皇帝祭祀祖先的庙称太庙，普通老百姓则叫祠堂。世间达贤位逝者，亦可依律建庙，如孔庙、关帝庙、岳王庙等，皆是敬顺真如，仰止贤圣，即得妙法之地。庙也通"妙"，故称之为"庙"。

寺庙庄严，神圣不可侵犯，寸土之间，可随顺而不可随意更改，敬顺即得妙法。寺和庙供奉不同神。寺供奉的神为如来、观音、弥勒、四大金刚等；庙供奉的神是阎王、判官、土地等，纪念逝世贤达之庙则供奉相关的先贤，如大禹、孔子、关帝、水南娘娘等。

"三藐三菩提"是佛教语、梵文 Samyaksambodhi 的音译。意为无上正等正觉，即最高的智慧觉悟。阿耨多罗是"无上"之意（阿为无，耨多罗为上），"三藐"是"上而正"之意，"三菩提"是"普遍的智慧和觉悟"。《心经》有："三世诸佛，依般若波罗蜜多故，得阿耨多罗三藐三菩提。""三藐三菩提"也可意译为"正遍知"。乃佛陀所觉悟之智慧；含有平等、圆满之意。以其所悟之道为至高，故称无上；以其道周遍而无所不包，故称正遍知。唐·玄奘《大唐西域记·劫比罗伐窣堵国》有："今产太子，当证三菩提，圆明一切智。"清·蒋士铨《空谷香·香销》有："看他低眉合掌微微笑，把虚无打破归三藐。"

但考证博陆这所谓的"三藐三菩提"，则应是指当年博陆的寺庙，但具体是哪几座寺庙？今天的博陆土著居民也是难以弄清楚了。据大麻学者郁震宏《余杭的"东三省"：亭趾、博陆、五杭》一文载："三庙，是指北庙、东庙、南庙。三菩提，是指天皇寺、西隐寺、慧日寺。"录此备考。

清《唐栖志》上记载有旧时博陆的六所寺庵。

第一所是慧日寺。

第二所是天王寺。

第三所是西隐寺。

第四所是万寿庵。

第五所是纯一院。

第六所是杯渡庵。

慧日禅寺，这是博陆最有影响力的一座佛教丛林。据《中国佛教史》记载：慧日禅寺隋开皇十二年（592），始建于江苏扬州，隋炀帝大业（605—606）初成为东都宫廷内道场。寺属禅宗临济宗。后晋开运元年（944）吴越王时从扬州迁建于杭州孤山，改额广照寺，至北宋大中祥符八年（1015），再迁仁和县丰年乡博陆里，复额慧日禅寺。元末兵毁。明洪武十四年、二十三年（1390）两次重建，后下诏将诚溪村（按：此诚溪应为五杭长春，现有澄溪庙）、五杭村、博陆村的三寺二院归并入慧日寺。明洪武二十四年（1391）下诏立为丛林，传称"三藐三菩提"。康熙《仁和县志》也载有：慧日寺，在博陆村。旧在孤山，晋开运元年，吴越王建，名广照。宋大中祥符八年移建，改今额。元末兵毁，明洪武中重建，立为丛林。

"慧日"之名，根据《佛学大词典》记载：慧日（梵语 jn~a^na-diva^kara），为佛教词语，其意为日月之光，比喻佛之智慧普照众生，能破无明生死痴闇。与"慧光"、"慧照"等同义。出自于《法华经·卷七·普门品》："无垢清净光，慧日破诸闇，能伏灾风火，普明照世间。"

1943 年博陆小学堂迁入慧日寺。20 世纪 50 年代，寺已无僧人，部分殿宇倒塌，大殿等建筑为当地麻站所占用。"文化大革命"时，殿宇已毁坏殆尽。1996 年，在当地信众及博陆镇党委政府重视下，并经相关部门审批，慧日禅寺在运河北岸戚家桥村重建。新寺院一水环拥，占地 2.2 万平方米，建有天王殿、大雄宝殿、圆通殿、钟鼓楼、藏经楼、方丈室、罗汉碑廊、祖堂、知宾客房、先德堂、僧房、客堂、香客房、念佛堂、饭厅、放生池、拱桥、石塔、法物流通处、管理房、宗相和尚骨塔亭等建筑。建筑总面积 4514 平方米。寺院古朴典雅，法相庄严。

慧日寺 　　　　　　　　　　　　　　　　　　　摄影　吕伟刚

慧日禅寺地处三府（杭州、湖州、嘉兴）三县（余杭、德清、桐乡）交界处。寺院"二面临水，白露横河，水光接天，绿树成荫"，南面有迎香客轮船的大河埠，东侧有公路，寺前有停车场，殿门处有行人道，两旁有青松、樟树、银杏等绿植。车场周围有素菜馆、旅馆、小卖部等商业网点。西墙外还有公园、水上乐园、佛教文化村等综合配套设施。慧日寺水陆交通十分方便，离杭州市区36公里，离临平10公里，离沪杭铁路车站11公里，离320国道线6公里，离博陆集镇300余米，有公交车可抵达。

明清时期的慧日禅寺是一处文人喜爱的礼佛游赏之地。明代泉漳人丁养浩《西轩效唐集》有《题慧日寺》诗，诗前有小序："成化戊子，博溪王思政，延吾先君与唐元恺、元性、王宗盛、馆宾谢宗南、倪伯玉至其乡慧日寺，觞于水亭之上。予与仲兄师哲，亦厕其末。酒酣，宗南有作，余和之，书于壁上。今五十九年矣，当时同席者，今无一人，余亦白发种种，追忆旧作，能不有慨！"诗曰：

博溪溪上一追游，慧日名山万木秋。

三径草堂通别墅，一间茅屋瞰清流。

月明村坞僧归晚，云掩松关鹤梦幽。

尊酒醉来成一笑，高风绝胜虎溪头。

天王寺，《成化府志》《武林梵志》载：天王寺，在博陆村。宋绍兴元年建，名永宁庵。淳祐间重建。四年，法雨讲主请敕赐额"天王院"。元末毁。明洪武十五年重建，名日寺。二十四年（1391）并慧日寺。文中这位法雨讲主，应是临安府法雨慧源禅师。是宋代佛教云门宗高僧，宋《嘉泰普灯录》《五灯会元》，明《五灯严统》，清《五灯全书》都有他的记录。但资料均简略，仅有一则佛教机锋：僧问："如何是最初一句。"师曰："梁王不识。"曰："如何是末后一句。"师曰："达摩渡江。"

西隐寺，吴之鲸《武林梵志》有载：在博陆。离城八十里，宋乾德元年建。乾德是宋太祖赵匡胤的年号，乾德元年（963）距今已历1050多年了。西隐寺元末兵毁，洪武十四年（1381）重建。据此，西隐寺始建于北宋初年，当时寺院为何人所建？寺名为何人所赐？今天已尘封于历史深处。但西隐之名意义深远，杭州有灵隐，而博陆有西隐，故而西隐之名内蕴禅机，显得神秘高深。

而同是明代的《成化杭州府志》则说："西隐寺，在博陆村大河北。宋乾道元年（1165）建。"乾道是南宋第二个皇帝孝宗赵昚的年号。乾道元年是公元1165年，如此与《梵志》记载的刱（初）建时间倒要相差202年。分析二志，一为乾德元年，一为乾道元年，会否是编志者考订讹误，亦或是将乾德、乾道年号混淆了？

纯一院，嘉靖《仁和县志》记载：在博陆村，宋嘉定间建，元延祐中重建，至正末兵毁。洪武初复建，二十四年立为丛林。东有泉石轩。《康熙仁和县志》则载：明末毁，顺治十二年复建。

万寿庵，"在博陆村万寿桥侧"。明万历进士胡胤嘉说过："慧日、天王、保江、西隐诸刹趺峙博陆，皆创于宋，毁于元，复兴于明，惟慧日则建自开运，然从孤山下迁易今名，亦自宋始也。资庆由长寿村移博陆不知何时？载复载圮已没于蓁芜瓦砾矣，而僧如圆改筑西水，俨如双林废兴，非独人事，亦有缘感矣。武林襟带之水，至博陆而与檇李代，回环盘礴，郁秀之气若聚，固宜诸刹鳞起也。”

杯渡庵，“在博陆村。相传吴越王时，永明禅师建，与长耳、定光更相倡和于此。盖师弘道证果在放生，故以放生社会相沿。”见《唐栖志》。关于“杯渡”之名，据明《神僧传》卷三记载：杯渡者是古代一位异僧，不知姓名，因其常乘木杯渡水，人因以杯渡称之。《神僧传》一书传为明成祖朱棣主持编撰。全书共九卷，以古代民间各方神僧流传事迹采辑成书，所载始于汉明帝时摩腾、法兰，终于元世祖时国师胆巴，凡传二百零八位所谓“神僧”。

关于杯渡庵还记载于珠泉道人齐义的《博陆杯渡庵延生社放生引》一文中。文曰：

昔永明智觉禅师，始居俗时，以本誓愿故，不惜身命，用官钱放生。逮罹重辟，感神人梦告吴越王，遂得出家弘道，住持慧日。与长耳、定光更相唱和，世咸知其为无量寿佛诞生人间。故苏子瞻曰：众生应以市曹得度，禅师特现市曹而为说法，由斯以说蠢动蜎蠕，罔不在诸佛无量光中，诸佛护念如保赤子，所以成佛。正因放生第一，我吴山越水间函石瑰琦，溪光澄莹，清淑之气，钟为肉身，大士所在，林立炽然演法。今春山僧以持钵过博陆杯渡庵，憩息三宿，无论望族单门，皆仁人长者，笃信宗乘，一体物命，思以末俗颓波，燃大智灯，作大饶益。因相与议及，现今海内挽枪迭起，剽掠不休，尽十方身命，率皆危逾朝菌，促等螟蛄，其求延片刻之心如倒悬需解，渴乏须浆。此诚夙昔宰杀生命之报也。既堕此劫运，宜速回心，捐不坚财，为众善倡。贸含灵首，领于刀砧，赎横殀残躯于鼎俎，力解倒悬，慈充渴乏。岂非法王种子，能赎回生之慧命者乎。故欲植少善缘，登不退地。无如应己庆生，图全物命，随力随心，触目垂手，念永明夙誓之宏深，悲大地寸龄之淹忽，放一生而恩周法界，释一命而寿证无疆。盖用己之誓，投如来誓海之中，本无二色；全物之命，获善誓金刚之命，唯此一机。凡我同人，各宜努力，谦让未遑，即同错过。珠泉道人齐义题。

据此文可知，永明智禅师未出家前，是一位朝廷官吏，他曾发誓救护众生的性命，并愿拿生命去换取。因为没有钱，他便动用公款放生，查获后被判处死罪。是神人托梦给了吴越王，王免了他的罪。他遂出家弘道。曾住持慧日寺，又创建了杯渡庵。当时的人都说他是无量寿佛转生。

珠泉道人齐义是哪一朝人氏，因史料难觅，已无从考订。但其所述的永明禅师舍身放生的故事及杯渡庵延生那些事迹已经载入史籍，成为博陆文化中的丰厚养料。今天南庙的重建已印证了佛光普照、人心向善的事实。而从博陆集镇地形看，今天的南庙，疑其前身即应是杯渡庵。

博陆运河北岸寺庙　　　　　　　　　　　　　　　　　摄影　吕伟刚

此地当河漾水口，水面开阔，景色优美，正是开展放生佛事的好场所。

南庙前这片夹于东独圩、西独圩之间，水光潋滟的湖水，又是博陆山水献秀之处。风光绮丽、风水绝佳。旧时博陆十景中的"悲渡远眺"，余以为，应为"杯渡远眺"。

除以上六座古寺庵外，博陆还曾有过一座资庆寺，寺是由长寿村（亭趾）移来博陆的。

《武林梵志》记载：这座资庆院，是南宋高宗建炎年间创建的，元末兵毁。景泰三年重建，嘉靖四十五年复毁。万历三十一年间，上院僧守廉请禅僧如圆移筑塘栖。胡胤嘉《募造大雄殿疏》云：

资庆院之废，土人几不能举其名，至圆公始复之。佛无庄严之殿，僧无老疾之堂，与余谋之三年未饬材也。辛亥仲春来谒余疏，余曰：何迟迟也？曰：凡吾所谓缘，实难鸣铃击柝以号众，借缙绅先生之荐牍，甘言以市人。不可知之人，余勿能也。余为其信者而已。余叹曰：非独子有不能佛，亦有不能佛能度无量有情，而不能尽众生界。能知群有性，而不能化导无缘。以佛之不能加子之不能，毋怪其难也。虽然，子

南庙　　　　　　　　　　　　　　　　　　　　　　摄影　吕伟刚

为其信矣，信者超死生之根本也，何论缘事。阿含经曰：补理故寺，二梵之福。此曲诱下机之语，真具上根。信者断臂刺血，亦无所爱，岂福利之足言。即余今为子作疏，如不具信力而言其所疑，纵舌绣笔花，不免于六十四种中，软语绮语之业，况以导人之信哉。子既为其信矣，子可无疑于缘矣。有普同塔放生池。

资庆院在博陆，《仁和县志》载：在五杭村。宋淳熙九年建。元末毁。明洪武初复建，二十四年并慧日寺。而到了明朝万历年间，资庆院旧址已满是蓁芜瓦砾，墙倒殿坍，一片破败。是当时僧人守廉、如圆与塘栖士绅胡胤嘉等人商量，于明万历三十一年（1603）将资庆院移筑于塘栖镇西（见《唐栖志》）。此寺塘栖人也呼为西茶亭，在塘栖存世了250多年，一直至咸丰辛酉年（1861）资庆院被太平军烧毁。

此外，根据博陆在世老人回忆，民国年间博陆除了慧日寺、南庙外，在河北塿还有北庙，博陆东面有东庙、天皇寺，南石桥南面有南圣

禹皇寺　　　　　　　　　　　　　　　　　　　　摄影　吕伟刚

堂等寺庙。

五杭的寺庙，清《唐栖志》《临平记再续》、民国《绮云丛载》亦都有记载：

大禹王庙"在五杭村。相传禹王巡会稽，舟舣于此，乃渡江焉（《栖里景物略》）。本名禹航，讹为五杭（《栖水文乘》）。大禹庙在五杭村。景瀛曰：今祀为社神矣。村本名禹航，今讹音为五杭也。今祀为社神矣（《临平续记》）。"禹皇寺位于五杭村，始建于明代，相传为纪念大禹而建。民国28年（1939）冬寺毁于战火，民国末重建。20世纪90年代中后期开始，禹皇寺进行修缮、改建，现有大雄宝殿、关帝殿、禹皇殿、观音殿、钟亭、鼓亭、客房、斋堂、戏台等建筑。

利济侯庙，在五杭塘万寿桥北，俗称总管庙（堂）。现无存。按《杭州府志》：清波门流福沟有总管庙，祀金元七总管，神司水。康熙间，徐紫山撰碑记，谓神元时人，七者行次，总管其官名也。塘栖长桥南堍，亦有利济侯金总官庙。总管乃官名，其类有三：一为督军之官；二为守郡之官；三为管理某项事务所特设之官。据《严州府志》载：七总管者，南宋时人，籍隶姑苏，姓金氏，名生，有灵异，幼即为神，元以功封利济侯。三吴庙祀甚盛。明李文忠平睦寇，忽见兵仗旌旒护前，后命巫祝之，曰：金元七总管也。上其事，封海潮王。丁丙按：庙中神衔为运德海潮王，又为植粮王，金府正即金元七总管也。

保江寺，保江寺在五行村。宋乾道年间建，元至元间毁。明洪武二十年（1387）重建，二十四年（1391）并慧日寺。按：《康熙仁和县志》作"保江院"。明《嘉靖仁和县志》则说：保江院在丰稔乡五杭村，宋乾道间建。元至元间毁。明洪武二十年重建，并慧日寺。

宝光寺，为五杭名寺，位于五杭集市西北里许，建于何时失考。民国期间在本地与博陆慧日寺齐名，有大雄宝殿、弥陀殿、观音殿、孟将殿等。1939年被焚毁。1953年起其遗址曾为五杭中心小学所在地。20世纪80年代后拆建为唐公村企业经营用房。

宝光寺遗存香炉底座

摄影　吕伟刚

澄溪庙，亦称诚溪庙、淳溪庙，在长春。建于何时失考。20世纪50年代起曾为长春小学所在地。90年代恢复大庙，额"澄溪庙"。

地心庵，在万寿桥南的蔡家里。20世纪50年代初曾借用办过小学一个班（一年级）。之后废弃。20世纪90年代重建。

太平庵，在杭信村宋家埭自然村。20世纪60年代曾为国兴小学所在地，之后辟为生产队用房。90年代重建太平庵。

历史上亭趾的寺庙，根据民国《绮云丛载》及有关方志的记录，主要有以下几所：

报恩寺，在亭子村南里许。

化坛寺，在亭子村西里许。

永宁社庙，在亭趾村北。

镇水庵，在亭子村北。

净信寺，在桐扣山。天福六年周琏舍宅建寺，名恩平。宋治平间移请今额。元末毁。明洪武间迁建于亭溪村。二十四年，并广严寺。《嘉靖仁和县志》。

"二十四年，立广严寺为丛林，以寿宁院、净信寺、龙兴寺、月华庵、莲花院、大慈院、迎峰庵归并之。"（张大昌《临平记补遗》诗记）

罗汉教寺（罗汉寺），有多种地方志均有此寺之记载，嘉靖《仁和县志》载：北宋政和三年（1113），有僧人在此建庙亭。南宋乾道四年（1168），正式命名为"罗汉寺"。洪武六年重建罗汉教寺，二十四年归并广严寺。赵世安《仁和县志》亦载："正统间，僧昙定复拓殿宇，请元瑞法师大开讲席，立为丛林。"《栖乘类编》：寺有古树，相传吴越王时所植。《光绪杭州府志》：罗汉寺，在亭溪村。宋政和三年筑庵。乾道四年，移请嘉会门外，废额。元至正末毁。明洪武初重建，改名净信寺，迁其址于亭溪村。正统间复葺。清康熙十六年，立为丛林。张大昌《临平记补遗》卷一事记中载：政和三年，僧道释筑庵于亭溪村。成化《杭州府志》："罗汉院在亭溪村，政和三年，僧道释者经此，闻钟磬声，遂卓庵而居。乾道四年，赐亭溪村僧道释所卓庵名为罗汉教寺。"

光绪《唐栖志》卷七载，明代塘栖人，曾任临淄典史的张辂有《咏亭溪村寺吴越时古树》诗，其小序云：亭溪村罗汉寺古树，踊踵甚怪，相传吴越时所植，几数百岁，遂感赋。诗曰：

> 千年古树荫僧房，踊踵那堪作栋梁。
>
> 自与彭聃同岁月，不知吴越几兴亡。
>
> 龙蟠老干波光动，鹤立高枝月影凉。
>
> 窃忆蟠桃今又熟，欲随方朔去偷尝。

大昌《临平记补遗》载：罗汉寺在亭溪村。宋政和三年创刹，乾道四年移请今额。元至正末毁。明洪武六年重建，正统间僧昙定增葺。至康熙十六年，住持澄源益拓殿宇。寺有古树，相传吴越时物。王同伯比部辑《唐栖志》，曾列其寺与诗于"梵刹"中。盖临平与唐栖，原接壤也。

《余杭文物志》记载：罗汉寺今天仅存大殿建筑，位于运河街道褚家坝社区刘家道地西南、北侧为罗汉漾。寺始建于北宋政和三年，清同治年间重建，坐北朝南，三开间单层单檐歇山顶，占地约170平方米。前设轩廊，轩廊方形石柱上阴刻一联"慧日高悬光明世界；法轮大转普利人天"。上款"壬戌孟秋绍兴樊镇撰"，下款"钱塘节义庵比丘尼机成敬立"。

在整理记录以上博陆、亭趾、五杭寺观庙庵时发现了一个问题，即为何在洪武二十四年许多寺院都进行了合并？这一现象不会是偶然巧合，但又不知这是什么原因。在参阅了白文固先生的《洪武、永乐年间对僧团的全面整顿》一文后，方才明白其中的因果。

原来由于元代蒙古统治者狂热崇尚佛教，并且滥发度牒、剃度无禁，导致了僧侣数量膨胀，又整体素质低劣，内部戒律不严，僧人的官僚化、贵族化和腐败化十分严重。明太祖朱元璋本身是游方僧出身，对这种现象了解深刻。因此，他即位后，马上对僧团进行了整顿，并对部分寺观进行拆并，还严禁私创寺院庵堂。早在洪武五年，朝廷便已经下令拆并寺院，但大规模的整顿则是在洪武二十四年（1391）。"明太祖下令整顿释道二教。整顿活动的主要内容之一是归并天下寺观。按当初的规定，各府、州、县只保留大寺一处，僧众要集中居住，凡有僧三十人以上聚成一寺，二十人以下者听令归并。"

故方志中记载的寺观兴复，也为解读洪武年间拆并寺院这一历史事件提供了不可缺少的史实和依据。

罗汉寺大殿   摄影 吕伟刚

民国 19 年（1930）的《浙江省杭县宗教调查表》登记了今天运河街道境域内的众多寺庙庵堂。今将其摘录如下，以供需要者研究参考（括号内为 2018 年新加内容）。

属博陆区域的寺庙庵堂有 18 所：

慧日寺，位于博陆村西，住持僧秉宜，人数男 4 人。

慧日寺中房，住持僧煜海，人数男 6 人。

慧日寺南房，住持僧礼乾，人数男 5 人，地 4 亩 6 分。

慧日寺北房，住持僧燮昌，人数男 8 人，地 3 亩 2 分 6 厘。

慧日寺西房，位于博陆村东，住持僧载林，人数男 12 人，地 9 亩 5 分。

慧日寺东房，住持僧礼仁，人数男 8 人，地 1 亩 2 分。

西云寺，位于长子西，住持僧广权，人数男 5 人。

水月庵，位于长子西，住持沈全保，人数男 1 人，地 3 亩 5 分。

北社古庙，位于博陆西村，住持僧见文，人数男 3 人，地 1 亩 2 分。

南社古庙，位于庄前村，住持陈廷贵，人数男 1 人，地九亩。

老相公殿，位于高桥块，住持僧见文，杭县兼管，地 5 亩 9 分。

东社古庙，位于东市，住持僧见龙，人数男 2 人，地 9 亩 8 分。

万寿庵，位于北桥头，住持沈阿大，人数男 1 人，地 1 亩。

菩提庵，位于七家桥，住持韩杨氏，人数女 1 人，地 3 亩 6 分。

清福庵，位于陆家湖，住持僧子相，人数男 1 人，地 7 亩 8 分。

兴福庵，位于渡船桥，住持傅金保，人数男 1 人，地 8 亩 6 分。

如意庵，位于梁安桥，住持许司务，人数男 1 人。

南圣庵，位于朱家道地，住持僧不明，人数不明。

属五杭区域的有 23 所：

禹王庙，位于五杭村，住持周慎宝，人数男 4 人，地 16 亩 4 分。

长寿庵，位于豆（头）条坝，住持宋美山，人数 1 人，地 2 亩 5

分。

关帝庙，位于五杭村，住持林德富，人数男1人。

永福庵，位于双条坝，住持杨开春，人数男1人，地8亩1分。

太君（均）庵，位于太君（均）坝，住持周沈氏，人数女1人，地2亩5分。

宝光寺，位于五杭村，住持僧兰亭，人数男2人，地13亩零9厘。

保宁庵，位于北水渭，住持傅叙福，人数男1人，地1亩8分。

会济庵，位于中水渭，住持钟丫头，人数男1人，地7亩5分。

青莲庵，位于蔡家道地，住持僧成修，人数男1人，地10亩。

广福庵，位于唐公村，住持梅圣财，人数男1人，地3分5厘。

东岳庙，位于五杭，住持陈凤德，人数男1人，地4分5厘。

永福庵，位于胡家坝，住持胡金玉，人数男1人，地6亩。

长庆庵，位于导（道）墩坝，住持俞顺兴，人数男1人，地5亩。

澄溪庙，位于常村（长春），住持胡宝春，人数男1人，地5亩。

前溪庙，位于前溪，住持沈聚福，人数男1人，地12亩。

惠林庵，位于东前溪，住持不明，人数不明。

净心庵，位于沈（圣）塘河，住持沈凤春，人数男1人，地15亩。

永福庵，位于周家埭，住持张周氏，人数女1人，地3亩。

保叔庵，位于山（三）角渡，住持沈启豪，人数男1人，地5亩。

普济庵，位于曹家湾，住持张陆氏，人数女1人，地5亩。

回龙庵，位于梅家河，住持僧美中，人数男3人，地27亩3分5厘。

太平庵，位于郭张（姜）坝，住持胡沈氏，人数女1人，地8亩1分1厘。

总管堂，位于高桥头，住持沈加寿，人数男1人，地4分。

属亭趾区域的有26所：

西观音堂，位于费庄坝，住持邓荣堂，人数男1人，财产，不动产地4亩4分。

东观音堂，位于费庄坝，住持孙荣奎，人数男1人，财产，不动产地5亩。

文庵，位于陶家圩，住持姚生育，人数男1人，财产，不动产地7分（今天的文庵，位于明智村9组北道家圩，主持钟林根）。

永福庵，位于小螺丝桥。住持钟新莲，人数男1人，财产，不动产地五亩。

永宁庙，位于永宁村。住持金有福，人数男1人，财产，不动产地8分。

永宁庙老三房，位于永宁村。住持僧楚成，人数男1人，不动产地2分。

永宁庙新三房，位于永宁村。住持僧惠根，人数男2人，不动产地1分。

永宁庙西房，位于永宁村。住持僧轶珍，人数男5人，不动产地12亩。

镇水庵，位于全芳桥。住持僧贵林，人数男1人，不动产地7亩4分。

罗汉寺大殿，位于亭趾，住持陆包氏，人数女1人，不动产地1亩。

罗汉寺东房，位于亭趾，住持僧瀛洲，人数男2人，不动产地7亩3分。

罗汉寺西房，位于亭趾，住持阿二，人数男4人，不动产地4分。

化坛寺，位于梁家角，住持杨大庆，人数男2人，不动产地5亩7分（今天的化坛寺，位于诸家坝社区杭机路，主持胡燕萍）。

万寿庵，位于蓑衣坝，住持僧桂生，人数男2人，不动产19亩。

永宁新庙，位于张家河，住持僧根顺，人数男1人。不动产6亩5分。

永宁寺。位于亭趾庙后村，该寺创建于清康熙 12 年。（今天的永宁寺已复建，占地 5500 平方米，建筑面积 3500 平方米。寺有大雄宝殿、天王殿、老爷殿、地藏殿、斋堂寮房、观音殿、南观音殿、关帝殿、香积厨、客堂、戏台等建筑。住持僧照慧，有僧人 9 人）。

保宁庵，位于沈家道地，住持王云宪。人数男 1 人，不动产土地 3 亩。

永福庵，位于车家坝，住持翁永和，人数男 1 人，不动产 7 亩。

长寿庵，位于荡河里，住持徐金田，人数男 1 人，不动产地 1 亩 7 分。

草庵，位于余庆桥，住持僧朗潭，人数男 1 人，不动产地 1 亩九分。

龙树庵，位于杨家墩。住持杨杨氏，人数女 1 人。不动产地 7 亩。

万寿庵，位于担饭桥。住持俞邵氏，人数女 1 人。

南观音堂，地址长河头，住持胡氏，人数女 1 人，不动产地 6 亩。

北圣堂，位于北姚港，住持江六斤，人数男 1 人，不动产地 2 亩 4 分。

报恩寺，位于亭趾，住持僧根德，人数男 4 人、女 2 人，不动产 22 亩 2 分 8 厘。

永宁庙二房，位于永宁村，住持金有福，人数男 1 人，不动产地 8 分。

（三）古民居

除了以上的古桥、古寺庙外，运河街道还有以下古迹和文物遗产。

古民居：

博陆街上还保留有一些建于清末民初的老宅。《余杭文物志》记载了博陆以下两处古民宅：

一是鹿溪路赵育青民宅，位于博陆社区鹿溪路 20 号。建于 1912 年，坐北朝南，三间二层单檐砖木结构，面宽 10.2 米，进深 20.3 米。

硬山顶，两侧设有风火墙。正楼为抬梁式，梁上有花卉纹饰。下檐牛腿雕刻精美人物、花卉纹饰。后门门楼砖雕纹饰精美，中有"喜气遥临"字样。

二是鹿溪路吴国政民宅，位于运河街道博陆社区鹿溪路34号。此宅建造于民国初年，坐北朝南，原有前后两进，前一进"文化大革命"时遭火毁，仅存后进一正楼及一厢房。正楼为两层砖木结构建筑，硬山顶，面宽14.2米，进深24.3米。正楼与厢房间下檐设卷棚轩，上雕精美花纹、人物装饰，牛腿为透雕人物、动物图案，雕刻精致。

关于吴家老宅，前年笔者曾在博陆中学胡老师陪同下进去观赏过。从高家弄南口沿着街路往东一百多米，从一家玻璃店店堂进去，可看见后面有一座封火墙被拆掉了一半的石墙门。原有的大门已被拆掉，代之以二扇遮掩不住整个门洞的新式板门封挡。从门洞间露出的较宽的空隙中看进去，眼中见到的是一座雕梁画栋、阅尽沧桑的衰败老宅。

从隔壁一户人家绕道，进入到这幢吴姓人家破败陈旧的老宅中。映入眼帘的是古旧的建筑雕饰，花窗牛腿。尽管积满尘埃，但那精美的工艺技法还是让人动容。尤其是石墙门正上方那片已被拆去半边的砖雕门楼，上面那堪称美轮美奂的砖雕技法和人物花草图案，应是运河沿岸存世古民宅中绝为稀有的存在。时间、空间仿佛在这一瞬间凝固，思维一下子从现代穿越到了并不太遥远的从前，穿越到了晚清民初运河小镇上这幢富足奢华的顶级豪宅之中。

民国年间的博陆街上，以胡、吴、陈、赵四姓为望族。胡姓与泉漳孤林村胡褉寰是本家、属官宦后裔书香人家。旧宅因岁深年久早已拆建。陈家民国年间是县参议员，其住宅在解放后被博陆乡政府征用为办公用房，也已拆建。赵家即以上介绍的赵育青家族，曾是博陆殷实商人之家。只有这户吴姓人家，从前祖上是做浇槽（蜡烛）生意的，发家以后造了这座富丽堂皇的豪宅。后来传给子孙，再后来其中一房，不知什么原因，在前些年将属于自己的半边砖雕拆下卖掉，仅剩下了这半座残缺的砖雕影壁，阅尽沧桑，超然孤傲，沉寂于天地之间。

砖雕上的文字虽已残缺，仅剩下完整的"诒字"和残损的"谋"字。经过查证认定是"诒谋燕翼"四字。

"诒谋燕翼"一词，出于《诗经·大雅·文王有声》："诒厥孙谋，以燕翼子。武王烝哉！"翻译成白话就是"为他的孙子来设想，把谨慎的道理教给儿郎，武王真是好王啊"。

1984年版《诗经全译》，陈奂批注："诒，遗也；燕，安；翼，敬。言武王以安敬之谋遗其孙子也！"《幼学琼林》则中有"燕翼贻谋"，意思也是给子孙留下好的计谋，使他们平安。此处燕非燕子，乃舒适安闲之意；翼非羽翼，乃保护之意。《新华字典》的解释：诒是传给，贻是赠给，都有遗给的意思。古人常以"燕翼"为建筑厅堂、楼宇、山庄等立名、题额，取其深谋远虑、荣昌子孙之意。故，"诒谋燕翼"是中华文化的精髓，是为子孙妥善谋划，使家族荣昌、子孙安乐的良好愿望。

砖雕上还有二幅人物故事画，其中的"三英战吕布"，画面完整无缺，那细微精湛、栩栩如生的雕刻工艺，让人叹为观止。这座精美的砖

博陆吴宅 摄影 吕伟刚

雕应是用江南水乡独有的风骨和情怀凝聚而成的文物精品。

五杭街上的古民居主要有：厉家、顾家、高家、金家、沈家、宋家等。

五杭金登桥北胡家弄东后段尚存有厉家老宅，今称"厉家大院"，位于运河街道五杭社区万寿路 6 号。该民居建于清中晚期。厉家有"厉致和堂"，厉家旧时开药店和浇槽店（制蜡烛），生意做得很大。厉家老宅是一幢历经岁月沧桑的古宅，原有三进，现只剩最后一进，是一幢一进深，二层重檐抬梁式砖木结构，正厅三开间带前后两天井、四厢的典型江南民居。老宅面宽 13 米，进深 19.6 米。正厅的北墙、西墙写有"毛主席语录"，是 20 世纪 60 年代留下的"文化大革命"印记。整幢房屋有精美的砖雕、木雕、花窗，厢房窗户上饰有"暗八仙"花纹，雕刻福禄寿纹饰的牛腿保存完整。只可惜砖雕门楼上的图案纹饰在"破四旧运动"中大部分已被弄坏。2011 年，当地政府曾出资 37 万元为厉家大院进行全面整修。

五杭的顾家是五杭集市上鼎鼎有名的大族。顾家先祖在顾家角（原

吴宅砖雕　　　　　　　　　　　　　　　　摄影　吕伟刚

黄家桥村，现属长虹村）。清代后期大约在光绪年间初期，顾阿玉迁居
五杭，为顾家在五杭街上的第一代先祖。到民国期间，其孙辈在五杭街
上已有多处宅院、作坊、店面等房产，当时人称"顾半街"。东街中段
原在"文化大革命"期间作为五杭公社办公用房及临街为邮政所、信用
社所在地的房屋是顾延吉所居，曾经营东酱园。此处老宅于 20 世纪 80
年代建五杭灯具厂时被拆去，现已荡然无存。五杭西街东端顾家老宅是
顾延正、顾延康所居，经营洪昌酱园（当地人称"西酱园"）。1939 年部
分房屋毁于大火，之后改建店面房，其后代在解放后仍在居住。20 世纪
90 年代，后面部分房屋又遭火灾。现尚有部分老宅留存。南街中段路东
是顾家最早的落脚地，之后为顾延钊、顾延仁所居，经营染坊业等。相
传在南街两边有多间靠街楼，1939 年街面房被焚之后改建。解放后临街
曾为四间茶店。里面内厅等先后易主或拆建，现基本无存。南街南端两
侧原为顾源昌油车老板顾延钦所居。路东是油车，路西是住宅楼。1939
年，两边房屋几乎全部毁于大火，仅留下靠近玉露桥北块盘角上 4 间南
向平房。20 世纪 40 至 60 年代初，街两边一直是空地，之后五杭铁木社
（后称五杭皮件厂、杭州锦昌起重机械有限公司）在两边空地上先后建
厂房。五杭北街中段路口拐角处原生产资料部位置的多间房屋在民国期
间曾是顾家油车。

五杭高家位于东街中部，清末民初时经营染坊业，曾出过五杭唯一
的一位秀才（早卒）。1939 年前面的店面房毁于大火。高家尚留有 400
年前的明代古宅，应是五杭街上存世最早的老宅了。

五杭金家老宅在南街中段香元垛西端，建筑时间应在清末民初。老
宅共三间，内室为楼房。现大多空关，西北一角尚有其后人居住。金家
初始经营盐业，民国期间经营百杂货业，请有制作蜡烛的师傅。

五杭东街中段有一排三间尚保存基本完好的靠街楼房。西面一间顾
姓，东面两间沈姓。沈家东墙有界碑石，上刻"怀德堂沈界"。此三间
房屋应建于清末民初。

五杭南街玉露桥南堍两边是宋家老宅。路东仅一间，已于20世纪80年代后因建玉露新桥拆建。路西墙门内是宋家老宅。老宅最后面一幢四间楼房最早建造，约建于清光绪年间。这四间楼房中，最南面一间已于上世纪末拆建。其余部分北面仍住有宋姓后人，南面部分基本空关，已破败不堪。老宅前面一幢原为三间厅屋，约建于民国初年。其北面一间已于上世纪末拆建。

亭趾街上有代表性的民居则有：

郑绍金民宅，位于亭趾社区湖潭路32-6号，建造于民国16年（1927），民居坐西朝东，三间单檐二层楼房，内部和一层外立面作了改造。

邹申孝民宅，位于亭趾社区湖潭路141-3号和141-5号，建造于民国19年（1930），民居坐南朝北，由正厅、两厢围合。

邰根宝民宅，位于亭趾社区日晖路15号，建造于清末民国初。建筑坐西朝东，一间单檐二层楼房，保存一般。

郑氏老宅   摄影　吕伟刚

马忠昌民宅，位于亭趾社区日晖路 8、10、12、14、16 号，建于民国初年，民居坐东朝西，面宽七间，木结构，内部及门面改动较大。

郑耀炘民宅，位于亭趾社区湖潭路 32-2、4 号，建于民国 16 年（1927），房屋坐西朝东，四间二层，木结构，内部改动稍大。

姚维孝民宅，位于亭趾社区亭趾实验学校对面，建造于 20 世纪 20 年代末，房屋坐北朝南，三间单层木结构，原为二进，后一并拆除。

除古桥、古寺庙、古宅外，运河街道在历史上也曾经发现过一些较有研究价值的古墓。如 20 世纪 60 年代前后平整土地时，在五杭双条坝村南湖自然村（现属双桥村）发现一个古墓，据有关部门考证，该墓是明代墓，墓主疑为钟化民的舅母。另外，博陆东桥头在平整土地时曾发现一个古墓，墓主是一位官家女性，衣着华丽，头戴凤冠，尸首灌有水银，因此不腐烂。人们传说这个女墓主是张五家之母，是乾隆皇帝的乳母。还传说博陆东桥头的张五家从小就跟着母亲住在京城里，曾相伴小弘历（乾隆名字）读书。至于沈近思的墓却不在五杭，据《沈端恪公年谱》载，"卜葬于湖州归安县埭溪之阳"。

除此以外，运河街道还有已流传了数百年，今天属于非物质文化范畴的"敲鼓亭""博陆火狮"以及亭趾"高跷"等民间民俗表演，值得弘扬传承。

旧时，运河街道一带寺庙较多，每逢年节均会举办各种庙会，庙会上，会表演具有地方特色的"敲鼓亭""博陆火狮""踏高跷"等民俗活动。

"敲鼓亭"又名锣鼓亭，是一种融民俗音乐和道教音乐于一体的民间音乐形式，因其表演形式、道具形似古代亭阁，造型又古朴华丽，故名敲鼓亭，长期以来流传于江南运河博陆、五杭、大麻、许村等地区及周边乡村。传说敲鼓亭形成于清代嘉庆年间，距今已有 180 多年的历史。敲鼓亭其形式融合了音乐、舞蹈、美术、服装造型等，伴有器乐吹打，载歌载舞，十分喜庆。

旧俗，每逢庙会，境内村社会制作精美亭子一座，其形制像当时流行的小轿，中空，不设底板和座位，仅有四围框架，前后由两人（大者为四人）扛抬行走。"敲鼓亭"的演奏者大多是民间艺人。击鼓者坐于亭内，四角配有打击乐器数件，后随弦乐、管乐手各六名。乐器包括板鼓、大鼓、小鼓、大锣、小锣、云锣、罗锣、次钹、木鱼、碰铃、广东板、二胡、中胡、三弦、月琴、笛子等。敲鼓亭用名贵木材制成，亭长九尺，高五尺，亭前装饰五彩丝绸绣帷，亭盖精心雕刻成飞檐翘角。六根一米高的亭柱上，各盘有一条木雕金龙。亭子四周雕刻《西游记》《三国志》等戏文图案。亭四角挂大红灯笼，为装饰和演出照明。表演者身穿江南民族服装，演奏江南丝竹。主要的八首乐曲是《欢乐歌》《云庆》《老三六》《慢三六》《中花六板》《慢六板》《四合如意》《行街》。此外，《鹧鸪飞》《柳青娘》《高山流水》《霓裳曲》《倒扳桨》《花八板》《慢八板》《太极板》《满堂红》等乐曲亦经常演奏。

敲鼓亭表演时，在亭内鼓手指挥下，鼓声咚咚，锣音嘹亮，丝竹应

敲鼓亭表演　　　　　　　　　　　　　　　　　　　　供图　陈顺水

和，乐声悠扬。花八板和慢八板曲牌前后交替应和。花八板急骤轻灵，悦耳动听；慢八板和缓舒展、曲折委婉，极富水乡韵味。乐曲演奏令人爽心悦目，百听不厌。表演时还配上传统戏曲或民间小调，使得"敲鼓亭"不但能在行进中与其他节目一同演出，还可在场地或舞台上作为完整节目单独表演，很受群众欢迎。1996年，当时的博陆镇政府对传统的"敲鼓亭"表演进行了挖掘整理。今天博陆敲鼓亭表演已成功申报浙江省级非物质文化遗产。

狮舞是我国的一项传统民间艺术，每逢佳节及集会庆典，民间都会有狮舞来助兴。狮舞在我国已有着一千多年的发展历史。在这一千多年的发展演进过程中，狮舞的形式和内容不断地变化，不但出现了"文狮""武狮"，在余杭运河街道的博陆地区，还流传着独具地方特色的狮舞——"博陆火狮"。

博陆等地，自古就有舞狮的习俗，人们认为狮舞热烈奔放，象征着吉祥安康，故逢年过节，必跳狮舞。到了清代嘉庆年间，有人觉得如能将"火焰"与"狮舞"结合起来，让狮子喷火球，让狮子过火海，岂不更显得红红火火，兴旺吉祥。于是，人们开始对传统狮舞进行改良，从而产生了"博陆火狮"。"博陆火狮"，又叫"跳狮"，是一种用道具狮子进行拉绳表演的民间杂技。因其表演中伴有火焰配合，愈显热烈奔放，故深受当地百姓欢迎，至今已流传了两百余年。

"博陆火狮"的表演融观赏性和技巧性于一体，主要特点是讲究配合。参与表演的所有人员，无论是拉绳的还是持火种的和抛松香的，都必须步调一致，起停默契，配合着锣鼓点子来展开一招一式。娴熟默契的配合，展示出火狮的威力和壮观。配合表演的锣鼓点子也很讲究，必须随着道具狮子的上上下下时紧时松，时急时缓。松香抛洒最有讲究，先须少量，让场地起微火，引诱狮子火中抢球。待狮子抢到球时，须大把抛洒松香，使火焰照亮场地形成一片火海，造成壮观的气势。总之"博陆火狮"是一个讲究配合的团队项目。

博陆火狮　　　　　　　　　　　　　　　　　　　　摄影　褚良明

博陆火狮于 2009 年 6 月被列入第三批杭州市非物质文化遗产名录。

亭趾高跷："高跷"，又叫"高跷秧歌"，是一种广泛流行于我国各地和各民族的民间舞蹈。因舞蹈者需要在脚上绑着长木跷或者是踩着长木跷来进行表演，故而得名"高跷"。"高跷"表演技艺性极强，动作多样，形式活泼，极具喜庆色彩，深受各地群众欢迎。

高跷是农耕社会的产物，其产生的原因，据说是人嫌自己长得不高，采不到那些高大的树上所生长的果子，从而有人想出办法，用长木跷把自己的双腿接高，便能轻易采到树上的果子。人们还发现踩着长木跷行走很是好看，故久而久之就演变成后来的高跷艺术。

高跷原流传于亭趾、博陆、五杭等诸多乡村，历史悠久，是庙会节庆期间的民间娱乐活动，在周边地区极具知名度。据传，运河街道的高跷创建于清代光绪年间，一代一代地在民间传承了下来，至今已有着一百多年的历史。

"高跷"表演，在当地被称为"踩高跷"或者是"踏高跷"，是传统

踩高跷　　　　　　摄影　褚良明

庙会中一项常见的表演节目。表演时，舞蹈者先进行化妆，妆扮成传统戏剧中的人物形象，如生、旦、净、末、丑等各种角色。此外在表演时还分有文跷、武跷两种。文跷以走动为主，人踩在高跷上行走自如，并双手舞动随着音乐节奏踩出秧歌舞步；而武跷则要展示跳高、劈叉、踢腿等高难度动作，即武术性、竞技性表演。"高跷"还有高矮之分，矮一点的高跷一般用来作扭秧歌表演，高一点的高跷只能来回走动，偶尔踢一下飞腿。最高的高跷能达到四米以上，需要有多年表演技艺的人才能踩上去。

高跷的表演一般由十数人不等组成。其中由训练有素的青壮年农民扮演梁山好汉108将的高跷表演最有特色。这些高跷演员分别化了妆，手持符合人物角色的各种道具，双脚踩着2～3米不等的木跷。表演者个个居高临下，昂首挺胸；表演队伍浩浩荡荡，游行于各种庙会和节庆活动中，旁边还有锣鼓队伴奏，敲打自由调。所到之处，人山人海，热闹非凡。

旧时的踩高跷活动在运河沿岸各乡村比较普遍，尤其是在庙会期间，是境内三乡民众欢庆节日自娱自乐文化活动的重要内容，各乡都有基本固定的演出团队和表演人员，并历代传承。在拨乱反正，传承非遗历史文化的过程中，运河镇以亭趾兴旺村为主重新组织队伍，恢复民间高跷活动，发扬光大运河非遗特色文化，故称"亭趾高跷"。亭趾高跷于 2006 年 12 月被列入第一批杭州市非物质文化遗产名录。

三乡传统庙会都有固定的农历日期，至今一直沿用。亭趾化坛寺阿太菩萨八月十一，亭趾永宁庙九月十四，前溪庙九月十五，长春澄溪庙九月十二，博陆天王寺诸天菩萨五月十三，五杭禹王庙十一月十三等。庙会期间的民俗活动丰富多彩，各具特色，如踩街、龙灯、狮舞、秧歌、响车等都有。同时，还邀请戏班子连续几天演出精彩大戏。以前的戏班、杂耍多在各乡镇巡回演出，水路尤多。博陆一带以演出京剧为多，五杭一带京剧越剧并重。许多著名的京剧演员如宁波京剧团的筱毛豹、湖州京剧团的张俊臣、嘉兴京剧团的贺子鹏等都来境内演出过多次。五杭老辈人中还流传着筱毛豹在五杭大庙抗战后重修竣工新落成的戏台上演出时精彩亮相力断台板的故事。20 世纪 90 年代恢复大庙后，来境内演出的大多是建德越剧团等越剧传统戏，也有北路德清县的花鼓戏（亦称湖剧）剧团。这些节目在老年人中还有一定的影响力。

七、前贤事功青史留

运河街道的前身——亭趾、博陆、五杭三个集市及其所属乡村这方土地与京杭大运河相伴相融，自古钟灵毓秀，人杰地灵，人物风流。

历史上成就了钟化民、姜梦龙、沈近思等杰出人才登科及第，亦诞生了慈云伯亭大师这样的佛教高僧和养育了姚虞琴这位学识渊博、驰名艺坛的诗画、鉴藏名家。这些杰出先贤尊崇传统文化教育，在各自的人生道路上或心系国本、清廉为官、勤于政务、为民请命，或表现出罕有的才干和非凡的品质。他们所到之处均留有清正廉洁、关心民瘼、政绩卓著的好名声。其中伯亭大师少小出家，潜心佛学，遍研诸经，搜考群籍，撰述宏富。他弘扬华严学说，留下了多部理论著作，最终成长为清代康熙年间佛门极受尊崇的华严宗学者。故佛教界论其功绩，皆与华严五祖宗密相提并论。他承继莲池云栖袾宏大师衣钵，成为清初华严净土宗中兴人物。而姚虞琴先生则勤奋刻苦，在职业之余自学成才，又广交群贤，终成余杭现代史上著名的融汇诗书画艺兼及艺术鉴定的一代名家。他们的人生历程以及在政治、经济及文化史上留下的事迹，已成为激励家乡后人奋发努力的榜样和学习的楷模。

（一）匡时正学经世才——监察御史、河南巡抚钟化民

关于钟化民，《明史》卷二百二十七《列传第一百十五》所记钟化民所任地方官吏事迹，突出其勤于政务、关爱百姓、体恤民情、为民请命等品质；其中所记对藩王朱珵尧立支嗣和天子"三王并封"竭力反对，表现了其秉性刚直、心系国本的忠贞性格，极其可贵。

钟氏家族，其源起于河南，是唐越国公钟可大之后。元末群雄纷

争，天下大乱。其先祖从江西迁来唐栖东乡北陆定居。

岁月迁延，到了明代万历七年（1579），隐居于仁和县丰年乡博陆里，世代耕读的钟稳之子钟维新在省试中考中了举人。第二年，万历八年（1580）岁庚辰，又高中进士。同是这一年，唐栖还有沈修登同科二甲43名进士（后来官至广西布政使），此外还有同是博陆里人的姜梦龙登三甲94名同进士。唐栖这处隐于杭州城东北的小小乡邑，在一届进士科考中，竟有三人联袂登科，可谓史无前例，绝无仅有（按：五杭、博陆在明清期间属于唐栖，故人物事迹载入《唐栖志》）。当是文曲星高照，辉映乡里。

钟维新即钟化民，清《唐栖志》卷八《人物·选举表》载："钟化民，万历七年己卯科举人，万历八年庚辰科进士，官至河南巡抚，谥忠惠。"同书卷十一上《人物四·耆旧》有《钟化民传》：钟化民，字维新，别号文陆，仁和人。生时有芝草瑞，母梦宋蔡忠惠（蔡襄）而诞。万历己卯举于乡。八年考中进士。授惠安知县，多异政。豪右侵民利、负官租者，必痛绳以法。履亩清丈，豁（免除）浮额若干顷。审徭役，减虚丁二万。洛阳桥坏，渡者苦溺。工巨且难，毅然修复之。先期为文告海神，潮不至者五日，人称神明。及更新蔡忠惠襄祠，于座前土中得碑云："潮百年后，为怪涛所折。继我者，其维新焉。"适与公字合。岁旱，斋戒步祷，甘霖随澍。陈嘉训撰《钟公传》。从王同在传后注释中可知，《唐栖志》上这篇传记是引用陈嘉训的《钟公传》而撰成的。

除了王同《唐栖志》,《明史·列传》、清康熙马如龙《杭州府志》、雍正《浙江通志》皆有传。

钟化民"髫龄受学，志在经济"。步入仕途后清廉为官，实心任事，多有与众不同的政绩。在任福建惠安知县时，发现豪门权贵侵害民利官租，他调查属实后，绳之以法。他又清丈田亩，去浮额。审徭役，减虚丁2万人，大大节省了政府的开支和百姓的负担。惠安洛阳桥毁坏，渡者常溺于水，钟化民不顾艰难，尽力修复。动工之前，钟化民亲自撰文祷告海神，神奇的是潮水竟然连续五天不涨，使修桥工程得以顺利完成。当地百姓皆称神明。惠安是北宋名臣、宋代四大书法家之一的蔡襄故里，当时蔡的祠堂已破损，钟化民筹资修复。天大旱，庄稼干枯。他又斋戒祷告神明求雨。果然感动天地"甘霖随澍"，"澍"，唐·玄应《一切经音义》解："澍，时雨也，百卉沾洽也。"此指引来了一场及时雨。当时，朝廷派御史安九域到福建巡视，所到之县市无不歉收；但进入惠安境内，却是一片丰收景象。征询原因，百姓都称颂钟公廉明勤政，安御史乃向朝廷举荐其贤能。由于任期未满，不能越级提升，转调江西乐平任知县。离任时，惠安县数万民众向抚按请求留任。

乐平位于江西上饶地区，历来民风剽悍，是当时有名的难治之县。钟化民上任后遇事精心考察，深入调查研究，又精心清理历年积案。历久未决之疑状，能迅速查明断案。他秉公执法，人人都对他敬重信服。对牵涉到当地豪门的复杂积案，他顶着丢乌纱帽的压力，不顾险阻地去甄别、澄清。即使案情复杂，钟化民受理后，也都能迎刃而解。以致外县冤民，常不顾路途遥远，前来申告。当地百姓称赞他是"不要官、不要命、不要钱的钟青天"。后来，乐平人还将他所办的案例汇编成《洗冤录》刊行于世。朝廷考核钟化民的治绩都是优异。

康熙宋良翰《乐平县志》卷五也记载：钟化民，字维新，仁和人。由进士万历十一年四月任。省约裕民，威严御下。以经术饬治，以节义维风。尤雅意造士，文运藉以转焉。至缓催科，勤抚字，遗爱在人心，转陕西道御史。民肖像以祀。这段文字对钟化民在乐平任上的治绩给予了高度总结和褒扬。据此也可了解到钟化民是万历十一年四月始任乐平县令的。故其在惠安任上的时间仅有三年左右。

朝廷奖授钟化民为山西道御史，离京巡视陕西茶马。

在陕西，他了解到边塞寒冷，当地民间多以养殖马匹为生计。而朝廷则怕牧民擅自出入边境，而严厉禁止马匹贸易。如此一来，民间的生计与贸易都废止了，公私费用也无所依赖。了解情况后，钟化民为民请命，上奏朝廷，促使朝廷批准了民间马匹越境贩卖。

《明史》载有钟化民请放宽西北马禁一事：

万历十六年（1588）七月二十六日，陕西巡按御史钟化民奏言：西北土寒，无他产，独养马以资生。而贸易有禁，恐出境之马私通番市，以至并民间孳息，与境内之贸易俱废，则孳畜少而公家缓急无所赖。此种办法实在是因噎而废食。请量予放宽禁限，如本境有荒情而他境年丰，许出马以取资；本镇缓而别镇急，许出马以协济。如此，则公私之利交得，彼此之用并充。神宗命复议行。

钟化民在宁夏发现官员侵吞朝廷军饷和军粮，并将之转嫁于向百姓滥征。他上书请求"以垦田收入粮食作抵补，并永停征派"，此疏又获得了明政府的批准。

在西北，钟化民对所到之地的公益事业也十分关注。其中他捐资修复"白水江道"就是一件名载青史的功业。

钟公路刻石图　临平区钟化民纪念馆供图

在中国的中西部地区横亘着秦岭和巴山两座大山，从东西方向将中国版图分为南方和北方。为连通南北，先民们先后修建了多条贯穿两座大山、连接关陇和巴蜀地区的道路，这些道路统称为"蜀道"，其中以通往今汉中地区，继而南下川蜀的陈仓道最为有名。陈仓道，又名故道，也称嘉陵道，是中国历史上开发最早的一条南北走向的水陆通道。其大致走向为：自宝鸡过渭河向南，经益门镇、越大散关、至凤县折西南，经甘肃两当、徽县，入陕西略阳境，自此南可入川渝，东可进荆襄。陈仓道早在先秦时期已经开辟，周、秦、两汉以至隋唐、两宋以降，它都是南北通衢大道。在隋唐及两宋时期更被辟为大官驿道，成为秦、陇、蜀之间的交通大动脉。

在这条数百公里长的陈仓道上，甘肃徽县到陕西略阳之间的青泥路是秦陇入蜀的必经之道，也是其中最险的一段，因期间要通过略阳和徽县之间的大山"青泥岭"而得名。嘉靖《略阳县志》记载："青泥岭，县西一百五十里，悬崖绝壁，遇雨行人恶其泥泞。"《元丰九域志》载："兴州（今略阳县）有青泥岭，山顶常有烟云霞雪，中岩间有龙洞，其岭上入蜀之路。"《元和郡县志》载："青泥岭，在兴州长举县西北五十三里，接溪山东，即今通路也。悬崖万仞，上多云雨，行者屡逢泥淖，故号为青泥岭。"青泥岭蜿蜒曲折，泥泞不堪，险峻难行，被行旅之人视为危途。李白《蜀道难》叹曰："青泥何盘盘，百步九折萦岩峦。"元稹《青云驿》云："昔游蜀门下，有驿名青泥。闻名意惨怆，若坠牢与狴。"柳宗元《兴州江运记》，更是详细地描写了其险峻："自长举北至于青泥山，崖谷峻隘，十里百折，负重而上，若蹈利刃。盛秋水潦，穷冬雨雪，深泥积水，相辅为害。颠踣腾箱，血流栈道……"

正是由于青泥路艰险难行，北宋至和元年（1055），利州路转运使李虞卿向朝廷请求新开绕过青泥岭的白水路，以便公私之行。次年，他联络凤州河池县令（今甘肃徽县）和兴州长举县令（治在今陕西略阳白水江长峰村）等地方官员一同筹资，督领兵卒民夫因山伐木，凿岩建阁，修通了沿白水峡的新路。为褒扬李虞卿修路的功绩，著名书法家雷简夫于北宋嘉祐二年（1057）撰文以记并立碑示后，这就是闻名遐迩的"新修白水路记"石碑，俗称"大石碑"，现仍立于徽县与略阳交界处的瓦泉村路边石崖之上。

新开的这段道路是绕过险峻难行青泥岭的改道工程，由于部分路段沿着白水峡（洛河），因此称为白水路。白水路的贯通，结束了青泥路险峻难行的历史，缩短了道路的距离，减少了驿站人员和开支，大大方便了这一带的交通。经行白水路出入川蜀的商旅，日以千计，人流如织，从而加强了陕、甘、川地区的经济文化交流。

陕西省汉中市略阳县北部的白水江镇，位于嘉陵江上游，是嘉陵江航运南下的第一个码头，北上水运的终点。该镇北部与甘肃省徽县接壤，西部与甘肃省成县接壤，是陕西、甘肃两省和略阳、徽县、成县三县交界之地。同时，这里又是古代祁山道、嘉陵道、白水路、青泥道的交汇之处；也是南下川蜀、北上关中、西出甘陇的陆路交通枢纽和货物集散地。

据《明史》和徽县、略阳地方志记载，万历十六年（1591），时任直指挥使、八府巡按的钟化民，在巡视陕西茶马时来到略阳，在陕甘川三省交界之地的白水江镇自捐俸银，并组织当地民众沿白水江（洛河）北岸开凿栈道，重新修复了青崖湾至大河店的白水路。此路西通天水、兰州，北通凤翔、宝鸡，彻底绕开诗人李白在《蜀道难》诗中所说的"难于上青天"的青泥岭。当地民众在白水江镇青崖湾镌刻"钟公路"摩崖以记其功，又由郭元桂撰写《白水石路记》以记其事。从《白水石路记》文中可看到，"钟公"所修的道路是新白水路的一部分，即今小石碑向上沿洛河"十数里许"的这段道路。这里，河水汹涌，壁立百仞，"其上则铁石巉岩不可凿，其下则溪流湍急不可渡，其路则适当孔道不可断"。

当时的陕西布政司高应骘，有《读白水路纪留诗》云：

> 开路磨碑纪至和，于今险易较如何。
>
> 水来陇坂寻常见，峰比巫山十二多。
>
> 一线天光依峡落，悬崖鸟道侧身过。
>
> 蜀门秦塞元辛苦，何故行人日似梭。

青岩湾摩崖题刻、《白水石路记》和《读白水路纪留诗》至今保存完好。此路今天仍被称为钟公路。2017 年 2 月 10 日，略阳县政府发文将"钟公路"列入第三批县级文物保护单位并予以公布。

钟化民在陕西任上遍历八府，不仅延父老问疾苦，还努力宣扬王政，尽心教化人民，开启民智。今天西安碑林博物馆尚保存着两方钟化民所撰写的碑记。都是万历十五年（1587）戊子任巡按陕西监察御史时所写。两篇碑记一为《正己格物说》，一为《圣谕图解》。

《正己格物说》碑文是：

昔人有问御史于程明道先生者，明道曰：正己格物，夫激扬正肃，此御史事也。明道独云，云者何哉？化民常侍长者之侧，而窃问格物之说矣。大学叙古，明明德于天下，而归于致之，在格物。格之云者，吾心之灵明，透彻万物，而无纤毫间隔之谓也。是故上而君父，中而寮友，下而吏民，岂非所称一体者耶。而吾以不正之身，处于其间，恐精神意气必有所隔焉。而不通者。何也，无本故也。然所谓正己者，非曰寂乎其声，俨乎其容也。惟曰慎独焉耳。盖隐征幽独之中，一念方起鬼神莫知，万化根源实基于此。苟能辨之于早，察之于征。湛然无欲，纯然无我。好恶出于太虚，不属形骸，屈身付之，应感不缘思虑，则一念精诚，可对天地，可质鬼神。何君父之不可孚，寮友之不可信，吏民之不可喻哉。是故无自欺一语，乃大人正己之真诠。而上格天，下格地，幽格鬼神，明格人物，皆自此一念之诚出也。自然物真，象教形骸之物耶。诗云：有物有则，物虽在物，则当在我，仁敬慈孝。信此，吾心之善物也。吾止于仁敬，而天下同止于仁敬，则仁敬之物格。吾止于慈孝，而天下同止于慈孝，则慈孝之物格。吾止于信，则天下同止于信，则与国人交之信之。物格如己，有一之不正物，不可以言格物，有一之不格己，不可以言正。此己之外别无所谓物，正己之外，别无所谓格物也。此之谓激扬正肃之本道，岂远乎哉。是道也，自天子以至于庶人，莫不然者。程子特因问而发之，见即事即心，无非此学而。嗟夫，正人易，正己难，徇物易，格物难。化民根尘不断，内省多惭，障蔽未除，反躬多咎，其如正己格物之谓，何由兹以往，敢不志大人之学，践明道之言，绎曾氏之传，遡宣尼之脉，以期上孚于君父，中信于寮友，下喻于吏民耶。化民作辍是惧，述此自警，且愿与观风者共励焉。

　　万历岁次戊子季夏拾有陆日，钦差巡按陕西监察御史庚辰进士武林钟化民书于正己格物堂。

　　此文写于万历十五年（1587），文中的"正己"，是指端正自己的思想、言行。"格物"，则意为探究事物的道理，纠正人的行为。"格"在此处有"穷究"之意。《礼记·大学》："致知在格物，物格而后知至。"格物致知，是中国古代儒家思想的一个重要概念，乃儒家专门研究"物之理"的学科。格物又为儒家认识论、方法论的重要问题，三纲八目（按：三纲是明明德，亲民，止于至善。八目是格物、致知、诚意、正

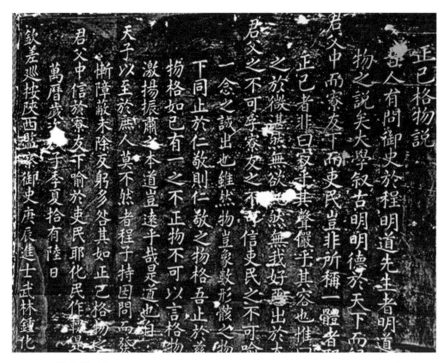

正己格物说碑拓　　　　　　　　　　　　　　　　　供图　韩一飞

心、修身、齐家、治国、平天下。）语出《大学》。

第二块碑石内容是《圣喻图解》。其中题款是"奉勅督陕西等处茶马监察御史臣钟化民绘图演义"。勒碑时间是"万历十五年十月，颁发各州县翻刻刷印，每甲散给十张，各乡老保长朔望劝谕百姓共勉"。

碑上共有绘图六幅，一是孝顺父母图，二是尊敬长上图，三是和睦邻里图，四是教训子孙图，五是各安生理图，六是毋作非为图。其文字内容是：

孝顺父母。这是高皇帝晓谕我民说道：人生天地间，此身原从何来？皆是父母生育，万苦千辛，始得成立。人子须顺父母之心，常思我若与人争论，便辱骂我父母，即时忍耐。我若身为不善，便玷辱我父

圣谕图解碑拓　　　　　　　　　　　　　　供图　韩一飞

母，即时改过。这是做人的根本，就是子孙的样子。

歌曰：

我劝吾民孝父母，父母之恩尔知否。生我育我苦万千，朝夕顾复不离手。

岂但三年乳哺艰，甘脆何曾入其口。每逢疾病更关情，废寝忘餐无不有。

虎狼犹知父母恩，人不如兽亦可丑。试读蓼莪诗一章，欲报罔极空回首。

谁人不受父母恩，我劝吾民孝父母。

图解：这卧着的是王祥，继母病思生鱼，天寒冰冻不可得，祥脱衣剖冰求之。水忽自解，双鲤跃出，祥取供母，病遂愈。今人事亲母且不肯孝养，况继母乎。有食且不肯供奉，况剖冰求乎。祥衣不解带，药必亲尝，至孝格天，报以厚禄。故位至三公，或谓事亲者劝矣。

"王祥卧冰"也称"卧冰求鲤"，是二十四孝故事之一：王祥，晋朝琅琊（今山东临沂）人，性至孝。生母早亡，继母朱氏生子王览，朱氏偏爱亲生儿子，常令王祥干重活、吃糙饭。但王祥对父母孝敬，从不懈怠。父母生病，王祥衣不解带，日夜照顾，汤药必先尝后进。继母要吃鲜鱼，天寒地冻，无处购买。王祥冒着凛冽寒风，在河上脱衣卧冰，冰被暖化了，冰下竟跃出两条鲤鱼，他高兴地拿回家孝敬继母。这件事深深地感动了继母。继母死后，王祥悲痛，依礼安葬。王祥对其弟王览十分爱护，王览对兄长特别尊敬，兄友弟恭，远近闻名，时人把他们的居处称作"孝悌里"。今天临沂"孝悌里"地名犹存。

尊敬长上。这是高皇帝晓谕我民说道：凡少事长，贱事贵，不肖事贤，都要尊敬。如在家，事兄如事父；事嫂如事母。在乡，坐必让席，行必让路。在官，尊其约束，服其教化。年长我一辈父事之，长我十年兄事之，长我五年肩随之。虽同辈朋友亦要谦恭，不可亵慢。

歌曰：

我劝吾民敬长上，少小无如常退让。分定尊卑不可踰，辈分前后毋相克。

阖家欲速非求益，原壤不逊曾受杖。道路崎岖争负载，几杖追随共偃仰。

老吾老分亲自敦，尊高年分齿相尚。尧舜亦从忍让来，疾徐之间休轻放。

凌节无损亦薄德，我劝吾民敬长上。

图解：这侍立的是宋朝司马光，这坐的是长兄伯康。光奉之如严父，抚之如婴儿。每食少顷必问白："得无饥乎？"天少冷必拊其背曰："衣得无薄乎？"夫司马光身为宰相，爱敬长兄。授之食矣，犹恐其饥。授之衣矣，犹恐其寒。世人未得一命之荣，便傲视其长者。视此有余隙矣。

《小学·通俗解义·善行》有一则司马光的故事：司马温公与其兄伯康友爱尤笃。伯康年将八十，公奉之如严父，保之如婴儿，每食少顷，则问曰："得无饥乎？"天少冷，则拊其背曰："衣得无薄乎？"

这是说：司马光和他的哥哥司马伯康，兄弟情深，非常友爱。伯康快八十岁了，司马光始终像敬奉父亲般地侍奉他，亦像照顾婴儿般地呵护他。每当饭后司马光必会问："哥哥，你吃饱了吗？"天气凉了，也会体贴地关怀："你的衣服够暖吗？"

和睦乡里。这是高皇帝晓谕我民说道：同乡共里之人，是我生身所在，子子孙孙不离，最要和气。乡里和气，有火盗必来相救，有患难必来相恤。如不和睦，谁人顾你。凡富贵的不要凌虐贫贱，贫贱的不要嫉妒富贵。情意交洽，礼让敦崇，才是善处乡里。

歌曰：

我劝吾民睦乡里，自古人情重桑梓。仁人四海为一家，何乃比邻分彼此。

有酒开壶共斟酌，有田并力同耘耕。东家有粟宜相赒，西家有势勿轻使。

见人争讼莫挑唆，闻人患难犹自己。邻里和时外侮消，百姓亲睦自此始。

亲睦比屋皆可封，我劝吾民睦乡里。

图解：这写书的是宋时黄尚书，旧居为邻侵越，子弟欲诉于官，公批纸劝曰：四邻侵我我从伊，毕竟思量未有时。试上含光殿基望，秋风秋草正离离。夫世人争尺寸地，且讼于官，况侵旧居乎？虽匹夫欲求胜，况尚书乎！试看古今废兴，几番春梦，尚思未有时节，所须何多，何与人争讼之有。

杨尚书，即杨玢，字靖夫，曾仕前蜀，后归宋，官至工部尚书。这个故事和诗的含义：四邻侵占我们的旧居土地，就让他们去侵占吧，毕竟要想想当初没有这些房产土地之时。如果你们还想不通，不妨到唐代含光殿的殿基上望一望，当年的繁华富丽，而今却是秋风萧瑟，荒草离离。故事言浅意深，很有警世作用。

教训子孙。这是高皇帝晓谕我民说道：子孙承继宗祀，最要教训，自幼便当教于孝悌忠信。如何孝悌？如何忠信？有犯则严诃以禁之，鞭挞以威之，稍长则择师以教之。务期成就德业，谨守礼法，学做好人。后日保身成家，扬亲显祖，皆由于此。

歌曰：

我劝吾民训子孙，子孙好丑关家门。周公挞禽育圣人，孔庭训鲤见鲁论。

寝坐视听胎有教，忍令子孙愚且昏。黄金万籝何足贵，诗书一卷可常存。

养子不教父之过，爱而勿劳岂是恩。世间不孝因姑息，我劝世人训子孙。

图解：这断机的是孟母，这跪的是孟轲，孟母教子凡三迁。轲读书一年归，孟母引刀断其机曰：学之不成，犹断斯机也。轲三年不归，卒成大儒。夫今人教子不过习举业，中科第，而孟母一妇人也，乃教子学为圣人。其见识何卓哉，奈何丈夫之自学与其教子者，不以孔子为师，皆孟母罪人也。

孟母是中国历史上四大贤母之首。孟母姓仉（音 zhǎng）同"掌"字，以教子有方著称。孟子三岁丧父，靠母亲教养长大成人，并成为后世儒家追慕向往的亚圣。孟母留下了"孟母三迁""断机教子"等教子故事，在中华文化中流传千古。

各安生理。这是高皇帝晓谕我民说道：士农工商各有生理，务要安分守己。为士的须要勤苦读书，出仕须要洁己爱民，为农的耕种须要及时，造作需要坚固，为商贾的须要公平交易，读书者必为朝廷立功业。农工商贾亦衣食丰足家道昌盛。

歌曰：

我劝吾民安生理，处世无如守分美。守分不求自有余，过分多求还丧己。

农者但向耕其间，工者但向锥刀里。商者行道要深藏，贾者居市休贪鄙。

饶他异物不能迁，自然家道日兴起。华胥蓬莱在人间，民生安业无乃是。

守分守分美何如，我劝吾民安生理。

图解：这运甓的是陶侃，时陶侃为广州刺史，朝运百甓于斋内，暮运百甓于斋外。语人曰：大禹（缺二字）尚惜寸阴，至于吾人当惜分阴。不但做官要勤，凡百生理皆要勤，勤则劳，劳则善。心生逸，则怠，怠则骄心生。人知分阴可惜，蚤作夜思，则勋业树当时，声光流后世。彼优游殁世者，良可悲夫。

陶侃是一代名将，在东晋的建立过程中，对稳定动荡不安的政局颇有建树，是一位颇具传奇色彩的人物。《晋书》《世说新语》等史书中，记载着不少有关他的遗闻逸事。其中"陶侃运甓"，是陶侃在广州任上，闲时总是在早上把一百块砖运到书房的外边，傍晚又把它们运回书房里。别人问他这样做的缘故，他回答说："我正在致力于收复中原失地，过分的悠闲安逸，唯恐难担大任。"他就是这样劳其筋骨以励其志。

毋作非为。这是高皇帝晓谕我民说道：人能不作非为，则心地安闲那有烦恼，家门清净那有横祸。若作非为，或赌博奸拐，或教唆词讼，或包揽钱粮，或偷盗财物，必致天诛地灭。犯法遭殃，辱及父母，累及亲邻。凡有非为，各宜禁止，不可妄作，自贻罪戾。

歌曰：我劝吾民勿非为，非为由来是祸基。一念稍错万事（缺一字），一朝不忍终身危。淫赌窃劫祸必至，健讼纷争莫诈欺。（缺五字）尺法，暗中尤有鬼神知。力穷事败网罗入，此际堪怜悔恨迟。莫道机谋能解脱，奸雄消得几多时。及蚤觉迷犹尚可，我劝吾民勿非为。

图解：这正衣冠坐的是陈寔，夜有盗，入其室。止于梁上，寔阴见之，乃呼子孙训曰：不善之人未必本恶，习以性成，遂至于此，梁上君子是也。盗惊，自投于地，寔遗绢二匹，其人改过，一境无盗。夫人孰无羞恶之心，苟能反其良心，未有不可为善者。世有陈寔之表正乡间，则彼为非者将自息矣。

以上《图解》的核心思想，是教育百姓在家里要孝敬父母，在外面要尊敬长辈，在自己居住的地方要和睦邻里，对于儿孙的教育更不可以松懈，更要勤生理，做好人。

这方"圣谕图解"产生的时代背景。

史书记载：明太祖朱元璋登基后，曾颁圣训六条——"孝顺父母，尊敬长上，和睦乡里，教训子孙，各安生理，毋作非为"，亦称圣谕六条、圣谕六言。学者研究，太祖六谕最早在洪武初年就已经形成。明曾惟诚《帝乡碑碣纪略》云："木铎老人，洪武初年设立，城乡皆有，每月朔望昧爽以木铎徇于道路，高唱圣训以警众。"（按：木铎老人，是指明代乡村的管理者，主要是协助地方官处理村中杂务，督促农民耕作。《皇明制书·教民榜文》记载："其老人须令本里众人推举平日公直、人所敬服者，或三名、五名、十名，报名在官，令其剖决"，故"木铎老人"是由本村中的村民推举"德行超群，市村称善"的正派老人，由地方政府进行审核、任命。而木铎，是以木为舌的大铃，铜质。古代宣布政教法令时，巡行振鸣以引起众人注意。）

此外，在洪武十九年刊行的《大诰续编》中也常能见到相近的思想表达。不过，六谕正式颁行并作为基层教化的指导思想，是在洪武末年经皇帝谕令而强化的。洪武三十年（1397）九月初二日，朱元璋"命户部下令，天下民每乡里各置木铎一，内选年老及瞽者每月六次持铎徇于道路，曰：孝顺父母、尊敬长上、和睦乡里、教训子孙、各安生理、毋作非为"。

古代教育普及程度低，识字的人很少，传达给老百姓的东西多口耳相传，这就要求：词汇少，讲韵律，易记忆，理浅显。这样才能深入民间，广为知晓。

六谕在明代影响很大。永乐皇帝朱棣、嘉靖皇帝朱厚熜对六谕都很重视。朱棣在永乐六年（1408）十二月初七日发布的《敕北京所属官吏军民人等》云："尔等宜遵守礼法，各务本业，孝于父母，敬于长上，和睦乡里，教训子弟，毋作过恶。"等于重申了六谕。次年北巡，又发布《谕北京耆老诏》。在明儒湛若水看来，此宣谕是朱厚熜对太祖六谕的延展："太祖高皇帝既敷训于前，今我皇上又宣谕于后，莫不同条而共贯。"

除了统治者重视，士大夫对六谕也极为推崇。明人罗汝芳（1515—1588）将太祖六谕视为直接尧舜之道的经典。柳州府儒士王启元，甚至说六谕的二十四言，字字珠玑，堪与六经相配，"合经三十也"。就是一般的庶民，对六谕也很熟悉。在晚明社会，民间家家户户"写一张，贴在壁上"。明代士大夫对六谕有许多诠释文本。最早在永乐二年（1404）朱逢吉的《牧民心鉴》中已提及设善俗堂，其教长"以所颁教民之文，朗然解说，令民听之"，可能是对六谕最早的注释。黄虞稷《千顷堂书目》收录了五种诠释文本，即许赞《圣训衍》三卷、湛若水《圣谟衍》一卷、尤时熙《圣谕衍》、马朴《圣谕解说》一卷和金立敬《圣谕注》一卷。到16、17世纪，由于六谕与乡约合流，著名学者湛若水、罗洪先、罗汝芳等人都注释六谕。

晚明以降，越来越趋于以说理的方式来诠解六谕，辅以诗歌以备歌咏，以求达到最佳教化效果。是要告诉人们具体的行为规范。说理与诗歌，则重在说明道理，并从感情上引起士庶共鸣。对《圣谕》的重视已经不是个别心学思想家的兴趣爱好，而几乎成了整个社会的风气。而且不仅仅是将《圣谕》与《乡约》相结合，还出现了一个新动向：将律法及报应思想融入其中。

万历十五年（1587），钟化民撰《圣谕图解》，其对六谕每条的诠释分了四个部分：先说理，次诗歌，次绘图，次图解。图和图解是钟化民的创造，每一条都只选择一幅图和一则故事，即王祥卧冰、司马光侍兄、黄尚书让地、孟母断杼、陶侃运甓、陈寔遗盗。将这些故事绘成图像，附以图解，连同对六谕的说理、歌诗刻到石碑之上。

钟化民《圣谕图解》以刻碑的形式来展示对六谕的诠解，既是继承，也是创新。之前，圣谕碑的形式已经出现，像张良知在许州时还把王恕的注与许赞的赞即所谓的"名臣注赞"附刻于六谕之下。但是，把自己的诠释文本以刻碑的形式呈现，在晚明出版和印刷已然非常发达的情况下还是比较特殊的。因为刻版印刷对于文本的宣传也很有效，所谓"讲且一堂，书且千里"（按：项如皋《乡约讲义序》）。而且，钟化民的诠释亦已然于"万历十五年十月颁发各州县翻刻刷印，每甲散给十张"。故而，再将六谕诠解刻在石碑之上，更多地是为增加仪式感，而作者或亦希望藉此永不磨灭。

对六谕诠释文本的探讨，相关研究开始很早，但相对零散。而国外对这方面的研究却很重视，早在 1903 年，法国埃玛纽埃尔·爱德华·沙畹，就在《法国远东学院院刊》撰文，介绍万历十五年钟化民所刻的《圣谕图解》。沙畹是学术界公认的 19 世纪末 20 世纪初世界上最有成就的中国学大师。1985 年，美国汉学家、敦煌学家、宾夕法尼亚大学亚洲及中东研究系教授、宾大考古及人类学博物馆顾问梅维恒发表的《圣谕演绎的语言及思想》也介绍了钟化民《圣谕图解》碑。

陕西任期满后，钟化民又受命巡按山东。当时正逢大旱。"初到任所即审察重囚，释放冤者，免除赋征。"并上书朝廷请求每遇旱灾时，地方官可以"先赈济，后上报"。

明万历十八年（1591），时任巡按山东监察御史的钟化民，到孟子故里邹城拜谒孟子庙，留下了《祭孟母文》碑，碑石今犹存世。

儒家学说讲究修身、齐家、治国、平天下。好的家风正是形成良好的社会风气的重要因素，而清正廉洁的好官才能得到百姓的真心拥护。《祭孟母文碑》颂扬了孟母三迁教子，使孟子成长为一位学识渊博贤德之人，最终成为儒家学派的代表人物。

碑文内容是：

维万历十八年，岁次庚寅二月癸酉朔月七日己卯，巡按山东监察御史钟化民，敢昭告于邾国公宣献夫人仉氏曰：子之圣即母之圣，妻之圣即夫之圣。不有三迁之教，孰开浩然之圣。人生教子，志在青紫。夫人教子，志在孔子。古今以来，一人而已。为丈夫者，瞻对慈颜，安可不愤然独往，必求至于孔子。尚飨！

钟化民认为，孟子的功成名就彰显了孟母的伟大，孟母的贤德亦彰显了孟父的圣明。若没有孟母对孟子幼时"三迁择邻"的谆谆教诲，又怎能成就"浩然正气"的亚圣。大多数父母教育子女，都是以功利为主，期望他们可以出仕为官，官运亨通。而孟母教育孟子，则希望孟子能够像孔子一样，成为一位学识渊博的贤德之人。古往今来，能够如此教育子女，并培养成一代圣贤的，只有孟母这一人啊！

孟母是历史上著名的贤母，她"三迁择邻""断织教子"的故事在中国广为流传。孟子年少时，孟家原在一处墓地附近，孟子"嬉游为墓间事，踊跃筑埋。孟母曰：'此非吾所以居处子也。'乃去，舍市旁。其嬉戏为贾人炫卖之事。孟母又曰：'此非吾所以居处子也。'复徙，舍学宫之旁。其嬉游乃设俎豆揖让进退。孟母曰：'真可以居吾子矣。'"孟子读书中道而辍，正在织布的孟母挥刀割断了辛苦织就的布，并说："子之废学，若吾断斯织也。夫君子学以立名，问则广智，是以居则安宁，动则远害，今而废之，是不免于厮役，而无以离于祸患也"，教育孟子贵在有恒，不可半途而废，孟子自此"旦夕勤学不息"，"遂成天下名儒"。

孟母牌坊旧影　　　　　　　　　　　　法国汉学家沙畹 2007 年摄

传家世守三迁训。孟母"三迁择邻""断织教子"不仅成就了一代亚圣，而且对孟氏家风的形成也影响深远。孟子有言："国之本在家，家之本在身。"国家、家庭与个人，都是密不可分的整体。修身齐家，方能治国平天下，好的家风才能不断为高尚的家国情怀培基固本，让清廉的思想脉络源远流长。钟化民的《祭孟母文》碑，既是对孟母、孟子的尊崇，也是对孟氏家风家教的赞叹与弘扬。

不久，钟化民因触犯权贵，被御史周弘禴弹劾，降调为行人司正。没多久又调任礼部主客司员外郎，兼任仪制郎中。

《明史》卷二百二十七《列传第一百十五》文中所记钟化民对藩王朱珵尧立支嗣和天子"三王并封"的竭力反对，表现其秉性刚直、心系国本的性格。当时明宗室沈王珵尧由支庶嗣位，请求分封他的庶子为郡王，钟化民坚持认为不可以。皇上传下命令说："只管给予虚名，命令藉此成婚。"钟化民上奏说："沈王之子与嫡长子哪一个更亲？王子不立即分封，担心妨碍婚娶。嫡长子不即立，不害怕妨碍礼教吗？"皇上震怒，以钟化民言辞率直没有追究。皇上命令同时分封三王，钟化民与顾允成等在朝房中当面责问首辅王锡爵。这说明钟化民在事涉礼教的大是大非问题上绝不含糊，风骨峥嵘。不久，迁光禄寺丞。

万历二十二年（1594），河南大饥荒，饿殍遍地，人相互食。皇上命已升任都御史的钟化民前往河南赈灾，肩负起国家大灾荒的救灾重任。钟化民在河南遍历州县村坊市井，视察灾情，慰问灾民，考察民政。他申请朝廷拨库银30万两，留漕粮10万石，并火速通告各地，废止高价卖米的禁令，以聚集商品米。又遍设粥厂赈济灾民。他组织民众掩埋暴尸遗骨，疗治灾区疫病。并号召流民还乡生产，重建家园。在他的率领指挥下，河南地方官吏都勤于政事，结果盗匪敛迹，民心安定，生产慢慢恢复，河南大治。从而拯救了千万灾民，也使社会得到了稳定。

钟化民《赈豫记略》、陈嘉训《钟公传略》均记载：钟化民倍道（指兼程）入境，（召）集抚按藩臬，出所著《救荒事宜》，采取赈粥、赈银、劝农等多种救荒措施，"活饥民四千七百四十五万六千七百八十有奇，"成效极为显著。

另在现代学者有关研究荒政文章（按：彭鹏《赈豫纪略与明朝万历年间河南荒政》）中对钟化民当时办粥厂的情况也有记载：

"监察御史钟化民受命到河南去办理救济饥荒的事。他到达后，即令各府、州、县官下到民间去，到所有乡村进行调查，了解掌握民情，选用贤良公正的人主持粥厂，规定每厂收养饥民二百，不限本地人还是流移来的，分别老幼妇女，都可凭证到指定的粥厂去就食。管理人员根据所立册子不时检查，以防冒领、重餐等作弊行为。施粥自冬天到来年麦熟为止。钟化民所到之处，必实行拾遗补漏的办法，纠正原来的错误，所有州、县、村、墟，遍设粥厂。在他的带动下，地方官闻风而动，尽力救济灾民，百姓赖以存活下来。"

钟化民在赈灾结束后编绘了一部《救荒图说》，又名《赈豫纪略》，此书后人评价为："是明代荒政制度史上一部不朽的文献，书中记载的种种行之有效的救荒措施，对研究明朝荒政具有重要的参考价值和历史意义。"在该书中，钟化民用18幅图画，并每图配有一段说明文字，向朝廷呈报了他奉命主持河南饥荒赈济到赈济任务完成回朝复命的全过程。分：恩赈遣官、宫闱发帑、首恤贫宗、加惠寒士、粥哺垂亡、金赒窘迫、医疗疾疫、钱送流民、赎还妻孥、分给牛种、解散盗贼、劝务农桑、劝课纺绩、民设义仓、官修常平、礼教维风、乡保善俗、复命天朝。这是一本以图画形式展示的，包括赈济步骤和具体措施的综合报告，对于后来规范救灾制度起到了标准化的作用。在当时，这本救荒书无疑具有重要的理论意义和实践意义。

但客观地说，当时救灾是一个团队，钟化民在河南的政绩与朝廷中官员的支持是分不开的。其中钟化民的同年进士，时任刑部给事中的杨东明就是一位积极的支持者。

史载：杨东明，字启昧，号晋庵，别号惜阴居士。明万历庚辰科进士，由中书官至刑部左侍郎，诰赠刑部尚书。

杨东明一生致力于理学研究，在继承程、朱、陆、王理学思想的基础上多有创新，有发展，有个人独到见解，可谓倾向王学而修正王学的理学家。他所处的时代政治腐败，国困民疲。他立朝为官忧国忧民，刚正不阿，《明史》予以列传，堪称有作为的政治家。尤为令人称道的是他所作的那本千古不朽的《饥民图说疏》图文并茂，所发挥的力量足以安社稷延国祚，把经世致用之实学应用在迫切需要解决的重大社会问题上，可以说在他之前是没有先例的。特别在当时"河决堤溃，冲保漂庐，沃野变为江湖，陆地通行舟楫，水天无际、雨树含愁、父子相食"的极端严重情况下，明神宗朱翊钧又是一个终日在深宫逸乐，不理朝政，不看奏折的昏庸皇帝。杨东明深知用一般的文字书呈终是无济于事，所以他巧妙地运用《图说》方式，尽写饥民之状，继之绘而为图，再附之以生动的俚语解说，以传达万民之仰赖。

为了切实做好灾民的救济工作，杨东明推荐清正廉洁、秉公办事的光禄寺寺丞钟化民前往河南灾区施赈。

杨东明的疏与图，震惊了朝野上下。神宗皇帝

钟化民著作

看后，惊恐惶惧，被迫蠲免租税，拨款赈济，并派钟化民着以原官兼河南道监察御史，前往主持救灾。从而拯救了千万灾民，也使国家得到安定。

杨东明所作的这册《饥民图说》由杨的后人雕版印行，全部雕版现存河南博物院，这是历史上《流民图》传世较早的实物资料。

钟化民河南主持救灾后写的《赈豫纪略》即《救荒图说》，则是明朝救灾经验方法的总结，这本著作集中反映了钟化民的救灾举措，对于研究明朝的救荒是很有帮助的。钟化民从小注重经济，考中进士后，曾多次在地方从政，有着较为丰富的基层社会管理经验。所以杨东明认为，钟化民是最合适的救灾人选，他认为救荒主持人必须是"十分热肠及材力精神，品望俱全"之人，而钟化民正具备这些条件，再加上他曾有多次地方赈灾的经历，于是明朝政府任命钟化民前往河南救灾。在河南，钟化民殚精竭虑，任劳任怨，"昼夜单骑，络绎稽察，素服驰巡，昼夜寝食鞍马间，随行止精力吏胥六人。"在这场灾荒中，钟化民采取了"恤贫宗、惠寒士、煮粥哺垂毙、归流移、医疾疫、收埋遗骸、赎妻儿、兴工作、置学田、蠲钱粮、省刑讼、劝尚义、禁闭籴、止覆议、绝迎送、抑供亿、修常平、设义仓、申乡保"等措施，可谓既全面又详细。因此，钟化民的救灾措施不仅适用于古代，即便在今天，也有一定的借鉴意义。

在救灾过程中，有两件举措值得引起注意，一件是恤贫宗，另一件是惠寒士。因为这两件措施在万历以前的救灾中，都是没有涉及的。宗室在明代作为统治贵族阶层的重要组成部分，在当时的社会中发挥着重要的作用。如果宗室与明中央政府之间出现矛盾的话，必然会引起统治集团内部的混乱，进而对社会的稳定产生不利的影响。明朝正德时期的宁夏安化王叛乱和江西宁王朱宸濠的叛乱已经引起了很大的波澜。前车之鉴，必须引起重视。万历时期，在河南境内的明宗室人员一共有一万四千六百余位，由于明朝中后期财政危机十分严重，宗室的供养也是明政府一个沉重的包袱。宗室成员中贫穷的人数日渐增多，一旦遇上饥荒，必然遭殃。钟化民在河南赈灾时就遇到这种情况。于是他向神宗建议，首开赈恤贫宗的先例，神宗予以批准，向贫穷的宗室一共赈济了二万二千七百六十六两二钱九分。结果"诸宗北面稽首，焚香共祝圣寿"。钟化民甚至为了让宗室人员自食其力，不惜挑战明朝不许宗室从事士农工商和参加科举考试的祖训。他在《赈豫纪略》中说道："今四民之业已开，无禄可食者，皆得随所愿以资生矣。乃科举之途辟而未广，伏愿皇上推恩而充广之。凡有志读书焉，俾得自奋于青云直上则亲亲贤贤，各得其所矣。"另外，在赈灾中，钟化民还特别注意对贫穷读书人的救济，这就是所谓的加惠寒士。因为这些读书人平时既不从事农耕生产，也不从事工商业。"青灯夜雨，常无越宿之储；破壁穷檐，止有枵雷之腹"，一旦遇上灾荒，必然是遭殃的对象。所以，钟化民对这类群体给予了物质上的救助。

在钟化民看来，煮粥赈济是最有利于让那些垂死挣扎的灾民得以存活的措施。他在河南命令地方官设立粥厂，不管是本地灾民还是外来流民，都可以得到施粥赈济。但为了防止一些奸猾之徒冒名进入粥厂，钟化民将每家真正遭灾的人户的姓名相貌等个人信息，记载在一个小票上，将这些小票发到灾民手中。这个小票相当于灾民领粥的许可证，州县官还要经常查验。钟化民认为，设厂煮粥有三大好处："驱驰间即有司莫可踪迹供膳（意思为官府也无法另开特殊伙食），一也。且司事者无不尽食厂粥，司粥者更激励，莫敢违误，二也。督荒者既同食粥，不避劳苦，则地方官无不望风感动，竭力赈济，三也。"

在古代，人们对于在疾疫中的病人，进行医疗救助也是救灾的一部分。通过阅读钟化民的《赈豫纪略》，他在救灾中也采取了医治病人的救荒措施。一般来说，大荒之后，必有大疫，疫病的传染也会加剧灾荒的破坏程度。因此，及时进行医疗诊断是十分必要的。在明朝，进行医疗救助的主要是设立于各地的惠民药局。设惠民药局与养济院、漏泽园等都是明朝推行社会保障制度的恤政措施。钟化民就从惠民药局中选取了一些脉理精通、医术高超的医生，在大的县城内选派 20 多名医生，在小县城内则选派十余名医生来进行医疗救治。药材等物品由政府来购买置办，然后发放到灾民手中，由医生对症施药。据书中记载，"各府州县申报，医过病人痊愈一万三千一百二十名"。事实证明，钟化民的这一举措取得效果是比较理想的。

万历二十二年发生在河南的这场大饥荒，在钟化民和各界人士的共同努力下，终于顺利度过。通过这次救灾，得以存活的饥民有四千七百四十五万六千七百八十多人，连久不视朝的明神宗也亲自对钟化民给予嘉奖，晋其为太常少卿。钟化民去世以后，神宗还亲自给他上谥号曰"忠惠"。

万历二十四年，南阳矿工起事。事件的起因，正是因皇上派宦官开

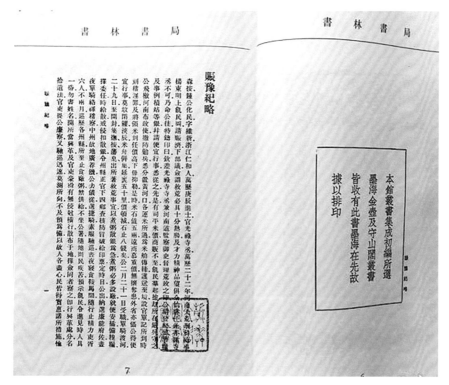

赈豫纪略

采矿产而引发。朝廷又任命钟化民以右佥都御史巡抚河南。钟化民到任后一方面讨平盗乱；一方面依据实际情况，上疏极力劝谏，力争免征矿税。

《明神宗实录》中万历二十五年（1597）四月二十九日记载有：河南巡抚钟化民上奏神宗皇帝请求停止采矿。同年的十二月十七日，《明神宗实录》又载："河南巡抚钟化民祭一坛，以其拮据救荒，以死勤事也。"由此可见，钟化民去世的时间，应该在1597年的农历四月二十九日之后，同年十二月十七日之前。具体的月日，因未能见到墓志，故难以确定。根据南京图书馆藏，清康熙年间塘栖张之鼐撰写的《栖里景物略》所载，史科给事中陈嘉训的《敕祠忠惠特祀春秋巡抚河南都察院右佥都御史赠右副都御史钟公传略》一文中："万历己卯（1579）举于乡，已踰四旬"和"历官十八年"两条依据，推算出钟化民约生于明世宗嘉靖十七年（1538），其万历庚辰（1580）考中进士入仕，应是42岁。又经历宦途18年，于万历二十五年（1597）逝世于任上，年纪应是59或60岁。据此考其生卒年应为1538—1597年。

钟化民幼而好学，经济、天文、地理、韬略之书，无不通谙。著有《读易钞》十四卷、《体仁图说》《日省录》《励学篇》《经济日钞》《应变录》《亲民类编》《阅视类编》《求生录》等。其所著《赈豫纪略》也颇有影响。钟化民重视文化，任上所刻《宋文文山先生全集》颇受后来学者重视，该书今存美国哈佛大学燕京图书馆。其曾外甥查慎行有一篇《跋曾外王父钟忠惠公〈读易钞〉后》，这部《读易钞》就是钟化民诸多著作中最著名的一种。

钟化民矮小精悍，懂经济民生，又多有智谋，居于官位勤勉政事，所到之处均留有好声名。由于他长年累月地到处奔波，殚心竭虑地处理政事，终因积劳成疾，死于任上。当地人民失声痛哭，绅士、百姓相继到朝廷颂扬他。皇帝下诏赠为右副都御史，谥名忠惠，下旨河南建祠。

钟化民的学生，时任吏科给事中陈嘉训为其撰《钟公传略》，对其一

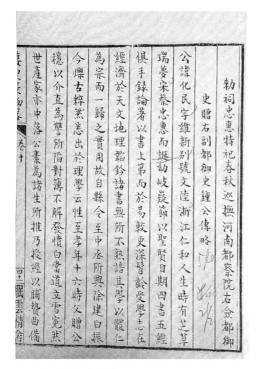

陈嘉训钟公传略

生事迹给予褒扬。传文中记载了许多当时官场中对他的颂扬，尤其是万历皇帝对其的赠词褒扬绝为少见，词曰："白简批鳞，树风标于柱史；青宫补衮，定国本于仪曹。"又曰："匡时正学，经世真才。"

古代余杭出去为官的人，大多是致仕（退休）以后终老家乡的，而钟化民则可以说是累死在任上的。家乡人民为纪念他，请求朝廷同意，在郡城杭州西湖跨虹桥左侧建造祠堂，春秋祭祀。钟化民墓在故乡博陆双桥村。其故居位于今天双桥村南河里区域。但经过明末清初朝代更迭及历次兵乱，故居几乎破坏殆尽。《杭县志稿·卷四·舆地五·古迹名胜·遗迹》附载："钟忠惠公化民故宅在博陆村，钟化民逝世后，子孙迁居塘栖。墓葬在博陆。"据此可知，后来钟化民直系子孙迁居于唐栖镇上。

钟化民诞生之时，"室中现芝兰"，其母梦见"宋蔡忠惠公"[按：即蔡襄（1012—1067），字君谟，福建仙游人。北宋天圣八年（1030）中进士，授漳州军判官，官至端明殿学士。为北宋政治家、书法家。治平二年（1065）出知杭州。后丁母忧归里，病逝家中，赠吏部侍郎。南宋初，追谥"忠惠"。]钟化民在西湖跨虹桥边的祠堂建成后，竟出现其母生他时梦中所见，也"随产紫芝"。而钟化民的谥号"忠惠"又恰好与蔡襄一样，与其出生之时所呈显的祥瑞完全符合。

清代临平诗人沈圣昭有《重过博陆》诗：

> 古堑盘天此重过，乘船愁望意蹉跎。
>
> 烟开碧垒移深树，风急帆樯散大河。
>
> 潦倒未堪千日饮，荒滩谁唱五噫歌。
>
> 可知京洛悲鸿雁，独忆中丞惠泽多。

钟化民作为封建时代的省部级高官，能心系国本，勤勉政事；清廉为官，实心为民；政绩赫然，深得民心，做了许多好事，被老百姓赞誉为钟青天、钟佛子、钟夫子、古之人，是值得家乡后人永远纪念的。近年各地纪检部门已将钟化民列为古代官员廉洁奉公的典范，并用他的事迹来教育今天的广大干部。

钟化民在陕西略阳县白水江镇捐俸修复白水路（钟公路），陕西按察司签事郭元桂撰写的《白水石路记》一文中评价其曰：

公号文陆，浙之仁和人，立心操行，以古圣贤为标准。初令闽之惠安，再令江右乐平，俱有异政。天子拜侍御史，钦取实授为天下第一。其巡行川陕也，适值地方灾浸，多方赈恤，饥者以银，病者以药，死者以冢。而以又慎激扬，兴学校，议禁令，一切不便者更为宽大，惠利之法与民宜之。两省军民鼓舞德化，翕然号为钟佛子，青衿多士则以钟夫子称之，至缙绅评公者曰：古之人，古之人。

陕西人民称其为"佛子"，是喻其救苦救难，解民以倒悬。读书人尊其为"夫子"，更是将其比喻成孔、孟一样的圣贤。而当地士大夫则尊其为"古之人"。孟子曰："古之人，得志，泽加于民；不得志，修身见于世。穷则独善其身，达则兼济天下。"苏轼亦有论说："古之人，其才非有以大过今之人也。平居所以自养而不敢轻用，以待其成者，闵闵焉，如婴儿之望之长也。弱者养之，以至于刚；虚者养之，以至于充。三十而后仕，五十而后爵。信于久屈之中，而用于至足之后；流于既溢之余，而发于持满之末。此古之人所以大过人，而今之君子所以不及也。"解读苏公此段文字：古代的人，他们的才干并没有超过现代人的地方。但他们平日里注意自身修养并且不敢贸然行事，等候着思想才华完全成熟，那种勉力的样子，就好像盼望婴儿快快长大。对孱弱者精心哺育，使他坚强健壮；对才智缺乏者注意教养，使他逐渐充实。三十岁以后才出来做官，五十岁以后再追求加官封爵。在长期的屈身之中伸展，在准备充足之后再发挥作用；就像水流淌于充溢之后，箭发射于满弓之极一样。这就是古代的人能够超过现代人，如今的君子不如古人的原因。而钟化民在当时陕西士大夫眼里，正是一位"泽加于民"的古代君子。

此外，杨东明之推荐钟化民，并非偶然。因钟化民之廉洁奉公是先有修养，后见成就。其关于赈灾，救荒有成，从思想上就是心学理学在具体事务上的体现。而"三不要"，专说钟化民的奇才异质。三不者，不要钱，不要命，不要官。这是下层群众对钟化民的评价总结。这其中不要钱是廉洁，不要命是无畏，不要官尤其难得。在等级森严的官场里，一个台阶一个台阶往上爬，是官场老路也是正途。故而这不要官更是难能可贵。

历史上号称青天的名臣，宋代有包拯，明代有海瑞、袁可立，都是一流人物，称青天。处理积案，既廉洁又干练，既勇猛又有智慧。钟化民当官能做到"三不要"，就已经达到一流人物水平。尽管他当时还只是县令。乐平人的《洗冤录》今已不可见，但"三不要"县令的故事流传于今，钟化民亲民爱民之心，仿佛如见。故而陈嘉训在《钟公传略》（节录）中要说：

夫其自学而任，处则为醇儒、为师表；出则为循良令、名御史，为国家重臣。卒能护定元良，以至调时政、轸民隐，所至功见言信，券如反掌。此则由生平诚正之学，真有以通彻天人，而岂独练达经济已哉。

台湾省学生书局影印出版的《明代登科录汇编》一书收录有《万历八年进士登科录》，其中记载："钟化民：贯浙江杭州府仁和县。民籍。府学生。治《书经》。字惟新，行一，年三十四，十一月二十一日生。曾祖庆，祖芳（寿官），父稳，母董氏。"据此可知，当年钟家在博陆是有一定财力和社会地位的家族。钟化民祖父钟芳，是朝廷评选的"寿官"。百科介绍："寿官"是明朝出现一种虚职官名，是一种荣誉。主要奖励给"德行著闻，为乡里所敬服者"，官府给予官帽官服、品秩是八品或九品。受赐年龄最初为百岁，到万历以后降为70岁。寿官也是对寿星的一种别称，是官方授予的称呼，主要分布在明清各个时期。对寿官的选择要求，不同时期，对年龄、条件、奖励物品都有所不同。由于"寿官"只在恩诏颁布时才得以赐给，所以，在整个明朝享国的276年里，仅授给过19次，每次每县多在4人以下，全国累计也仅上千人被评上。故能够获赐"寿官"，殊属难能可贵。

《明代登科录汇编》记载，钟化民万历八年（1580）中进士时是34岁，由此往上逆推，推算出钟化民生于嘉靖二十五年（1546）。这应该是错误的。而陈嘉训是以钟化民学生身份撰写钟公传略的，故其真实性应比后人编撰的《明代登科录汇编》可信度更高。故其生年应以陈传略为准。

钟化民有一个儿子叫钟名臣，虽然自己并无功名，但他的三个女儿，钟青、钟韫、钟筠都是富有才气、史书有载的闺阁诗人。

钟韫，字眉令，嫁入海宁查家，丈夫查崧继，字逸远，是黄宗羲好友。查崧继父亲是明武库司主事，查崧继青少年时期跟随父亲生活，并参加了抗清斗争。清军入关，查崧继同许多明朝遗民一样，对清朝采取不合作态度。他筑圃隐居，改名遗，字逸远，以此表达心志。故《海宁州志》将其列入"隐逸传"。查崧继去世后，他的《墓志铭》就是黄宗羲所写。钟韫生了四个儿子，除幼子外，其余三位都是清朝大名鼎鼎的人物。钟韫工诗及长短句，曾写过很多诗词。疾亟时，自以为风雅流传，非女子所尚，悉焚弃之。其长子查慎行追录六十余首，题曰《梅花园存稿》。钟韫诗中"才名终世态，学业有家传"这两句，后来还被查慎行用作查氏"家训"写入家谱。

海宁"查"家，起源于春秋时期。公元前676年，鲁庄公之子姬延被封为子爵，"食采于查邑"，便姓了"查"，在山东一带繁衍生息。五代十国时期，南唐军事将领查文徵是查氏历史上第一位名人。其弟查文徵一家迁徙到安徽婺源（今江西婺源）定居。直到元末天下大乱，后人查瑜带着家眷，坐船躲到嘉兴。经朋友介绍，查瑜到海宁袁花镇一大户家当塾师。当年的袁花镇依山面水，土地肥沃，民风淳厚，跟婺源很像。更巧的是，婺源有个凤山岗，袁花则有座龙山，合起来便是"龙凤呈祥"，正是大吉之兆。于是，查瑜便在这处"福地"定居。一边"勤恳耕作，敦睦乡里"；一边"以儒为业，诗礼传家"。从迁居海宁的第二代开始，查家便成为有名的"文宦之家"。第一位显达之人是查瑜之子查恕，外号"查一帖"，只要一帖药就可治好病，医德很高，闻名江南。他亦深得朱元璋赞赏，后被延聘为太医院国医，获赏一品冠服。到了弘治三年（1490），第五代查焕考中进士，成为袁花查家登科甲的第一人。明朝一代，查家中进士6人，其中查秉彝、查志立、查允元祖孙三代连中进士，在当地传为盛事。清朝康熙年间，查氏家族人丁超过300人，进入全盛时期。共有十余人考取进士，5人进入翰林院，其中查慎行（原名查嗣琏）、查嗣瑮、查嗣庭更是亲兄弟三人同为翰林院编修。查家因此有了"一门十进士，兄弟五翰林"之誉。查昪（音同"鱼"）陪皇帝在南书房读书，成为康熙帝近侍。康熙亲笔题写了"澹远堂"的匾额赐予他，并赐予一副楹联"唐宋以来巨族，江南有数人家"。寥寥十余字，勾勒出康熙对查家的盛赞。此外，康熙还陆续为查家题写了"敬业堂""嘉瑞堂"的匾额，可谓恩宠冠绝一时。

然好景不常，泰极否至。因清廷兴文字狱，雍正四年（1726），礼部左侍郎查嗣庭（钟锟的第三个儿子）于江西乡试主考官任上因试题不当罹祸，酿成特大文字狱。家族因之受株连，大哥查慎行入狱，一年后病逝；二哥查嗣瑮流放关西，七年后卒于戍所；查嗣庭与同朝为官的三儿查克上被收押，先后饿死狱中；继室史氏与三儿媳浦氏则同时悬梁自尽；其直系子嗣中，除次子查克绍在查嗣庭罹祸前二月去世，其余大小男女均被发配流放；其名下家产悉数入官，以充钱塘江海塘工程之用。查慎行、查嗣瑮、查嗣庭（字润木）是钟韫的三个儿子，都是博陆钟家的外甥。

查慎行（1650—1727）原名嗣琏，字夏重，后因故改名慎行，字悔余，号他山，又号查田，晚号初白。查慎行是清代诗歌史上一位非常重要的诗人，白描则是其最为擅长的、堪称标志性的艺术手法。

查慎行是香港著名爱国实业家、查氏企业集团董事长查济民和著名作家金庸（查良镛）的先祖。

查嗣庭案发后，时任吏部左侍郎、江南主考官的五杭人沈近思给雍正皇帝上了《疏陈浙省旧弊十事》的奏折曰：

时有……查嗣庭为江西主考，出题不类……浙省远处海滨，奢靡浇薄，以诡诈为能，以忠厚为拙。以势利为重，以廉耻为轻。以逢迎奔竞为有才，以安分守己为无用。以请托徇私为多情，以孤介刚方为刻薄。以健讼打降为豪侠，以退让辞逊为怯懦。以揑词造谤为智谋，以谨言慎行为迂阔。人心之坏，风俗之颓，沦胥已极。如查嗣庭、汪景祺者，大

查慎行像

逆不道，罪不容诛。是浙江一省逆种并生，越水为之增羞，吴山尽皆蒙耻。荷皇上至圣至明至慈至断，明正其罪。特简儒臣为观风整俗，使涤除邪秽，咸与维新。（摘录于沈曰富《沈端恪公年谱》）

雍正览奏后下旨：

据奏"二逆并生，越水增羞，吴山蒙耻"等语。浙省有沈近思一人，不为习俗所染，可称上智不移，实足尽洗越水吴山之羞耻矣。所陈风俗十事切中情弊，委曲详尽，甚属可嘉。发与巡抚李卫观风整俗，使王国栋照所请严行禁约。（同上）

查嗣庭案发后第二年，雍正皇帝取消了浙江全省举人的进士考试。这场文字狱，也让查嗣庭的舅父家——博陆钟家，受到了牵连和冲击。

钟蕴之姐钟青，字山容。嫁盐官吴氏。钟青亦是一位女诗人，著有《寒香集》，留存有多首诗词。

钟蕴之妹钟筠，字贲若。嫁仁和诸生仲恒，字道久，号雪亭。钟筠是闺阁词人，著有《词韵》，系《四库全书》存目。有《淇园诗初集》《梨云榭诗馀》。

明末清初，塘栖有钟天均，原名开平，字小天，又字子逸，诸生。其与卓左车为同学好友，卓《漉漓集》卷二之《偕隐歌》有序："壬戌三春携亡儿，偕钟小天扶策西溪石人坞，与老衲无用隔峰为邻。"同书卷十，序有《钟小天文序》《钟子逸诗序》二篇文章。卷十一，题跋有《题钟忠惠公外记》一篇。还有钟天墀，字云坦；钟升平，字征之；钟越，字异度。他们都是钟小天的兄弟。其中以钟越为首曾与兄同刻《宋文文山先生集杜诗》，此书今存日本早稻田大学图书馆。

后来，塘栖钟氏有钟烈，字眉生，清同治四年举人，同治十三年（1874）进士。授主事，改迁江西安仁县知县。钟烈本居唐栖，后迁居临平。

清代俞樾舅父、临平人姚光晋的《瓶山草堂集》卷五《琐谈》上记有一则博陆钟氏轶事：

吾乡博陆村钟氏，明忠惠公裔。家设乩，一女仙常降，与钟兄弟唱和极多。句多哀怨，记其一联云："岭上弄花春有影，湖边踏月夜无声。"大有鬼趣，末署星儿两字。问其故，不答。后有其女伴来，乃详述之，盖女负色艺，珰珰逼之入宫，乃抱琵琶自沉于西泠桥下。是本贞烈，非风声中人，宜其精爽之不散也。苏小坟边又添一段佳话矣。此系康熙初年降乩之事，余原封不动三岁，明见钟氏所录诗卷，今已遗失，钟亦零落。特记其崖略耳。

降乩，是民间的一种游戏。时神灵降下旨意，对某些事物的结果作出反映。所谓降乩也叫扶乩，它是中国民间信仰的一种求问神灵的方式。扶乩，《辞海》解释是"一种迷信，扶即扶架，乩指卜以问疑……"，也叫扶箕、扶鸾。与扶乩相似的法术，世界各地都有。另据《中华道教大辞典》解释"扶乩是古代'天人沟通'术的一种，又名扶鸾……"。

在科学尚不发达的古代民间，扶乩能排疑解难，故为百姓所信服，曾经长期流行。

同是万历八年，博陆还出了一位进士姜梦龙，字中甫。他是博陆姜石（宅）村人，姜石旧时曾属德清大麻，是后来区划调整才划入博陆，由此可见两县边界交错、渊源之深。姜梦龙与钟化民同是万历八年（1580）的进士。万历八年，浙江全省考中进士的，一共46人，博陆一地竟然出了2位进士，当属异数。

姜梦龙曾祖姜萃、祖父姜大经。父姜文元（娶徐氏）有四子：姜梦龙（娶祝氏）、姜见龙、姜应龙、姜化龙。姜氏祖居地"姜宅"，属今天余杭区运河街道新宇（圩）村。此地是博陆，亦是余杭区位置最东北面的村庄，向东隔着一片田畈，就是桐乡市大麻镇百富村。

姜梦龙是万历八年（1580）庚辰科会试第121名，登三甲第94名进士。贯浙江德清县民籍，仁和县人，国子生，治易经，字中甫，行一，年二十九，浙江乡试第八十八名，会试第一百二十一名。但在《明清进士题碑名录》中姜梦龙的里贯为浙江崇德，分析其科考时应是附籍崇德县的。

博陆姜氏是南宋著名词人姜夔（白石）之后。明初唐栖有姜福四，为姜白石八世孙，家藏白石晚年手定诗集稿本，弥足珍贵，明人文集中多有记载。王同《唐栖志》卷十一上《人物四》有姜福四传：姜福四，伍林人（按：今天德清县雷甸镇尚有姜家坝地名）。博稽经史，善吟咏，工草书。洪武初，经同邑王轸荐，征为刑部主事，辞不就，隐居于乡村。士大夫有诗章赠之。杨巩云："明时不受荐，甘分老烟霞。"车昭云："行藏有道传家久，征召辞归动世夸。"传后王同有按语"今家于青坡者，皆其裔"。另有一支后人则迁往塘栖东乡，即今天的博陆姜宅。

根据湖州龚肇智先生考订，归安有姜通家族，原籍金华兰溪，后徙湖州归安。姜通，字文中。永乐十八年（1420）庚子举人，监察御史，官西陵县丞。子姜才，字子三，曾寓居钱塘。永乐二十一年（1423）癸

新宇村千亩荷花　　　　　　　　　　　　　　　　摄影　吕伟刚

卯举人。姜才之子姜连，景泰四年（1453）癸酉举人。姜连子姜森，字柏林。成化十三年（1477）丁酉举人，官利州知州。姜耑，榜姓金，姜连之孙。曾寓居鄞县、德清。弘治十一年（1498）戊午举人。姜云鹏，姜连曾孙，曾寓居钱塘。嘉靖二十二年（1543）癸卯举人。姜梦龙，字中甫，号初涵，姜耑曾孙，寓居德清，万历四年（1576）丙子举人。姜通弟姜涣，字聚中，永乐元年（1403）癸未（补壬午）举人。姜通家族是明代湖州府典型的科举家族，仅有明一代，就有进士姜才、姜梦龙、姜连，举人姜通、姜涣、姜森、姜云鹏等。

（二）神智光明照大千——清代华严慈云伯亭大师

慈云伯亭续法大师（1641—1728），又名成法，字栢亭（或作柏亭），别号灌顶。浙江仁和县亭趾人。

关于其一生事迹，康熙三十九年（1700）岁庚辰夏，伯亭大师 60 岁那年，亲笔写下了《古希纪自识实行》一文，又名《伯亭自述》，对一生行迹进行了系统回顾。

伯亭续法俗姓沈，仁和亭溪人。父讳相，母张氏，生于崇祯十四年岁次辛巳十月十一日戌时。顺治三年，6 岁时曾掉入河中，又被盗贼刀砍，还被火烧伤。均有惊无险。7 岁，见一僧抚摩头顶，觉得他不是一般人，即发心出家。因母亲不允许而罢休。

9 岁辞亲，参礼杭城高僧祖源超溟（按：即传临济正宗三十三代嗣祖祖源超溟）为师。初习朝暮课诵及经忏，兼学《四书》《诗》《易》。16 岁正式落发为僧。学习相宗、性宗、戒律、施食仪轨等佛教典籍和佛事仪轨。曾专研贤首宗诸部教典，比较天台宗与华严宗之异同。19 岁受具足戒（按：具足戒：戒是佛教徒应当遵守的戒条、戒律。举行仪式，接受师父授给的戒条，叫做受戒。具足戒是僧侣的最高戒律，受具足戒表明受戒人的学问已经达到高深的程度，有了讲授的资格），并在寺里当家理事（即主持寺政，处理事务）。己亥冬辞师，在杭州参学各位尊宿，研究诸宗多部教典。于南屏豁堂嵒和尚座下请求受戒，圆授三坛大戒。康熙庚子 20 岁，听宝轮德水明严和尚讲《楞严经》，向明源请教华严宗和天台宗之间的同与异，明源告诉他："你应当这样考虑，既要看到两者之间的差别，也该看到两者之间的融通之处。"续法闻之，豁然开朗。从此博览群籍，精研教典，开始更加广泛地研习各个佛教宗派的经论，又不专独一家，不拘泥一端。如《梵网》《楞严》《法华》《般若》《圆觉》诸经，无不研习。经过刻苦钻研，不但洞悉华严教观，且能融会诸宗。

他还听内衡法师讲《楞伽经》，听圣先法师的《唯识论》，听灵沧法师宣讲《起信论》。通过学习比较研究，从而更加清楚地洞悉了各家各派的宗旨。

柏亭续法禀性颖悟，精勤好学，前后 10 余年时间，研究教典，坚持不辍。其参学的主要老师除明源和尚之外，还包括杭州诸山尊宿大德，主要有内衡法师、圣先法师、灵沧法师、石公和尚、景淳和尚（即天溪受登）、古月朗碧法师等。学习期间，明源和尚曾诫劝其熟习诸家经典，毋支离（指分散，引申为散乱没有条理）于诸家注解。

他牢记老师"熟诵经典"之嘱，将《楞严》《法华》《圆觉》《梵网》《金刚》《药师》《华严》（名号、问明、净行、梵行、僧祇、随好、行愿等品）《四分律》《起信论》《唯识颂》《法界观》等佛教重要典籍反复学习，细细记背，掌握各自要领。

26 岁，时为康熙丙午腊月八日，受老师衣法，于云栖属五世孙也。即莲池云栖株宏（1532—1612）、土桥绍觉广承、莲居新伊大真、宝轮德水明源，至慈云伯亭续法为第五世。此一系因莲池株宏、伯亭续法著作等身、故声名显赫，广为人知，学术界也多据之以叙华严宗史。

当时华严宗的经疏散乱不全，续法因此而广加搜集整理，对华严宗的延续起到了重要作用。他在梵天寺担任住持时，曾专心讲解《华严经》，而身后则留下各种佛学著作有 40 多种，600 余卷。

续法大师是于南明永历十四年（1660）夏间，得到宝轮德水明源大师传授澄观大师的《华严玄谈》，而录出"贤首教仪"的。又据《佛祖统记》所载，认为贤首的立场，属"有教无观、无断无证"；请教于宝轮大师，即示《五教解消论》及《贤宗未知圆义解》三章，令其自寻研究。更于康熙二年（1663），又呈上贤首、清凉大师的"判释时仪"，及杜顺大师《法界观》的合录。宝轮大师说：可比拟谛观大师的《天台四教仪》，《四教仪》属录义而非录文，你的《五教仪》即文义双备，如再专精研习，当得尽妙旨。

康熙六年，宝轮大师圆寂，续法大师遂闭关数载，再四地研磨，重新删订出《贤首五教仪开蒙》1卷问世；同年9月，更作《五教断证图》插入于《贤首五教仪开蒙》卷中以成完整。十一年冬，将其呈示于天溪受登和尚时，被赞称为"贤首家得人，毗卢佛之遣使"。康熙十二年春至十三年冬，著《楞伽圆谈》10卷。十四年秋，《贤首五教仪》6卷脱稿；其冬至十七年夏，再著《贤首五教仪科注》48卷问世。

自得宝轮大师的印可（按：佛教语，即认可、许可的意思）后，即专心于澄观、宗密大师著作的钻研，于康熙五年，再治其著《五教仪》，且扩大体系，将《三宝章》的"方便"会入于观中；《禅源诸诠集》的"辨异"会入于宗中；《圆觉经疏》的"空性五门"、《华严五教章》的"机益"、《会玄记》的"通妨"等，共摄于教中；更将《会玄记》的"日没三照"、《旨归》中的"经时"、《诸诠集》的"说意"，会入于时中。上呈于师指正，始得宝轮大师的首肯赞赏曰："华严家风的要旨，今得完备。"

当时，各方请其弘法讲道者，年年皆有。每登讲座，听众云集。宣说妙义，无不钦服。故每次开坛讲经，都汇集了从各地前来听闻佛法的僧众。他门下弟子众多，较著名的有培丰、慈裔、正中、天怀四人，都曾在南方弘传华严宗的佛学思想。续法生活简朴，平易近人，"一衲十年，一履三载"。又勤于写作，虽年迈而手不停披。慈云续法大师传承宝轮大师的衣钵，当时有种说法，"续法生当顺治，寂在雍正，行道于康熙之年，身经三帝"。从中可见，续法大师对清代佛教的发展起着重要作用。

续法大师曾开示众人说："为五欲故，发心念佛，地狱界也。为名利故，发心念佛，饿鬼界也。为眷属故，发心念佛，畜生界也。为胜他故，发心念佛，修罗界也。畏恶道故，发心念佛，人法界也。求天乐故，发心念佛，天法界也。欣涅槃故，发心念佛，声闻界也。慕无生故，发心念佛，缘觉界也。欲度他故，发心念佛，菩萨界也。希成佛故，发心念佛，佛法界也。"这是告诫大众，念佛修行，务必要端正自己的心，以正道求法才能得到善果。十法界本是华严宗的理论范畴，而续法大师却在十法界的理论范畴上融合了净土宗的念佛法门，由此也可以看到续法大师学术中有各宗派圆融的思想特点。

续法大师还告诫大众道："极闲者，除六时外，应当时刻念佛无间。半闲半忙者，应当营事已毕，即便念佛。极忙者，应当忙里偷闲，十念念佛。如此才不空虚度日。尽此一生用功，一日无有暂废。"可见续法大师还是十分看重念佛法门在修行解脱中所起到的作用的。修行人

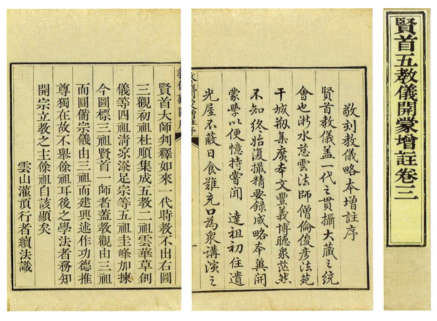

续法著《贤首五教仪开蒙》

不仅要心念纯净，发心端正，信仰坚定，而且还要精勤修学，一天都不可荒废、虚度。

据有关史料记载，伯亭大师著述甚多。仅就其重要者摘抄如下：《华严别行经圆谈疏钞记》12卷、《楞严经序释圆谈疏》25卷、《贤首五教仪》6卷、《五教仪开蒙》1卷、《贤首五教断证图》1卷、《贤首五教仪科注》48卷、《法界颂释》1卷、《法界观镜纂注》2卷、《法界宗莲花章》1卷、《华严镜灯章》1卷、《五祖略记》1卷、《楞伽记》38卷、《楞伽悬谈》10卷、《大乘起信论疏记会阅》10卷、《起信论摘要》2卷、《药师经疏钞》6卷、《观音疏钞》8卷、《金刚经直解》5卷、《法相图录》1卷、《四十二章经疏钞》5卷、《观经直指疏》10卷、《兰盆纂》8卷、《瑜伽施食经疏》10卷、《如意咒经略疏》2卷、《心经二解》1卷、《尊胜经疏》1卷、《势至疏钞》1卷、《像想章疏》1卷、《八大人觉经解》1卷、《遗教经疏》4卷、《大悲咒释》1卷、《准提咒释》1卷、《佛祖纲宗》4卷、《贤首十要》2卷、《持验因果记》1卷、《念佛异征记》1卷、《乐邦净土咏》1卷、《醒世善言》1卷、《西资归戒仪》1卷、《瑜伽归戒仪》1卷、《系念仪》1卷、《放生仪》1卷、《焰口仪》1卷、《焰口摘释》1卷。

此外，尚有《法华圆谈科注》《万佛忏》《弥陀忏》《七佛药师忏》《改订观音忏》《仁皇忏》《金刚开蒙注》《开道注》《开悟注》《上竺志》《慈云志》《仁寿志》《楞严志》等著述。又《华严宗佛祖传》十四卷甫脱稿，未及付梓而续法即逝。

伯亭续法乃清初华严中兴人物。其实当时华严典籍已散失殆尽，而他能搜考群籍，为弘扬华严学说撰述如此宏富。故佛教界论其功绩，皆与华严宗五祖宗密相提并论。

续法在其弘法利生的生涯中，所讲的经论从不限于一家一派，而是随着受教者的因缘根器来选择适合的教法，以期能够切实帮助众生获得心灵上的解脱。续法大师除讲经外，还在杭州修复寺宇，塑造佛像。一些名刹，比如慈云寺、圣果寺、仁寿寺、上天竺等都是在续法的努力下才又重新振兴起来的。

续法是一位博通佛典的华严学者，他精研《般若经》《华严经》《法华经》《楞严经》《梵网经》《圆觉经》《起信论》等各种经论。对于讲宗的旨趣异同，有相当的研究。其中尤其对华严宗有更深的研究。他后来住杭城天竺寺，50年中，专讲华严。其所著《贤首五教仪》，为以后学贤首宗者必读之教科书。他详细地考订了华严宗的传承系统，被认为是清代华严宗的"中兴"者。

《贤首五教仪》是一部佛教著述，六卷。内容是概述贤首法藏的判教学说及华严宗的主要教义。鉴于当时义学沙门轻视法藏等的《华严经》注疏，天台宗人亦攻击华严宗"有教无观"，续法乃依其师德水明源之说，历时10年，于清康熙五年（1666）集成是书，康熙十四年（1675）宣讲。此书认为："贤首大师判释如来一代时教，不出三时、十仪、五教、六宗、三观。"故以此五部分组织，概括华严宗教义的主要内容。见载于日本《卐字续藏》（任继愈主编《佛教大辞典》第756页。2002年12月）。

从30岁始，伯亭大师开始讲《金刚》《楞严》于慈云寺大殿，听者沦肌浃髓而去（按：指感受深刻）。

康熙五年（1666），岁丙午腊月八日，受宝轮德水明源禅师衣法，成为华严贤首宗第三十一世、明末四大高僧之首云栖法系莲池云栖袾宏大师的第五世法孙。受法之时，明源禅师诚劝其"熟习经论本文，毋支离于诸家注解"（按：佛教中论疏一曰："佛有诚劝二门，诸恶莫作名为诫门，诸善奉行名为劝门。"）。

六十一岁，冬，刊刻《慈云寺志》8卷。

续法大师在晚年时期，退居仁寿寺，尽管生活清苦，但每日仍不停披阅佛教典籍，注释经典多达600多卷。后接受当时名流学士及僧俗两众的请求重又出山，主持天竺寺的修复事宜，可惜在修复工作完成后不久，续法大师便辞别众生，归西往生去了。雍正六年孟夏月朔日，灌顶大师示寂于上天竺。师原本无疾，突然于月朔前一日，明示迁化，即说偈曰："生死路上，逍遥自在。称观音佛，往生莲界。蒙佛授记，圆通无碍。依佛愿力，度生亿载。"翌日正午，沐浴辞众，趺坐合掌，西向而逝。越六日入龛，面色如生，异香满室，观者万人，咸罗拜垂涕，以活佛称之。众弟子建塔于法华山之阳。

伯亭续法大师是清朝初年华严（贤首）宗一位集大成之著名学者。

中国佛协副会长、湖北省佛教协会会长、黄梅五祖寺主持释正慈撰写的《清代华严宗大家续法法师略传》载有：续法大师"圆寂于公元1728年（清世宗雍正六年）"。有谓"续法生当顺治，寂在雍正，行道于康熙之年，身经三帝"。续法法师自幼出家，九岁礼杭城慈云寺华严宗僧人明源为师，十九岁受具足戒，二十岁习讲经，历时七年，受明源付嘱，为云栖祩宏之五世法孙。师遍研诸经，融会众说，不拘泥一端。后每讲说，四众云集，盛极一时。历主慈云、仁寿、上天竺诸刹。雍正六年示寂，世寿八十八。传法弟子二十余人，培丰、慈裔、正中、天怀四师最著名。撰有《贤首五教仪》《圆觉析义疏》《华严宗佛祖传》等六百余卷。于课诵经忏外，兼通四书、诗、易等。

中国佛教协会也在华严宗介绍中介绍："柏亭续法是明末四大高僧之一的云栖祩宏五世法孙，在杭州弘扬华严五十多年，著述甚富，有《贤首五教仪》等，为清代宏扬贤宗一代巨子。"

蒋维乔居士的《中国佛教史》1928年版第四卷第十八章《近史各宗》之"华严宗"中，极力推重续法之功，认为贤首宗到明朝末年，典籍失散，学者也难见大家，伯亭大师可为一代祖师，他的功绩可以说近于贤首五祖。文中详细考证了续法著述，并对其论定华严宗系统之功予以充分肯定。

华严宗又名贤首宗。是中国佛教宗派之一。因以《华严经》为根本典籍而得名华严宗。又因该宗实际创始人法藏号贤首，故又称"贤首宗"。该宗以发挥"法界缘起"的思想为宗旨，又称法界宗。相传学统传承为杜顺—智俨—法藏—澄观—宗密。该宗推戴杜顺为初祖，而实际创始人为法藏。华严宗是中国佛教史上最后形成的宗派，在教理体系构建上有着完备的条件。但历来受到有教无观的质疑。针对此争议，柏亭续法在《贤首五教仪》中总结前贤华严要旨，组织完备了教观思想体系，澄清了对"贤首有教无观、无断无证"的偏见，并进一步突显出华严宗理论的独特性。

清代的华严学者中，最受重视的当推慈云续法大师。他传承莲池云栖袾宏—宝轮大师的衣钵，并弘扬其说，将历经10余年间考阅《华严经》的纲要萃集成编，即《贤首五教仪》6卷，依其自序及集刻缘起，于康熙十四年（1675）成书。

此前的康熙十一年景淳和尚来慈云寺，见到其已编撰成稿的《五教仪》及《五教继征图》，十分赞赏，称其为："毗卢佛之遣使，贤首祖之功臣也。"高度认可和肯定，体现出二者之间的师生情谊。

柏亭续法学成后的弘法活动约始于康熙九年。开始是受善信礼请，登坛讲解《般若经》，中元节又受请施食超荐幽冥众生。这可以视为续法讲经和施作佛事之始。续法一生主要弘法行历也是自此而始。其一生的弘法事迹是以讲经刻经、施作超荐、施食佛事和兴修维护寺庙为主。其著述、讲经和刻经弘法活动主要集中在30至60岁，一生多次宣讲《大乘起信论》《楞伽经》等多种。所撰著作，根据《塔铭》记有六百余卷。而刻印经书主要在40至70岁。自50岁始，终其余生都在维护和兴建梵宇，在住持慈云寺、仁寿寺、上天竺时，曾两次兴修慈云寺大殿，重建仁寿、上天竺、兴果寺等寺院。

伯亭大师是余杭历史上，有清一代地位显赫的有道高僧，他为人处世十分谦谨。晚年，他还自谦，认为自己所作的成就与前代大德相比是"万不及一"的。

他曾自我评价："然以予之视古德者，万不及一。如天台之建立佛刹，慈恩之注疏经论，不空之咒印，贤首之讲演，清凉之承嗣，密藏之刊刻，是可思议耶！不可思议耶！心有余而力不足，是实为内疚耳。汝宜猛心发愿，努力修行，要与往古佛祖齐肩，始满出家比丘志焉。稍一不如，非释子也。岂以独善为安哉？思之勉之。"

伯亭大师年轻时曾向恩师明源禅师请教华严宗和天台宗之间的异同，明源指点他："既要看到两者之间的差别，也要看到两者之间的融通之处。要多阅读多思考。"由此促使他更加广泛地研习各个佛教宗派的经典理论，又不专独于一家，不拘泥于一端，通过比较研究，从而理清和洞悉了各家各派的宗旨。

对于佛法的传播，伯亭大师除了疏注典籍、撰写学道心要外，还曾无数次开示众人。

大师在其弘法利生的生涯中，所讲的经论从不限于一家一派，而是随着受教者的因缘根器来选择适合的教法，以期能够切实帮助众生获得心灵上的解脱。

伯亭大师的德行和学识不仅受到当时社会的称赞，甚至还受到当时帝王的推崇。史载：康熙皇帝曾五次巡礼慈云寺，并对伯亭续法大师尊崇有加，十分眷顾，曾御制碑文一道永镇灵山，又御赐匾额、心经、宝塔等法物，以示对佛教的尊崇，真可谓皇恩浩荡。由此亦可证明柏亭续法大师在当时江南佛教界的影响力。

据弟子徐自洙《塔志铭》记载：未几圣祖仁皇帝南巡，学士邵公率众以礼请入方丈，恭迎圣驾，嘱竣毗卢殿工。自康熙二十八年（1689），至四十六年（1707）。凡幸五次，赐赉优渥。御制碑文一道，永镇灵山。前后叠赐匾额、《心经》、《宝塔药师经》、《赞金刚经》，恩赉有加无已。

《慈云续法古稀记》也记载：康熙第一次召见续法，是在己巳年（1689），时为康熙二十八年。根据《康熙朝实录》是康熙帝第二次南巡到杭州之时。文中载有皇宫赏赐物件：宝座壹张，杏黄缎垫子壹个，龙床壹张，硃红大立台壹对，香几壹张，灯台贰对，书桌壹张。

当时的文人学者多有赠诗对其赞颂。

四明深符述公有诗赞曰：

> 惟君文行独超群，议论风声擅竺坟。
>
> 高续莲灯分慧焰，五云播彩接慈云。
>
> 乳泉一滴传无尽，分出云根流亦清。
>
> 好向寰中施法雨，三根含润总敷荣。

昭庆止千岳公赠诗：

> 一鸣思昔日，河辩已惊群。
>
> 慧业弥高竣，芳声更远闻。
>
> 流泓传乳窦，雨密蕴慈云。
>
> 行见谈经处，天花向座纷。

俞文学纬赠诗云：

> 心依佛火性离尘，独向祇林结静因。
>
> 讲席幸承甘露润，香台深喜惠风亲。
>
> 九天梵落昙花发，二月春和柳色新。
>
> 衰力憾予闻道晚，大师觉世不辞频。

潘文学舆赠云：

> 陋室傍慈云，朝昏慰所闻。
>
> 提撕开鹿苑，领略谢鸥群。
>
> 其奈冤亲聚，难将恩怨分。
>
> 怀哉新著述，应拯出尘棼。

孙文学治赠云：

> 我闻无上义，圆解比醍醐。
>
> 达者领其要，亡筌与世殊。

间造青莲馆，把玩囊中珠。

光耀照四野，岂复类砗磲。

仁鸟檐下鸣，红药阶前敷。

白云停翠树，青烟生紫蒲。

如晤象王因，倘恍雨花初。

鄙怀足怡悦，自笑为世儒。

赵孝廉骊渊赠诗云：（按：赵上虞人，己酉举人）

内典横千帙，幽耽坐小楼。

看君无执着，随意白云游。

戴府丞京曾赠曰：

身在云堂二十秋，静依禅观度群流。

轩眉只为谈经合，行药翻因问义留。

梅坞渊源原不滥，慈云章草孰偕修。

腊高德厚从来说，四十登坛君最优。

康熙庚寅冬十月，年已 88 岁的萧山毛奇龄太史，还给他写《祝寿诗》曰：

神智光明照大千，生同刹利梵宫前。

蹋来江草当飞锡，落尽天花似雨钱。

六甲屡回翻玉历，双趺何处结金莲。

须知伽叶传经后，犹是昭王廿四年。

伯亭大师晚年退居仁寿寺，尽管生活清苦，但仍不停疏注佛教典籍，一生注释的经典竟达 168 部，600 余卷。

康熙辛丑年（1721）春天，上天竺遭遇大火（致罹祝融，遂使灵山

189

钟鼓，寂然无声；宝地楼台，悉为瓦砾。）伯亭大师又应当时名流学士及僧俗两众的请求，不顾年高体衰，重新出山，主持天竺寺的修复工程。自"辛丑夏至戊申春，大士龙庭楼台，行宫香案，西禅堂，北客寮，东伽蓝，祖师、地藏、天王各殿，门扉坦廓，经营布置，规模略成。师之功固大，而用心良苦矣。岁壬寅御赐龙眼菩提子四粒，植于大士殿左右，师恭咏赋一章，以颂无疆之盛典。今我皇上御极，以大士为民慈父，旱干水溢，有祷辄应，于雍正元年特命大臣进香，二年敕修庆山祖塔，皆师之精诚，有以默致。"（以上见徐自洙《浙江天竺山灌顶伯亭大师塔志铭》）。

伯亭大师是佛教华严宗的重要传人。他的师承是华严宗云栖法系，诸祖世系表以杜顺为初祖，至鲁山野庵普泰为第二十四世，普泰下为遍融大方真圆、云栖莲池株宏、土桥绍觉广承、莲居新伊大真、宝轮德水明源，至慈云伯亭为第三十世。此一系因明代莲池株宏、清初慈云伯亭二位大德著作等身、声名显赫，故广为人知，学术界也多据之以叙华严宗史。

华侨大学陈俣霖在《伯亭续法之华严教相思想研究——以〈贤首五教仪〉为中心》一文中评价："伯亭大师承接前贤思想理论成果，成为清初集华严之大成的华严教学家，其最重要的理论成果就是构建了华严宗的教观思想理论体系，在承接、整理、发挥华严宗传统思想上，顺应时代需求与问题而进行创新，对于现代佛教学术研究亦多有启迪。"

续法毕生精研教理，专精于华严学说。并对诸宗教理能详细审辨，融会贯通。魏道儒先生在《中国华严宗通史》中说："续法学说的一个最重要特点，是通过对五教的展开论述，概括华严宗的全部教理。"续法上承法藏的判教思想，通过对华严要旨的论述，将华严义理通俗化并普及于学人。又考订华严宗的传承，推动华严宗在清代的复兴。因而成为华严宗第三十世祖师，贤首宗复兴的一代大师。

当时的名士、伯亭大师的佛弟子徐自洙在《浙江天竺山灌顶伯亭大师塔志铭》中记录了伯亭大师兴教、劝善、度众的辛劳一生。评价其："心不违如来之训，性不染尘俗之累，体不损沙门之表，行不违法律之径，目不视非仪，口不食重味，手不释念珠，胁不触尘榻，足不履邪径，宿不离衣钵。入污泥不染，处混浊而不淆。以清净弘法门，以智慧为福果，皇皇于超济，汲汲于普度，不以一行自高，一功自许。人有皈依者，不俟请而往，有求益者，不待愤则启矣。虽幼稚不简于应接，纵傲狠不惮于开诱。洵乎佛祖之化身，众生之楷模也。"从中我们可以了解伯亭大师生前的清正道风以及他坚贞的品行与渊博的学问。慈云伯亭大师是汉传佛教历史上余杭籍的杰出人士，是继五代法眼文益、风穴延沼、永明延寿，明代云栖袾宏后最有成就的禅门巨匠、一代大师。是值得家乡后人永远景仰的。

(三) 灵隐寺出身的太子少傅——持身端恪沈近思

五杭历史上也是人杰地灵，出了不少杰出人物，最有名的当是清代康熙、雍正年间官至都察院左都御史、吏部左侍郎，追加太子少傅、礼

伯亭住持过的上天竺寺旧影　　　　　　　　　　韩一飞供图

部尚书并谥端恪的沈近思。

史载：沈近思（1671—1727）字位山，号闇斋，浙江仁和县五杭人。从小家庭贫困，9岁丧父，族人将其送灵隐寺为僧。住持具德弘礼见他聪慧，十分喜欢，让他读书应试。其《秋日思亲有作》诗有"一朝长逝后，终天不复形"句，是他怀念逝去母亲的沉痛表白。康熙三十九年（1700）中进士，家居六年后入仕，初任河南临颍县令，在任上七年，治水利，建社仓，办紫阳

由佛而儒自闇坐始後
千百年宗子沈子
夔後学姚椿

沈近思像

书院，建双忠（岳飞、于谦）祠，政绩卓著。康熙五十二年，经巡抚鹿祐推荐，升任广西南宁府同知。康熙五十九年，福浙总督满保奏请以知府拣发福建，任台湾知府。当时台湾暴动初平，正需安抚，沈近思作《远虑论》上奏朝廷。康熙帝采纳了其建议。自此台湾治理走入正轨。

雍正元年（1723），转任吏部文选司郎中，赐第，赉帑金四百。不久后升任太仆寺卿，仍兼任文选司事。雍正二年，升吏部右侍郎。以真诚剀切、敢于直谏名著一时。雍正四年，任江南乡试正考官。雍正五年春，擢都察院左都御史，得士称多。

根据《天鉴堂集》《沈近思本传》：沈近思是康熙十年辛亥正月十四日生于五杭村。康熙三十年辛未，21岁补钱塘诸生。康熙三十二年癸酉，年23岁，由灵隐回家。其《感怀诗》第十六章云：

忆昔十年前，曾参古道场。

巍巍法王子，示我以周行。

> 忽然知其非，相辞返故乡。
>
> 昨闻师已化，黯黯心惨伤。
>
> 西风吹桂子，白雁来秋霜。
>
> 终古长遥遥，何年拜禅床。
>
> 深恩岂不念，人难弃伦常。

又有《秋怀三十首》，其六云：

> 余本农家村落居，狂驰求道弃耕渔。
>
> 投林不择几伤翅，缘木何因可得鱼。
>
> 六尺微躯思一本，三年短发愧重梳。
>
> 每思季布钳奴日，野蔓盈前恨欲锄。

康熙三十八年己卯，年 29 岁，秋举于乡。三十九年庚辰，公年 30 岁，会试中式。案：总裁为熊赐履。四十一年壬午，公 32 岁。长女时兰生（按：公惟一女，后适赵溶溶，举人，官州同知）。四十三年甲申，公 34 岁，长子玉麟生。四十四年乙酉，公年 35 岁，冬赴京谒选。公《集陶秋日感怀诗》序云：余自庚辰成进士，家居六载，悠然有泉石之趣。乙酉冬感怀于民物，谒选京师，得河南之临颍。选官前二日，作诗云：

> 少小长怀屺岵悲，春光何日见慈帏。
>
> 但求夙夜能无忝，敢望风云得有为。
>
> 落落时趋留骨性，悠悠古处愧须眉。
>
> 每思扬显真难尽，只愿清名百世垂。

沈近思走马上任河南临颍县令后，做了一系列造福当地民众的好事。

他在任上所做的第一件事是，到小商桥拜谒南宋岳家军名将杨再兴

杨再兴雕像

将军墓，以弘扬先烈的浩然正气。

小商河之战是中国南宋时期岳家军与金国完颜宗弼（金兀术）进行的一场战役，以岳家军的胜利告终。

杨再兴（1104—1140），新宁崀山人，南宋抗金名将。幼年家境贫寒，跟随父亲打鱼为生。18岁时参加曹成领导的农民起义军。后为岳飞军队的纪律严明和保国忠心所动，毅然投奔岳家军，跟随岳飞抗击金军。之后屡建战功，被封为统制。宋绍兴十年（1140），宋、金两军大战于郾城，杨再兴曾单枪匹马冲入敌阵欲擒获金兀术，失败后仍能单骑而还。

血战小商河之战据史书记载：十三日，张宪率背嵬军、游奕军、前军等主力进入完颜宗弼残军所在的临颍县，寻求与其决战。统制杨再兴和王兰、高林、罗彦、姚侑、李德等军官率三百骑背嵬军前哨在抵达临颍县南的小商河时，与完颜宗弼（兀术）的主力十二万大军猝然相遇。杨再兴无所畏惧，手握铁枪率领三百勇士冲入敌阵，刺死万户长撒八孛堇，千户长与百户长等大头目100余人，杀敌2000多人。金兵射箭如飞蝗，杨再兴身上每中一箭，就随手折断箭杆，铁箭头留在肉中继续冲杀，尤如天人降世，神威凛然。最后马陷于小商河淤泥中，终于被射身死，壮烈殉国，年仅36岁。三百宋军将士也全部阵亡，惨烈而死。

杨再兴战死疆场，马革裹尸，其英勇无畏的精神震撼人心。此一战打出了华夏男儿的冲天豪气，真有"虽千万人吾往矣"的无敌气概！小商河之战后，完颜宗弼或因为惧怕背嵬军的这种惊人的战斗力，再也没有了与岳家军主力决战的勇气。他留下八千金兵守临颍县，自己带领残余主力转攻颍昌府。十四日天明，张宪军攻占临颍县，金兵或往颍昌府方向，或往开封府尉氏县方向逃遁。张宪军在小商河中找到杨再兴的遗体，火化以后竟烧出铁箭头二升有余。岳飞十分痛惜，全军举哀，把杨将军骨灰埋葬于此。

沈近思崇敬英雄，望故垒而兴怀。他拜谒杨再兴墓时，发现杨再兴墓地被人侵占。麦菽稠密，墓碑已倒，孤冢独存，又旁无跪拜之地。于是捐资买墓旁地一十九亩，监生邢伦捐地五分。一时好义绅衿输工乐助，相与恢拓旧茔，封土高二丈五尺，并重立新碑。

康熙四十九年（1710）四月，坟茔修整完成，由沈近思撰文、滕之瑚书丹的"宋统制杨将军之墓"新碑落成。当时，沈近思题《小商桥怀古集陶》一首记其事。诗曰：

> 商桥河畔有忠泉，血战捐躯古今怜。
>
> 断镞二升酬主帅，孤坟三尺在荒烟。
>
> 黄云故垒丹心炯，暮雨空祠铁骑旋。
>
> 筑土重题碑上字，一天秋月照新阡。

同时，沈近思精心撰写了《宋统制杨将军墓碑记》，文云：

康熙四十有五年丙戌五月，近思承乏临颍，即诣小商桥致瓣香于宋统制杨将军之祠庙。越五年庚寅四月，始知将军遗墓在桥之东半里许。躬往瞻仰，维时麦菽稠密，孤塚独存，旁无跪拜之地。墓前有断碣，仅留其半，字漫灭不可识，唯大书"杨再兴坟墓"五字尚可别白。近思徘徊墓侧，摩画碣文，感慨兴怀，不能自已。以将军忠义，抔土掩于田畴菽麦之间，而墓道弗修，丰碑未立，甚非表扬忠义、劝厉死节之意也。官斯土者实有责焉。爰是封而志之。谨按：将军名再兴，始为曹成将。成破，岳王释之，而告以忠义报国。将军感谢，屡立战功。绍兴十年，岳王败金人于郾城。兀术合兵逼之。将军单骑破其军，手杀数百人。兀术复屯兵十二万于临颍。将军以三百骑遇于小商桥，杀二千余人及万户撒八孛堇，千户百人，遂遇害。会张宪继至，大败兀术，追奔五十里。中原大震。岳王自郾进次颍，哭将军于商桥。获其尸焚之，得箭镞二升。夫将军以一介武人，感岳王忠义报国之言而百战不屈，卒以死殉，可谓不负国士之知矣。且当是时，将军以三百骑抗十二万之师，击杀数千人，使兀术沮丧。张宪甫至即望风远遁，岳王进次朱仙镇，追奔逐北，几复中原。将军商桥一战，实为虎贲前驱，功亦伟哉。岳王有言："文官不爱钱，武臣不惜死，天下可致太平。"如将军之忠义报国，真可谓不惜死之臣矣。此近思所以望故垒而兴怀，抚孤坟而神往也。又于将军祠左得残碑一，有云："将军与金人战殁，葬于商桥店东，立坟茔一座，周三十亩，迤北坡一顷五十亩，成化十二年远孙杨敬。"故绝无人祭扫，地属他姓，则将军之葬处无疑也。或谓当时尸已受焚，今谓有坟似属可疑，不知岳王之焚伤其流矢丛体，故焚尸去镞，使遗骨全归地下。宋史载文文山致命燕市，友人收其骸未去发上绳，遂见梦。则岳王之焚尸葬骨何疑乎。或又谓，宋既南渡，两河之地日为戎马践蹂，安得有坟至今？不知岳王朱仙大捷之后，遣使修治诸陵，则同时战死将士必悉为埋葬，而将军之墓隐然独存者，忠义之气留之无疑也。尝思忠义之气塞乎天地之间，根于秉彝之性，虽列千百年而忠魂毅魄凛凛如生。一抔之土，天地照临之，鬼神呵护之，而必无泯没，可信也。近思于是捐赀若干，买其墓之四旁地一十九亩，监生邢伦捐地五分，一时好义绅衿输工乐助，相与恢拓，旧茔封土高二丈五尺，重立新碑，题曰："宋统制杨将军之墓"，使后之人仰云霄而瞻浩气，将军忠义报国之心其犹可想见于兹土也夫。

丹心一片昭日月，义烈忠勇留青史。杨将军墓虽孤坟三尺，但历经千年岁月流转变迁，迄今依然香火鼎盛，历代传承着的是百姓的虔诚，寄托着百姓对杨将军的无限追思和敬仰之情。

后人评价：

> 英雄杨再兴，无愧宋将军。
>
> 赢得沙场死，千秋慕英名。

如今，位于河南省临颍县皇帝庙乡商桥村东的杨再兴陵园，南北长238 米，东西宽 80 米，坐北朝南，占地 1.2 万平方米，墓冢高 10 米，周长 100 米。冢前有一断碑，上刻"杨再兴坟墓"五字，据说是岳飞用矛尖所镌。园中古柏苍翠，冢北有形如偃月的围山作屏，围山后边建有忠烈殿，殿内塑杨再兴像。《临颍县志》记载：

清康熙四十九年（1710），临颍知县沈近思到任之初，就首先倡议重修将军墓。陵园这才清流映带，茂树葱茏。杨再兴墓前有祭庙一座，门前立清康熙、雍正、道光和同治年间的古碑五通。其中康熙年间二通：一是"宋统制杨将军之墓"、二是"宋统制杨将军墓碑"。二碑行草相间，均为清代名宦沈近思撰文，滕之瑚书丹。碑文表达了对将军的敬仰之情。围山后面新修庙宇一座，庙内塑岳飞及杨再兴像。

1963 年杨再兴墓被公布为河南省级文物保护单位。

沈近思在临颍任上另一件大事便是修葺县城城垣。沈近思到任时，城墙倒塌已久，合计坍塌有一十四处，共九十一丈二尺，合今天 273.6 米。沈近思惦念城池关系重大，两年之间捐（俸）银四百五十两自行修葺。一直至康熙四十七年城墙方始竣工。

修城工竣，沈近思又以县城粮仓久圮，整修仓厫，所费二百余金。这一年漕粮米价飞涨，令各州县自行买米，临颍县每石定官价八钱及脚费使用等项。

康熙四十八年，沈近思 39 岁。四月至本县葛岗村建葛岗社学，留下了《颍葛岗社学碑记》一文：

葛岗村在颍之西偏，土瘠民愚。一村之中不独无读书俊秀，即求其略识之无者而不可得矣。康熙四十八年四月，余循行至其地，王生作梅偕其弟作哲请于余曰："斯地朴鄙，望设义学以教之。"余诺其请。时少憩古庙，王生指庙旁隙地曰："此官地也。地有大榆木一株，若得奉我公命伐树为梁，可盖屋三楹以为讲习之所，其费不过数金。"余欣然捐资如其数以予之。王生经理无几日而义学成，予颜之曰："葛岗社学。"因捐修脯，延师训业其中，一时从学童子二三十人。屋不能容，则为洒扫古庙余房以坐之。余颁示学规，每一人授一书程，令其填写日课于下。四时之季，诸童赴县呈书程簿，予按簿挑背，试其勤惰，诸童俱遵予命。每当背书之时，或八岁九岁以下，十五十六以上，其父母俱为置衣帽，共坐牛车赴县，各将书程并所读书次第呈上。予按名抽背，皆能如法背诵。其有书声琅琅，如瓶泻水，卓然不群者，予加给纸笔以奖异之。期年后，子弟彬彬知书识字。而各家父兄亦皆化为驯良，早完粮税，耻兴争讼。子游所谓"学道易使"岂不信欤。王生复请曰："公之捐资止可一时，非可经久。曷置地以为修膳。"余因买地四亩，王生亦输四亩，乡民程玑助二亩。岁令王生收子粒以为延师膳薪。五十二年夏，余因升任南宁将去，社学之师率诸童三十余人共坐牛车赴县送予，并请予一言。予告以孝亲敬长、读书耕田、无忘造就之意。因书此付之，使识其设学之始末云。时癸巳六月。

康熙四十九年岁庚寅，沈近思40岁。春二月，筑孔家口堤。颍水经许州（今许昌）东入临颍，许州孔家口下距临颍县境仅百余步，河岸土堤屡被冲圮，大水入临颍，淹坏田地庄稼。沈近思呈请上宪筑堤护田。

沈近思《天鉴堂集》载有《颍河孔家口筑堤记》：

颍水在县西十五里，俗名渚河，源出登封之颍谷。过禹经许，由县西北入境，至凤沟湾陡折而南。至小商桥又折而东。至黄连城出境，入西华县界。至清水镇会沙河入蔡达淮。其来也浩浩乎二百余里，其去也一线细流耳。每至淫雨水势暴发，当河之陡折而南处曰锅瓮口者，势易决。决则水直走而东，而县之四境化为洪波矣。谚曰：开了锅瓮口，淹了西华与陈州。西陈既淹，则本境可知也。于是前令郭公孝、梁公潢俱详请总河巡抚各宪，免出黄河夫役，专修本县锅瓮口。并请命西华、陈州协修，始得堤防完固，以免水患。近年来锅瓮口之上百余步曰孔家口者，地系许州界内，又复冲决。许民被害者三，颍民被害者七。水发时，颍之黄岗、城皋、北王、西张、圈龙、北阳六保田禾悉被淹没。近思于康熙四十五年五月下车甫一月，乡民纷纷以颍河孔家口来控，云被害三年矣。余询其地，则隶许州，是以因循未修也。四十八年大水，东西六保之地一望汪洋，余目击心伤。明年春请于州，愿出夫十之七，以修堤岸。是时有阻之者曰："岁荒人饥，毋兴大役，厉民实甚。"余曰："否否，水复出则民命尽矣，何厉之为。"爰自捐谷二百五十石，劝绅士共输二百七十石。计每夫日给谷二升，以作工食。一时民皆踊跃赴功，裹粮宿境外，操作无倦色。日役夫千三百名，越二十日而堤成。计长九

古颍河

供图　刘志远

十九弓五尺，厚二十四弓，高二丈。沿堤插柳以固其址。是年水发时，沙涨护堤，增厚丈余，堤不倾圮。岁获大熟，皆神力也。民归功于余，余方愧前次之因循而害我民，今幸天时人事相协成功，非神之助不及此。因以少牢祀河神，祈永保焉。又为诗以劳我民曰：

> 颍水滔滔望欲迷，几年河决害穷黎。
>
> 千家命尽三秋雨，万顷田维一线堤。
>
> 荒岁难辞畚筑苦，夕阳犹听鼓鼙齐。
>
> 子来半月收功早，遍插新杨傍绿溪。

是役之兴，司其功者义民程礼、刘琰也。

同年三月，添设义冢。查明临颍县内义冢是明景泰年间县令张福臻所请建，全县共有 26 处，占地 43 亩。沈近思又捐银四十八两六钱，买城北地 5 亩、城南地 14 亩，并邑人所捐，共置新冢 8 处，计丈地三十五亩二分有奇。通计 34 处，地七十八亩一分。通详各宪，并申礼部，每冢各立小石碑一座，上书宪示，下开坐落四至地亩弓口，永禁侵犁。为久远计，又总叙其事之始末记之。

建双忠（岳飞、于谦）祠。沈近思以颍地民众多崇尚淫祀（按：指不合礼制的祭祀、不当祭的祭祀、妄滥之祭），而忠义无闻。因修杨统制墓，而念及岳忠武。偶阅杜研岗旧志有云曰：统制有庙而忠武无祠，诚为缺典。又考明史，河南初设巡抚自于忠肃公始，而省城向有庇民祠，今亦圮废。爰力为捐资，草创双忠祠。卜地于县治之东，始立正堂六间，东岳西于，中隔以墙。明年又立前屋六间，各开门户。以昭忠义，劝勉后生。

秋天大熟，建社仓七所。沈近思言积储必在丰年，乃于县署西偏隙地仿朱子遗意，为社仓 7 所，计 21 间，次第捐建。买谷四千石贮之，以用来赈济百姓。

八月建紫阳书院，为讲习之所，每月分题课士。四时之季大集诸生

沈近思《天鉴堂集》

面课之。这是沈近思在临颍任上，见词讼繁多，而且都是由生员舞弄刀笔。因设书院，延请邑中品行第一之生员（秀才）宋谦（字子逊）任院长，加之隆礼。凡诸生以文字来者，公皆以礼待之。期年后咸知自爱，耻入公庭。由是词讼渐少，而民间粮税早完（见奏疏）。公《临颍紫阳书院碑记》云（节录部分）：

因改建城隍庙门于南向，即于其地葺为学舍。有门有阶有堂有室，环以版筑，严以扃鐍，中有三槐，高古恰当庭檐。经始八月之初，至九月九日而工告成。额曰"紫阳书院"，盖欲学者讲明朱子正学也。

沈近思亲自订立《颍川紫阳书院学规》，共十一条纲目：立志远大，立心诚敬，读书专一，出入必严，坐立有序，作文纯正，字画端楷，讲解详明，禁止闲谈，禁止妄交，禁止饮酒（原文较长，具体内容略）。目的是考核士子学业，举荐人才。

沈近思重建三家店社学。临颍之东30里，有镇名三家店，接壤西华，居民稠密。明时邑令张福臻建社学。岁久倾圮。公行县至其地，欲复其旧，因水旱未暇为，至是始重建之，较旧制有加，其地在旧学之后，诸生李昌擢所捐也。

又校定陆宣公奏议，点读付梓以授社学诸生（文略）。

康熙五十年，沈近思 41 岁。春天临颖社仓成。双忠祠成，公致书李礼山主事求为祠记。奉朱子神位于颖川书院。刻《论语读注隅见》授诸生。修邑志改颖川八景。

沈近思上受皇命重托，下系百姓安乐，省身克己，忧民众之所忧，乐民众之所乐，亲民、爱民、佑民、惠民。在临颖任上 7 年，以造福一方百姓为己任，离任临颖县之日，民众挽留，"士吏攀车洒泣，道路不得通行"。

康熙五十二年癸巳，沈近思 43 岁。河南巡抚鹿公祐推举他政绩突出，才能优异，朝廷升授他任广西南宁府同知。冬赴南宁。时取道浙江送家人归乡，邀季兄慎言偕往。有五言长律《纪行四十韵》。

第二年，到南宁上任。沈近思于清明前一日进入广西宣化界，有感怀诗一首。清明日抵南宁郡城，泊舟城外。读仪封张孝先先生廉洛关闽四书，得诗二首。

不知何因，也许是水土不服，上任仅二月余，到了六月，沈近思即上疏称病辞官归乡。

康熙五十六年丁酉，沈近思 47 岁。四月，长子玉麟有疾。六月宋夫人卒。两年后，49 岁的沈近思续弦娶吴氏夫人。

当时主政浙江省的地方官聘请沈近思主讲杭州敷文书院（亦称万松书院），而时任江西巡抚白潢亦邀请沈近思前去南昌主持豫章书院，沈近思以长子患疾均辞谢不就。

康熙五十九年五月，浙江巡抚朱文端特疏以贤能向朝廷推荐沈近思。皇上有旨召其入京。八月八日，沈近思离家赴京城。是年沈近思 50 岁，奉旨监督清河本裕仓。

京城本裕仓位于今天北京城北五环上清桥北侧的清河老镇。该老镇当年因河运而兴，逐渐发展成为海淀区三大古镇之一（另两镇为青龙桥镇、海淀镇）。经历了繁华的漕运历史阶段，清河镇建起了漕运码头和皇家粮仓——本裕仓。据文献资料记载：清康熙二十七年（1688）为增大清河通航能力，运送皇家园林物料，疏凿南沙河"引沙入清"。康熙四十五年（1706）清廷在清河镇建起了皇家粮仓"本裕仓"；次年又拓宽清河河道，修建了漕运码头。

清河本裕仓自康熙年间建仓以来，一直使用到清末时期。康熙年间，本裕仓属于"江北运程"，贮藏的粮食以江浙米为主。人们把江浙两省出产的粳米、糯米也称"白粮"，这部分粮食是皇室及朝廷官员的廪禄，由内务府专供；一般漕运而来的粮食则作为军兵食用及牧马饲料，供给圆明园护军以及京北周边各旗营。当漕粮运到清河本裕仓后，按种类分别装进各廒口中，储满一廒再装一廒，然后关门贴封条上锁。据清《钦定大清会典实录》记载："原定八旗官员俸饷按月俸米支领于户部外，禄米月饷左翼于清河本裕仓，右翼于安河丰益仓就近支领。"

康熙六十年春天，沈近思奉旨监督清河本裕仓。在任上严立规条，搜剔奸蠹，积弊一清。

1721年四月浙闽总督觉罗满保奏请沈近思以知府发往福建候补。有旨命其即往。是年四月，台湾朱一贵作乱，五月台湾陷落。至六月水师提督施世骠，南澳总兵蓝廷珍收复台湾，闰六月擒一贵及其党羽押解京师。夏，沈近思出京。六月抵家，闻朱一贵之乱已平。七月由浙赴闽。至汤溪路遇中山贡使，知海氛既靖。时方旱；一路河干，舟行多滞。至崇安水涸，乃乘竹筏游武夷山。中秋夜宿兴化城外。七月三十，抵福建省城。《天鉴堂集》中有诗记事："客路三千里，官期一月程。今朝方抵岸，明日必登城。"

八月赴厦门，随总督觉罗满保渡洋前往台湾。写《祭海神文》，其文有云：

某浙水寒儒，颍川下吏。七年作官，止知洁己爱民。八载归林，惟在读书稽古。乃以浙抚朱公之特荐，获睹天颜；又蒙福督满宪之保题，远来兹土。适逢台湾之变，正当军旅之秋。未获补官，方将需次。快睹天戈之所指，丑类已早削平；更愁害气之未销，遗黎尚烦安辑。迩者浙

闽总督觉罗满保肃虔告祭，择吉渡洋。奖率三军，指重溟而直往；抚绥
万姓，知沧波之不扬。特命某追随舟次，鼓舞前驱，自顾微员，幸叨重
委。誓心清白，对流水以何惭；矢志丹诚，望波涛而不馁。（节录）

又代满公为文，祭台湾山川之神，祭台湾死难诸将。

到台湾了解了当地情况后，沈近思著《远虑论》四篇呈于朝廷。论中
提出四项建议：第一，台湾是沿海诸省的保障，澎湖岛孤悬海中，台南
的鹿耳天险，以近二千里之广的幅员仅置三县，地方官则不易管辖。主
张台湾应增设为八县，每一个县内各分都图保甲来统领约束，方便稽
察，便于治理。第二，从乡民中选取壮勇安置于行伍，严加操练，增加
台湾驻兵。第三，对那些大陆渡台之民，要审查其籍贯来历稽核其家中
人口，再授予田土，化暴戾为淳良，变海岛化外为礼仪之土。第四，要
编以保甲严加约束。十家为甲，十甲为图，十图为都。乡约日稽月查，
朝巡暮察。同时兼以教养，每村每庄设立义学，人生六岁即令其入学，
教之以洒扫应对、爱亲敬长之礼，十五以后讲明大学，令其作文。其有

台南安平古堡郑成功受降台　　　　　　　　　　　摄影　吕伟刚

秀出人群者即取入泮而养之于学宫。

康熙帝采纳其建议。沈近思怀着使台湾长治久安之理想，勤于政事，日以继夜地操劳。自此始，中央政府对台湾的治理方才走入正轨。

从台湾回厦门已十一月，长子玉麟卒于家中。惊闻噩耗，沈近思挥泪写下《得麟儿凶讯用柳子厚韵》诗。

康熙六十一年壬寅，沈近思 52 岁。正月四日，由厦门北上省城福州。有绝句《正月四日由厦门回省城》，诗云：

> 正月四日离鹭津，斜风细雨送行人。
>
> 此方物候偏惊早，一路桃花照眼新。

雍正元年，沈近思尚在福建任上。钦命其入京任吏部文选司郎中。皇上赐他住所，并安家费四百两。因当时选拔、任用官吏的条例已变成办事人员营私枉法的工具。"铨法久敝，胥吏多假手为奸。"（《沈端恪公年谱下》）雍正尚未即位，即已闻沈近思之名，故特有此提拔。沈近思在吏部"密察舆论，尽得其隐，吏不敢欺，宿弊尽绝（同上）。"九月充会试同考官。

沈近思在文选司，尚书隆科多是机要重臣，为人最专断。部属各司官吏莫敢仰视，公独侃侃持正义。一日商量某项任命，尚书隆科多已同意签字。但沈近思认为与任用条例不符，故提出不同意见。隆科多大怒，沈近思据理力争毫不退让。许久后，隆科多忽然说：沈选君是能够直言规劝的朋友，敢于当面指出缺点和错误。因此改而从之。并说同僚之间应当如此。皇上知道后，破格提升其为太仆寺卿，仍负责文选司事。自此开始，沈近思得到重用。

十二月二十三日，朝廷封赏近思官位，加二级，并封赠沈近思祖父母、父母如沈近思的官职。

雍正二年（1724）甲辰，沈近思 54 岁。正月充山东乡试正考官。二月升任吏部右侍郎，雍正帝赠诗《赐侍郎沈近思》，诗云：

常伯官资贵，齐名属亚卿。

同邀三品重，并列六曹荣。

操比寒潭洁，心同秋月明。

所期庶政理，海宇日澄清。

四月回京，沈近思写"癸卯正科山东乡试录前序"（文略）。

尔后，上陈情疏《请以本身及妻所封移赠曾祖父母》，其疏略云：

臣本农家，世守耕读。曾祖二十而殁，曾祖母二十二守节。嗣子及妇相继早亡，遗孤年十三，即臣之父。当前癸未之末，村落适遇兵荒。臣曾祖母挈孤孙流离饥馑之中，内忧外侮，艰苦备尝，支持茅屋使不倾覆。乡里皆以为难。臣父见背，时臣方九岁，执臣手而命之曰：祖母抚孤两世，苦节三十四年，农家无力请旌。他日若得读书成，必思有以表扬祖母。臣泣，志之不敢忘。臣十五学禅，二十一入泮，二十五始知圣贤门路。每于灯窗寒饿、凄风苦雨之时，无刻不以曾祖母苦节冰霜为念。臣知立志自守，不敢浮沉随俗。皆臣曾祖母苦节之遗教也。幸遇覃恩大沛之时，内外臣工皆得推封祖父恩纶，复许移赠。臣受恩深重，先世有苦节而不为表彰，是臣之不孝也。恳求鸿恩，破格允俞以彰苦节，不独臣此生之私愿得伸，而臣之先祖父母俱衔感欣慰于地下。且使乡里闻知，皆信苦节之久必获报，而臣举家世世子孙永戴皇仁于不朽矣。（《沈端恪公年鉴》）。

疏文呈上后，雍正帝下诏同意他的请求，以侍郎阶资封赠其曾祖父母。

七月奉命同尚书阿尔松阿往河南审理生员王逊等纠众罢考一案，结论按法律从事。

同年十月任武会试正考官。

这一年，朝廷正在讨论耗羡归公一事。耗羡，即火耗。是指碎银熔化重铸为银锭时的折耗。明代张居正推行"一条鞭法"，赋税一律征银上交国库，把百姓交的碎银熔化重铸为上交的银锭就产生了火耗。征税时加征的"火耗"大于实际"火耗"，差额就归官员了。清初沿用了这种做法，地方官在征收钱税时，往往会以耗损为由，多征钱银。由此加重了百姓的负担。而"耗羡归公"是指由中央统一银两重铸时的耗损比例来征收赋税。

当时，山西巡抚诺敏条上耗羡归公奏章，雍正下旨让廷臣讨论。众臣以上意所向，不敢言。沈近思独争之。力言：耗羡为额征（指应征税赋）所余，本无定数，今归公，则与额征无异。在今日为正项之外更添正项，他日必至耗羡之外更添耗羡，是重困民也。他人或不知，臣起家县令，故知其不可行。上曰：汝为令，亦私耗羡乎？公对曰：非私也，非是且无以养妻子。上曰：汝学道乃私妻子乎？公对曰：臣不敢私妻子，但不能不养妻子，若废之则人伦绝矣。上笑曰：朕今日乃为沈近思所难。是日同列皆为失色。然上嘉其诚，剀（认为言之恳切）不之责也。（见全祖望《题沈端恪公神道碑后》）

雍正三年乙巳，沈近思年已 55 岁。"六月坐事（因事获罪），应降调，得旨宽免。时吏部议年羹尧诬参道员金南瑛等不实罪，尚书隆科多擅会同兵部仅议革年羹尧将军职。上以吏部应议事含混会奏巧为徇庇，下都察院议。隆科多削太保，余坐附和，降调。公亦在列。得旨宽免。是夏，上谕廷臣曰：如朱轼、张廷玉、沈近思、魏方泰，朕保其终无贰心。"（沈曰富《沈端恪公年谱下》）

雍正四年丙午，沈近思 56 岁。2 月乞方君灵皋为文表曾祖母尤淑人之墓（文略）。3 月转左侍郎。7 月充江南正考官。10 月奉上谕曰：江南乡试录，见主考沈近思出题正大，不尚诡僻，三场策问内，发挥性理，具有本源，以此试士，实有裨于人品学问，甚属可嘉。交部议叙。

旋经吏部议加二级。

当时发生了汪景祺西征随笔案和查嗣庭为江西主考出题不类案。两案并坐诽谤，先后论法。沈近思因与二人同是浙江籍而上《疏陈浙省旧弊十事》疏：

浙省远处海滨，奢靡浇薄，以诡诈为能，以忠厚为拙，以势利为重，以廉耻为轻。以逢迎奔竞为有才，以安分守己为无用。以请托徇私为多情，以孤介刚方为刻薄。以健讼打降为豪侠，以退让辞逊为怯懦。以捏词造谤为智谋，以谨言慎行为迂阔。人心之坏，风俗之颓，沦胥已极。如查嗣庭、汪景祺者，大逆不道，罪不容诛。是浙江一省逆种并生，越水为之增羞，吴山尽皆蒙耻。……臣受恩深重，无可报效，敬陈浙省旧弊十事：

一、士人修身立品全在初学，乃浙省童生初应县府试，即请托势，要求开公折，府县官凭以录取，最为恶习。请惩责，以端新进。

二、生员初得青衿，便思钻营。当事不得则伪造浮言，得则通谒显贵，求通关节。请将本人治罪外，其私书关通者依律治罪。

三、在籍乡绅，多在各衙门关说公事，颠倒是非，最为民害。请分别革斥治罪。

四、不法生员妄借条陈名色，向各衙门呈告地方公事，藉以欺压愚民武断乡曲，并结连匪类联名具控，名曰公呈。请褫革治罪。

五、浙省凡两造结讼未见曲直，辄请讼师造作揭贴，攻发隐私，污人名节。或捏贪酷款迹，诬陷官长，或编德政歌谣，耸动听闻。以致上司误信，贤否混淆。请照光棍治罪。

六、士人刊刻诗词并一切诲淫诲盗之书，甚为心术之害。请毁版重惩。

七、讼师危害最盛，浙江省会士农工商而外，游手好闲之徒，鲜衣美食，遨游城市，伺察乡愚。偶有口角是非，教唆兴讼。或代作呈词，或钻求书吏。即欲具公呈，一呼而集。甚者挟持官府，串通衙役，保官告官，闭城塞署，皆此辈为之。请于保甲内将无籍之徒严将查察，至放告时，先查代书审问，如系讼师，严加惩治。

八、衙役作弊，各省皆然，浙省尤甚。劣绅讼棍皆以衙役为线索。

此辈侵盗钱粮，鱼肉小民，本官一有觉察，则勾引绅棍哄堂塞门，冀图挟制。皆由白役人多，每衙门动皆数百。请饬浙省大小衙门，遵照经制役定数，一切白役帮差尽行革退，如有书役勾通罢市抗官，立寘（置）重典。

九、士子读书当以圣贤为法。一切博戏最易放心丧志，士绅犯赌，法所必惩。而豪家暗养打降之人，船埠桥埠各有棍徒雄霸，欺弱凌寡，威吓乡里。请严治首从。

十、民间演戏，原属丰年报赛（指古时农事完毕后举行谢神的祭祀）之常，浙省有坐方地棍，借端科敛，纠党勒索。应予重惩。又如云林天竺各寺庙，每至春二三月妇女游观，轻薄士子呼朋引类，混杂讪笑，毫无忌惮，应严申禁。

雍正御览沈近思疏文后批复：

据奏，二逆并生，越水增羞，吴山蒙耻等语。浙省有沈近思一人，不为习俗所染，可称上智不移，实足尽洗越水吴山之羞耻矣。所陈风俗十事切中情弊，委曲详尽，甚属可嘉。发与巡抚李卫，观风整俗，使王国栋照所请严行禁约。

雍正五年（1727）正月，擢升左都御史仍兼管吏部事。沈近思受世宗皇帝知遇之深，不五年间自散吏擢升至九卿。为报皇恩，日夜淬厉，殚竭思虑。凡国家大计，知无不言，言无不尽，于育才用人尤兢兢焉。他又是从基层县令起家，了解民间疾苦，凡是事关创立变革，必仔细筹划其利弊，于民生有所裨益而后已。

同年3月，任会试正考官。

6月教习庶吉士。校定所纂陆子（清献，被《清朝野史大观》称为醇儒第一）遗书。

沈近思在京与漳浦人蔡世远交情最深，每以事至圆明园，必宿于蔡的住所。他有一首《初夏过蔡侍读寓园》诗云：

朝罢归来日已西，停车乘兴访幽栖。

花飞石径红将尽，柳暗池塘绿正齐。

乐趣鱼行流水活，悟机鸟在隔林啼。

素心相对情偏切，话久浑忘月到溪。

1727年12月13日，沈近思卒于任上。墓志铭说他"无疾而终"。神道碑则云："遘疾卒于位，盖微疾遽卒耳。"世宗闻知消息惊愕悲悼，命平郡王福彭往沈家致祭。下谕旨曰：

沈近思人品端方，持躬廉洁。凡所委用悉心办理，正资倚任，忽闻溘逝，深为悼惜。着加礼部尚书、太子少傅衔，荫一子入监读书，其子尚幼，着该地方官加意照看抚养，待成立时，送来引见。赐银五百两，吏部派一谨慎司官为伊料理后事。赐祭葬如例，谥端恪。

雍正六年，沈近思公子沈玉琏等人奉公丧归，择吉葬于湖州府归安县埭溪之阳。是年11月，浙江布政使奉旨前往致祭。

沈近思《天鉴堂集》后有二子（沈迁、沈玉琏）跋语（节录，下同）云：

从先大夫游者，率皆以程朱之理为性。行以期，实践非徒文辞为也。……不肖兄弟总角侍立，每见先大夫委蛇退食时，辄解巾带，谢宾客。双扉静闲，吟咏不休。

乾隆帝师、官至太子太傅、文华殿大学士，兼吏兵二部尚书的朱轼在《天鉴堂集》序文中云：

逮晚年致位通显，攻苦食淡，视诸生时不少异。是以能植其躬而申其志。虽天不假年，不获罄抒所学，而惓惓民物之念未尝少忘怀。虽寻常酬应之作，亦时露其意。盖所谓穷不失义，达不离道者，惟公允蹈之。

左副都御史雷鋐在序文中说：

公性喜静默，不妄言笑，至其辨学术，阳儒阴释之歧途，世道人心、义利公私、忠奸贤佞之分界，则如决百川而东注，汪洋洒洒而不能自止。

彭（启丰）尚书云：

公立心坦易，纯于践履，非道义一介不取。穷达夷险，不以二其心。为文朴实，说理类南宋大家。所编《凤兴录》诵法稼书先生。出而临民，动以嘉定灵寿之政为师。晚年蒐辑《当湖遗书》为十四卷，其他所著书又数十卷。

杭世骏太史亦云：

公慎交游寡言笑。……生平敬李梅崖之道义、蔡梁村之理学。晚岁笃好稼书文集，与闽人雷鋐、王道考订其业，夜分不休。所著述数十卷，曰《学易》《学诗》《读论语注》《偶见录》《小学咏》《励志杂录》《真味诗录》《天鉴堂诗文集》，皆理道之言。

五杭集镇西面的唐公村前南水湄，曾是沈近思家族的故宅所在地，也是沈近思的出生之地。只是由于年深岁远，世事变迁，时至今日，沈家曾经有过的高门显第，早已湮灭于滚滚红尘中。

唐公村是一个较大的行政村。村的西半部从南往北有南水湄、唐家墩、中水湄、北水湄，南水湄东首还有杨花桥头等自然村落。其中南水湄自然村东西长约 300 米（现有两埭人家），朝南一埭数十户人家临水而居。南水湄的东首即是谢公港的东北端，是一个稍大的湖泊，名叫白龙潭。白龙潭有多条小河连通周边港漾。近年，荷禹路上的京杭运河特大桥南桥脚横贯于白龙潭上，南水湄及其后面的多埭农家已因建桥而拆迁。因此这几埭人家的东段从原先的一整埭变成了隔桥相望（桥下可通行）。南水湄西首是五杭境内最大的天然湖泊塘泾漾。因此漾位置不仅处于南水湄村西，也是在五杭集镇的西面，故历史上又被称为"西塘泾漾"。

正是晚秋时节，满目江南秋日景色。站在塘泾漾边，脚下湖水澄碧，风蒲猎猎，远眺西南方向青山隐隐。正是："近水小舟泊渔矶，衰荷芦花黄叶村。"

此村村名南水湄中的"水湄"一词，辞典无解，愚以为，此"水湄"应是"水隈"之误。"隈"《说文》释义为："水曲也。"指隐蔽，或山、水等弯曲的地方。宋代陈襄《寄戏刘道渊》有："陆羽茶亭枕水隈，为言无酒且徘徊。"近代人范叔寒《樱花六首》亦有："开遍山隈与水隈，胭脂和泪伴成堆。纵然博得时人赏，不禁狂飙一夜摧。"

今天，在南水湄自然村前埭中间，原沈家祖宅所在地的河埠头，砌在洗衣台下有一方雕花条石。此石已经断裂，但长度仍有一米二十余。条石上雕琢着一枚方孔泉纹，下部有简洁的丫形纹饰。石上那方形石孔应是固定旗杆的插孔。另在洗衣台前也有一块供人踏脚的长形青石板也是旗杆石，长约一米五十，上面也有一方形石孔。从此石露出的一端，可估出此方条石厚度在 10 厘米左右。与村民言谈得知，沈家旗杆石一共有四块，另两块已被砌入河埠下方了。据此可知，沈家当年共有两副旗杆石。周边的老人们还能依稀记得当年沈家旗杆石所在的具体方位。

关于旗杆石，也叫旗杆夹，是用来固定旗杆而制造的一个基座。都是用上好的石料雕琢而成的。封建科举时代，当族人考中功名，必在宗祠门口竖立大旗，以光宗耀祖，青史留名。每一面大旗之底座须有两条旗杆石以固定旗杆。这些用来竖大旗的旗杆石也被认为是古代举人、进士的"荣誉证书"。从今天的文化视角来看，旗杆石已超越了光宗耀祖的意义，成为古代科举文化史上的丰碑。

鉴于所见的两条旗杆石的石工雕琢有别，石材又良莠不一，由此分析其中有方孔钱纹那副应是沈近思的，而另一副较简陋的应是其子沈玉琏的，沈玉琏曾在乾隆朝出任过广西桂林同知（按：同知是古代知州的副职，从六品，无定员，分掌州内诸事务）。

沈近思为官清正廉洁，有直声，有政绩。他身历康熙、雍正两朝。有一掌故颇耐人寻味。雍正皇帝因自幼好佛，执政后政情险恶，常撇开政务参禅减压。他了解到沈近思少年时曾在灵隐寺为僧，召其问禅。沈近思回答：

塘泾漾   摄影 吕伟刚

　　臣少年潦倒时，尝逃于此。幸得通籍，方留心经世事以报国家。亦知皇上圣明天纵，早悟大乘，然万几为重，臣愿皇上为尧舜，不愿皇上为释迦。即有所记，安敢妄言以分睿虑？

　　此段文字用白话来解释就是：臣因少年贫困，无奈逃于寺院中。后幸得通籍（做官），方留心经世之学，以报效国家。每日里担心时间不够，再不复悟禅。臣愿陛下为尧舜，不愿陛下为释迦，这才是天下人民之福。雍正皇帝听后，愧然不语。史书载为"上为改容"。

　　《群书治要·孙卿子》中说："不恤君之荣辱，不恤国之臧否，偷合苟容以持禄养交而已耳，谓之国贼。"其意是指，如果当官之人既不考虑君主的荣辱，也不考虑国家的吉凶，一味投合权势或迎合君主，苟且容身，一心只想着结交权贵以保持自己的官位和俸禄，这样的人叫"国贼"。而沈近思无论任临颍县令、台湾知府、吏部文选司郎中（负责官

旗杆石　　　　　　　　　　　　　　　　　　　　　供图　韩一飞

员的提拔和任命），还是任都察院左都御史（总裁全国的监查工作），都能坚持正义主持公道，敢打敢拼敢碰硬；无论面对居功至伟专断跋扈的隆科多，甚至葆有恶名的雍正皇帝，他都能据理力争，甚至抗争。元好问《四哀诗》有句曰："当官避事平生耻，视死如归社稷心。"诗言志，是心声。古代那些清官循吏，视做官避事是耻辱，居其位则谋其政，为了国家民族牺牲生命也在所不惜。览古鉴今，那些明哲保身、老于世故、庸碌无为者当为世人所不齿。而勇于担当、坚持正义的贤士大夫，则世代传颂千古留名。沈近思就是一位能坚持正义、勇于担当的好官。

雍正二年（1724）春，他离京赴任山东乡试主考官时，雍正皇帝赠诗中有"操比寒潭洁，心同秋月明"之句，应是对其官声人品的高度认可和肯定。

沈近思卒后，其子玉琏由清政府抚养，后在乾隆朝时出任广西桂林同知。

（四）郑虔三绝诗书画——海上书画名家姚虞琴

余杭地处江南，山明水净，美丽富饶；钟灵毓秀，人才辈出。数千年来，人文蔚起，文脉绵延。历史上曾走出过众多书画名家。在现运河街道范围内，近代以来尤以姚虞琴先生以诗文书画之长而驰名艺坛，声名最著。

姚虞琴像

姚虞琴（1867—1961），原名瀛，字虞琴，号景瀛（以字行），仁和县亭趾（今余杭区运河街道）人。清穆宗同治六年（1867）二月十四出生于仁和县亭趾街。姚氏祖籍余姚历山乡。明末有姚姓兄弟二人从余姚历山乡迁来仁和县小林村，兄以木匠为业，弟迁亭趾经营小商业，是为亭趾姚氏第一世清隐公。传至第七世鲁儒公，因经营丝业发家，富甲乡里，人称姚百万。从第八世起分出姚氏四房，第九世姚邦奎即是姚虞琴祖父，早世。父姚薪棫，幼聪慧，能属文。洪杨浩劫，家业荡然。乃弃儒业贾，重振家业。其为人慷慨好施。卒年62。母周氏，博陆人。伯父姚毛毛无嗣，故姚虞琴兼祧伯父门户。

姚虞琴少时随亭趾秀才沈任学儒。（按：沈任，字和卿。诸生。少孤贫，居亭趾村中，以课徒为生。）亭趾姚家与临平姚氏家族是族亲。姚虞琴称姚光晋外甥晚清德清籍经学大师俞樾（曲园）先生为姑表叔，年轻时他曾随俞樾习读诗书，学习《八股时文》。但他并不热衷于科举，只喜爱读书吟诗。清光绪十二年（1886）年已20岁的姚虞琴，至小林八字桥伯父姚毛毛与人合股的丰泰米麻布行管店。两年后，22岁的姚虞琴迎娶海宁县许村孟河秀才华应芳之妹华氏为妻。

在姚虞琴人生道路上，最早引领提携他的人是他的表哥唐人寅。

唐人寅，字临庄，塘栖人。唐家居住于塘栖镇市心街，其先祖在宋室南渡时从中原迁至徽州，明代从安徽迁来塘栖定居。俞樾《春在堂杂文》补遗卷二有《唐峻生墓志铭》云：唐型，字典修，别字峻生，葬磻阳村。……是时粤贼踞杭城，唐栖为往来之冲，寇踪狎至。锋镝之余，食玉炊桂（比喻物价昂贵），无以存活。君慨然曰：瓶之罄矣，惟罍之耻，今何时也。吾老亲尚在，得执卷而呫唔乎！于是弃儒而贾以赡其家，君长于榷算，岁有赢余。及乱平，家乃大起（事迹载《杭州府志》）。唐型之子唐人寅，字临庄。附贡生。官福建候补直隶州知州，调任吉林依兰知府。近年，本地有研究者考证其为进士，但《唐栖志》上无载，又查《明清进士题碑名录》亦无唐人寅或唐临庄的名字。但在2018年3月19日《长春日报》上有一篇"追溯伪满皇宫前尘往事"的文章，文中有载："1908年7月19日，长春官运局成立。当年，长春知府唐人寅购买了长春商埠地兴运路北侧的崔、刘两姓家的80亩土地，修建了长春官运局和长春盐仓房舍。"此处明确唐人寅在长春知府任上买地修建长春食盐官运局和盐仓。此地块后来被改造成了"伪满州国皇宫"。据此可知唐人寅从依兰知府又转任长春知府。

《唐栖志》上还载有一位唐人鉴，字原夫，咸丰九年（1840）乙未恩科举人。依其"人"字辈排名，可知他与唐人寅应属兄弟行。民国年间，唐家在塘栖街上开设有唐仁昌南货店。

光绪十五年（1889），23岁的姚虞琴跟随表哥唐人寅离乡，先去吉林，后去北京工作。两年后，25岁的姚虞琴又经唐人寅推荐介绍，去汉口湖北水泥厂、造币厂工作约15年。到了光绪三十二年（1906），年已

40 岁的姚虞琴转行到湖南银行汉口分行任襄理，在汉口银行又工作 10 年。其前后在鄂省谋生长达 25 年。在武汉其间，爱好诗文书画的姚虞琴经友人介绍加入了"船山学社"（按：船山学社始建于清光绪初年，社址初为长沙"思贤讲舍"）。民国 3 年（1914）浏阳人刘人熙联合社会进步人士，在此设立"船山学社"，以研究明末清初大思想家王船山的学术思想。1921 年，毛泽东、何叔衡又在此创办湖南自修大学，现旧址门首"船山学社"四字是毛泽东亲笔书写。姚虞琴是船山学社的第一批社员。据此分析，解放后经陈叔通先生赠送给毛泽东主席的那件经吴昌硕先生题签的"王船山先生遗墨"或应是虞琴先生收藏于参加船山学社活动这一时期。

民国 5 年（1916），年已知天命的姚虞琴先生离开武汉，到上海新闸路公茂盐栈（盐公堂）任协理，从此寓居上海。民国 10 年（1921），姚虞琴筹资刊印中华书局聚珍仿宋版《敬业堂文集》（查慎行著）二册。（按：王国维《敬业堂文集序》有"辛酉春，渭渔友人仁和姚君虞琴将刊印是书，属余序其首"等语。）

姚虞琴身为游子，虽长年在外，却时有浓浓的故乡情结，为人又乐善好施。1921 年，因亭趾家乡蚕农投售蚕茧不便，由他出资牵头委托木匠在亭趾圣堂弄尽头开设庆成茧行。茧行建成后租给茧商，收取的租金用于扶持蚕农利益。除此以外，每逢家乡有灾，他多次出资赈灾，给乡里施食施衣施药，造桥修路建凉亭亦少不了他。一日，听说杨家墩一带田圈子旱则缺水，涝则受淹。于是出资修建水利，筑堰开渠，使这片荒地成为良田。若有乡亲求画拿去卖钱度困者，他常不避寒暑，不畏劳累，给予满足。1934 年，亭趾大旱，俗称"甲戌大旱"，连白鹅潭底也河床龟裂，农田颗粒无收。先生当时在上海，心急如焚。虽然刚为儿媳办完丧事，手头并不宽裕，却依然倾囊相助，在沪上捐募借贷，托人从嘉善、王店一带买米数百石到茧行放赈（其时茧行已于 1931 年停业）。

姚虞琴热爱家乡，尤爱超山古梅花，钟爱梅花凌霜傲雪，不畏严寒的高洁风骨。为此，他常在上海文人好友中宣传家乡超山十里梅花香雪海，并多次邀约文化界好友来超山赏梅。民国十二年（1923），姚虞琴邀请周庆云、陈散原、汪颂年、王绶珊、俞绶丞等好友同游超山。并在大明堂前建造了"宋梅亭"，给家乡留下了宝贵的文化遗产。

日寇侵华，上海沦陷，姚虞琴蓄须深居，卖画度日。又画兰不带土，寓意祖国沦陷，兰花无处栽植之意。

民国25年（1936），70岁的姚虞琴在超山买地修葺海云洞生圹。民国27年（1938）子姚继岫殁，年仅34岁。民国29年（1940），妻华氏殁。民国34年（1945），姚虞琴79岁，修葺海云洞生圹，妻华氏归葬。第二年春天的梅花时节，80岁的姚虞琴回亭趾故里探亲，生日那天再游乾元观。写有《往时葬内子及亡儿于超山之阳予之生圹在焉丙戌二月避寿入山盘桓花下兼省其墓》诗二首：

其一

昔年梅鹤共藏真，拜扫泉宫草又春。

八十衰翁谙避俗，蛰居香海度生辰。

其二

一笑癯仙觌面迎，冰心相映玉壶清。

八年契阔今重到，独抱寒香证旧盟。

同年《珍帚斋诗画稿》在上海出版，好友陈祖壬在《序》中称："仁和姚君虞琴，……能诗善画，尤精鉴藏。为人通达和易，文酒之会，山水之游，即声伎饮博之场，招焉罔弗赴。或嬲（纠缠）以作画，无识不识，罔弗应。投以诗，罔弗和答也。以故，所至自胜流遗老，学士畸人，逮夫豪右，市魁游侠者流，罔弗乐就君。君名用大噪。"这部《珍帚斋诗画稿》是姚先生生平轨迹的真实记录，更是留给家乡后人宝贵的文化财富。

姚虞琴有三弟一妹，弟慰人、芹香、沛霖均早逝。妹祥云，光绪二十八年（1902）出嫁给塘栖落瓜里黄氏眼科名医黄寿嘉为继室，生子黄甫乔。宣统二年（1910）庚戌，病逝。当时尚在汉口湖南银行的姚虞琴作《得家书详述赓妹弥留时情状诗以哭之》诗，其一云：

家书不作平安字，语语酸心两泪交。

姐妹无多兄弟尽，仅存硕果哭同胞。

到了民国 19 年（1930），位于塘栖镇东十里、京杭大运河岸边的黄家遭遇匪徒盗劫，损失惨重。从此，落瓜黄氏家道衰落。

姚虞琴比吴昌硕小 23 岁，二人却成忘年好友。他们对超山十里梅海有相同的爱好。曾相约百年后长眠超山，魂伴梅花。吴昌硕选择在山北香雪坞中构佳城，姚虞琴则相中山南乾元观侧旁空地。当时乾元观已

姚虞琴画的兰花

年久失修，房屋破败不堪。姚虞琴出资修整，并在观后建屋一间，临水砌雕花护栏，悬挂名人书画于四壁。原公茂盐栈门卫赵可杨老人自愿住山看守。是处向阳避风，冬暖夏凉，山花常开，鸟语不绝，故文人墨客纷至，常在此诗酒聚会。1936年姚虞琴在乾元观右建造生圹，并作《营生圹于超山梅花深处》，诗中有句云："行年已值鬼为邻，我与梅花孰主宾。""岁晚墓门风雪里，一枝先报岭头春。"1946年春，姚虞琴回亭趾探亲，又游乾元观。

新中国成立后，姚虞琴欣喜万分，曾作多首诗词，歌颂社会主义祖国。1951年，姚虞琴委托陈叔通将多年珍藏的明末清初思想家王船山遗墨《双鹤瑞舞赋》转赠给毛泽东主席。毛主席收到此件前贤墨宝后十分重视，亲笔写信，转交给文化部长郑振铎保存。姚虞琴还不顾年高体弱整理陈棠生前所辑资料撰成《临平记再续》6卷，手稿存浙江图书馆及余杭区档案馆。

1953年6月，经陈伯衡、徐森玉、周善培等友人介绍，姚虞琴成为刚成立的上海文史馆首批馆员。1955年，孙女姚南珩嫁给无锡吴冠义。这一年，姚虞琴将好友姚竹轩所编的《杭县志》稿本及《珍帚斋诗画稿》赠送浙江省立图书馆。

1956年，上海中国画院成立。90岁耄耋高年的姚虞琴被聘为画师，是全院画师中最为年长的前辈。同年又加入中国美术家协会上海分会。其好友著名爱国人士、实业家、教育家、学者薛明剑先生作《寿姚虞琴同馆九十生辰》诗。沈其光《瓶粟斋诗话》中也介绍说：

杭县姚虞琴先生，身登大耋，仪干伟然，望若六七十许人。丙申仲春，年九十，有诗云：

觅得人间养老方，加餐第一菜根香。

避嚣桑下经三宿，买醉花前罄几觞。

示疾未忘期岁厄，行吟不减少年狂。

衰龄屈指春相似，始信壶中日月长。

这里沈其光所引的姚虞琴诗，充分表露了他对人生的达观态度和宽阔豪迈的心胸。

1957 年，91 岁高龄的姚虞琴与张石园、来楚生、吴野洲等人合作巨幅国画《和平友好万岁》，作为上海市赠送苏联政府的礼品。同年姚老将其所收藏的 24 幅字画赠送杭县文化馆，其中有本人作品二幅。

1959 年，姚虞琴在上海《新民晚报》发表《十年颂》诗一首，歌颂伟大的祖国和中国共产党。全诗热情洋溢，充满了爱国思想。同年 8 月，上海商务印书馆董事长张元济先生逝世，年已 93 岁的姚虞琴还担任治丧委员会委员。

1961 年 3 月 11 日，姚虞琴先生在上海新昌路新余里 62 号寓所去世，享年 95 岁。同年 5 月 12 日，上海《新民晚报》刊登记者瞿兆鸿的《悼姚虞琴画师》一文，对其艺术道路、人生历程作出较高评价。

第二年春天，亲友将其灵柩运来家乡，归葬于超山南麓海云洞边的乾元观西侧。一缕艺魂，永伴梅香。

1966 年，姚虞琴墓在"文革"中被毁。1991 年，余杭县政协文史委出版《画家姚虞琴》一书。2000 年，运河镇在亭趾街西口建景亭园，塑姚虞琴雕像。2012 年，超山综保工程建设在海云洞侧建姚虞琴纪念馆及珍帚斋。

姚虞琴之艺术造诣在当时的沪杭一带评价颇高，曾以"工诗画、擅书法、精鉴藏、重气节"而驰名江南艺坛。其所画兰、竹、菊、石以秀

船山遗墨《双鹤瑞舞赋》部分

逸婉丽著称。前人评其画以"秀美"誉之，说他的画"婀娜多姿，风韵嫣然"，又"处处有规矩与法度，极具文人意趣，画艺已臻由熟而生之境界"。他的书作，字体方正圆润，松紧适度。用笔气势充沛，法度严峻。"一笔一捺间可知其筑基功力之牢固。"他的诗，"清新隽永，骨重神秀"，且内容题材丰富，"举凡写景抒情，怀古抚今，登临山水，礼佛赏花，题赠唱和，挽亡祝寿。几乎无所不有。""能独标新意，不落恒溪，卓然浙派正宗。"（陈夔龙语）

姚虞琴为人赋性和易，学问淹博，待人接物蔼然可亲。又为人豪爽慷慨，有落落丈夫之气概，故得享高寿。其画以秀美称誉，更与上海画坛的名家相友善。比他大23岁的大画家吴昌硕与他时相过从，在当时的"海上题襟馆"一起挥毫论艺，结成忘年好友。姚虞琴善画兰花竹石，师法南宋郑所南、明代陈古白（元素）。他所画的兰花迎风带露，叶多修长，不仅叶叶舒展，且能松散不结。兰叶相交之处，若凤眼，亦若观音"千眼"在慧顾，所以妙趣横生。幽谷兰花的清香、节操自持的

复建后的乾元观   摄影　吕伟刚

品格，显露无遗。他画竹喜用长锋紫毫，随意撇捺，韵味天然。他也擅画山水，作品颇具云林遗意，近处有坡石、丛树及茅亭，隔岸远山，云横一抹，红叶苍苔，胜概在目。虽表达的是天高气肃，秋色寥廓，却没有一丝伤感之气。赏读其画，会让人有其味无穷之感。此外，他也善画梅菊松藤，师法于金冬心、罗两峰。作品均是生趣益然，甚至90岁以后的笔墨也无衰老痕迹。他少年曾经习儒，虽未中举，但从小读书不倦，经商当职员后亦能专心于书道画艺。多年读书绘画的文化积累，成就了他的学识修养和艺术造诣。

他一生画稿无数，有人求索，随手相赠，到晚年所剩无几。寓居沪上后，声名大噪。对求画的学士遗老，他无不应允。后来夫人、子、媳先后离世，家境贫困，他又以画易米。到80岁时，才以行箧中残存的画、诗稿辑成一卷遗世。

姚先生多才多艺，前人曾赞他雅有"郑虔三绝"（诗，书，画）之长（按：郑虔：荥阳人。天宝初曾任协律郎，不久以私撰国史罪被免职，后为广文馆博士。他善绘画，精通书法和诗，曾自写诗画献给唐玄宗，玄宗在其上亲笔署了"郑虔三绝"四字，称赞郑虔在山水画、书法和诗三方面都具有极高造诣。后被用来称赞擅长绘画、书法、诗词的人）。其毕生艺术成就虽以画为主，但从其留下的诗作来看，格调亦属高洁。"诗属近体，得王渔洋、厉樊榭之神韵，而能独标新意。"作品与他的人品十分相似。无怪当时有如此之多的名流耆宿与他倡和，为之颠倒。其一生诗作，据好友陈祖壬回忆应有一千多首。

今天我们能看到的姚先生的《珍帚斋诗画稿》，只有薄薄的一册，其中约有十之七八的诗作，都是他50岁寓居上海后所作。其中年以前的诗作大都已经散逸飘零。但仅就这些保存下来的诗作看，其中内容题材仍非常丰富，举凡写景抒情、怀古抚今、山水登临、礼佛赏花、题赠唱和、挽亡贺寿等，内容多有兼及。如《落花诗次袁伯夔元韵》七律四首，写得情致缠绵，回肠荡气，寄托至深。又如七绝《汉阳伯牙琴台》诗：

冷雨寒蝉落远汀，柳条掩映暮山青。

分明楚泽涵秋曲，风里残荷倚醉听。

本诗全从诗外着笔，写情切景，寓意自见，空俊强逸，风格如王渔洋《露筋祠》诗。又如《初夏临平道中》四首其一：

压林春雨熟枇杷，照眼红榴已著花。

认取旧时游钓地，安平泉上试新茶。

此诗描写家乡风光如画，声色俱佳，风景独绝，可谓不让参寥子（道潜）专美于前。还有五言律《题吴柳堂先生小像卷后附罔极编》和《书梁节庵（鼎芬）先生楹帖后》二绝，文字虽不多，语极沉痛，应该是一种极有关系之作。又如《题八大山人山水》二绝：

愁云黯淡郁风雷，谁解王孙哭笑来。

搜尽奇峰归笔底，江山易代有余哀。

远水无波一苇杭，空山老屋剩斜阳。

萧萧落木荒寒甚，风景依稀大涤堂。

诗句读来如听"念家山破，王孙伴狂"，先生真有无穷之感触。又如《仲秋与袁巽初高野候丁辅之满觉陇赏桂》二绝之第二首：

一肩秋露卖花翁，路出寒山踏晓风。

二十年来人事改，天香无路向蟾宫。

本诗是由赏桂而联想到"蟾宫折桂"，借景抒情，诗律诚细矣。还有他的《过严陵滩》七绝诗其一云：

悬崖百尺耸山隈，道是羊裘旧钓台。

日日千帆祠下过，可知都为利名来。

诗中道出了他甘于淡泊的心胸。

除此外，他的诗多有与朋友唱和的精心之作，不仅对仗典丽，而且文采斐然，足见其才思敏捷，令人钦佩歆慕。

曾有一件逸闻，1950 年，杭州著名教育家钟毓龙七十大寿制寿屏十条，每条 20 格，取义"双百"，每格按年齿为序，请名书画家各书一寿字，下带款志印章以贺。姚虞琴因年岁最高，首条第一字即出其手。同书人中有吴待秋、吴湖帆、马衡、马一浮、张宗祥、陈伯衡、孙智敏、高渔占、高野侯、高络园、余绍宋、马叙伦、沈尹默、黄葆戊、褚乐三等。可见其当年在文化界之地位"见重如此"。

2017 年，适逢姚虞琴先生诞辰 150 周年。先生一生经历了清末、民国和新中国三个时期。他青年时期即赴东北、鄂汉谋生。从商之余追求艺术，历经 20 多年时局动荡。50 岁以后寓居上海，以诗画书法闻名沪上，并参加知名文化社团"海上题襟馆"。他生前曾任上海中国画院画师、上海文史馆馆员、中国美术家协会上海分会会员等。诗书画以外，先生还是著名收藏家，并精于鉴赏。著有《珍帚斋诗画稿》、补辑《临平记再续》等。在旧中国动荡的岁月中，先生关爱家乡，潜心于画艺书道，为家乡后人留下了丰富的艺术财富。

为了表达对先生的缅怀之情，杭州市余杭博物馆特举办"题襟海上话珍帚——姚虞琴诞辰 150 周年纪念展"。展览汇聚了江浙沪地区的 12 家博物馆收藏的 50 余幅姚虞琴书画精品、手稿著述及其收藏品等，同时编辑出版了《题襟海上话珍帚——纪念姚虞琴诞辰 150 周年》画册，拍摄了姚虞琴纪录片，通过其生平、书与画、诗与作、藏与捐、交往及后人悼念等角度，生动、详实地还原了先生当年的风范。

姚虞琴一生交游广泛，朋友众多，而且都是一批成名已久，在当时中国政坛、艺坛声名显赫之前辈。

晚清民初的上海，商埠开放，华洋并处，已成为十分奢靡繁华之地。"海派文化、海派建筑、海派服饰"散发着独特的魅力。当时有许多文人画家在上海卖画谋生，其中代表人物为虚谷、赵之谦、任伯年、吴昌硕。成立于宣统二年（1910）的中国书画研究会（又称上海书画研究会、小花园书画研究会），于次年（1911）改名为"海上题襟馆金石书画会"。会中先后云集了上百名书画金石家，经常在一起进行艺术交流活动。辛亥革命爆发后，清王朝垮台。当时从清廷下来的官员，有不少人来上海作寓公，其中有许多喜爱和擅长书画金石者陆续加入了题襟馆。

姚虞琴温文儒雅，重气节，广交游。一生游历大江南北，久经历练，老成持重，眼界宽阔。他于50岁（1916）定居上海后，与江浙文化界名流过从甚密。经朱孝臧、陈病树介绍加入了"海上题襟馆"。其时，他所交往的都是钜商、耆宿、诗人、词客，以及书画名家。据此，

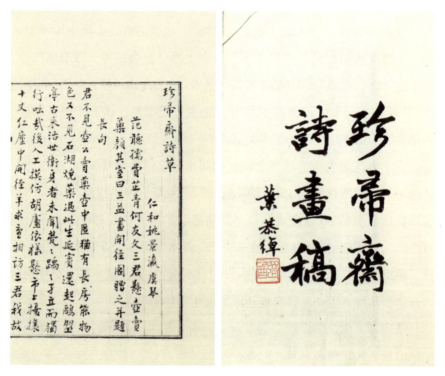

珍帚斋诗画稿

题襟海上话珍帚

可知其交游之广，朋友之多。而且交往中多有近代史上赫赫有名的人物，令人惊咤不已。仅《珍帚斋诗画稿》中载入的人物即有80多人。其朋友圈中有艺苑巨擘、商界巨子、政界风云人物。

更因他为人通达和易，不久即与吴昌硕、陈夔龙、陈三立、周梦坡、庞莱臣、曾农髯、李瑞清、梁鼎芬、冒鹤亭、狄平子、夏剑丞、吴湖帆、金甸臣、陶拙存、叶恭绰、赵叔孺、陈病树、商笙伯、潘兰史、董心壶、徐仲可、李宣龚，还有杭州西泠印社的袁巽初、高野侯兄弟、丁辅之、王福庵等耆老名流成为好朋友，常在一起交游聚会，或挥毫论艺，或诗酒酬唱。在此考录部分人物，可窥一斑。

第一位是陈夔龙（1857—1948），又名夔鳞，字筱石，一作小石、韶石，号庸庵、庸叟、花近楼主，室名花近楼、松寿堂等。晚清封疆大吏，清末民初著名政治人物。贵州贵筑人，光绪十二年（1886）进士。陈夔龙虽起于寒士，但官运亨通，历经同治、光绪、宣统三朝，历官顺天府尹、河南布政使、河南巡抚、江苏巡抚、四川总督、直隶总督。宣统元年（1909）直隶总督任上又兼北洋大臣。是清朝后期重要大臣。1912年退隐上海，居沪30多年，1948年逝世。

陈夔龙与姚虞琴的交往，在民国甲戌年（1934）他为姚虞琴《珍帚斋诗画稿》作的序文中有："往岁朱古微侍郎觞余于沪江都益处酒楼，获晤廿年不见之老友吴昌硕，兼识君于坐右。古微语余曰：此临平山下之诗人也。"又说："余去官后侨寓申浦，闭门谢客，独与君时相过从。""君负郑虔三绝，工书善画，而诗能独标新意，不落恒溪，卓然浙派正宗。"可谓评价极高。序文中还申明姚虞琴是其姻亲姚毂孙之同族兄弟。

姚虞琴比陈夔龙小十岁，二人属忘年好友。姚的诗中有多首与陈夔龙唱和之作，证实二人交情匪浅。如七律《九日次庸庵老人韵兼寄拔可》云：

> 能赚人生笑口开，新醅初泼润肠酸。
>
> 白头共赏霜花傲，翠袖谁怜露篠寒。
>
> 一代豪情输北海，几时归计谢南冠。
>
> 景光垂暮浑如驶，纵有长绳系日难。

还有《和庸庵老人重游泮水元韵》《庸庵老人招游周氏学圃看海棠即次原韵》《寿庸庵老人八秩次自寿元韵》《庸庵老人诗来索和次韵报之》《上巳禊饮感赋次庸庵老人韵》《甲申人日次庸庵老人》等十多首。乡间传说陈夔龙与姚虞琴还取同一棵紫檀木做寿棺，可见二人交情之深。

除了陈夔龙，第二位是著名诗人陈三立。

陈三立（1853—1937），字伯严，号散原，江西义宁州（今修水）人，其父是曾任湖南巡抚的陈宝箴，晚清四公子之一。其长子陈师曾（1876—1923，原名衡恪，字师曾，号朽道人、槐堂）是著名美术家、艺术教育家。次子陈寅恪，是清华国学研究院四大导师之一，中国著名的历史学家、国学大师。陈三立出身名门世家，为晚清维新派名臣陈宝箴长子。他与谭延闿、谭嗣同并称"湖湘三公子"；又与谭嗣同、徐仁铸、陶菊存并称"维新四公子"。民国时期旧体诗人推其为诗坛祭酒，有"中国最后一位传统诗人"之称誉。他于1892年乡试中举，任吏部

主事。戊戌变法失败后，与父亲陈宝箴一起被革职。1904年与李有棻创
办江西铁路公司，兴建南浔铁路，先后任协理、总理。1908年与汤寿潜
等发起组织中国商办铁路公司。辛亥革命后长期隐居。卢沟桥事变后北
平、天津相继沦陷。1932年日军进攻上海，其于梦中大呼杀敌。郑孝
胥、罗振玉拉其当汉奸，陈三立为表明立场绝食五日，不幸忧愤而死，
享年85岁。陈三立名气很大，姚虞琴对他很尊重。

姚虞琴诗集中有《重九日与陈散原先生吴仓老周梦坡曾农髯姚竹轩
华安层楼登高》《戊辰上巳邀同陈散原、余倦知、江湘岚、黄笃友、程十
发、夏剑丞、潘兰史、陈仁先、狄平子、赵叔孺、金甸丞、吴宽仲、周
梦坡、陈豪坐虹桥酒楼禊饮次湘岚韵》等诗。还有如《予屡绳（多次赞誉）
超山梅花之盛，陈散原、汪颂年、俞绶丞、周梦坡、王绶珊诸公闻而向
往，遂约同入山访宋梅且议建宋梅亭以张之，山僧出纸索画，并题一
绝》诗云：

> 话到崖山事可嗟，仙梅犹占宋年华。
>
> 海桑历尽人间世，此树依然属赵家。

以上证明姚虞琴与陈三立经常诗酒过往，并曾一同前来超山赏宋
梅。同样，在《陈三立诗词全集》中有《为姚虞琴题吴柳堂侍御罔极图遗
墨》诗亦可为证。

姚虞琴的好友还有朱祖谋（1857—1931），浙江归安（今湖州）
人。原名孝臧，字藿生，一字古微，号沤尹，又号彊村。自幼天资颖异，光
绪九年（1883）二甲一名进士，改翰林院庶吉士，授翰林院编修。历官
会典馆总纂、江西副考官。官至礼部右侍郎，兼署吏部侍郎，出为广东
学政，因与总督不和辞官。寓居苏州，任教于江苏法政学堂。民国成立
后，隐居上海，著述以终。朱祖谋工词曲，"融诸家之长，声情益臻朴
茂，清刚隽上，并世词家推领袖焉。诗能入品"。词风近于姜夔、吴文
英。与况周颐、王鹏运、郑文焯合称为"清末四大家"。著有《彊村丛

书》《彊村语业》，辑有《宋词三百首》《湖州词征》《国朝湖州词录》《沧海遗音集》。朱祖谋是晚清词家的领军人物，入民国后，他以遗老的身份闲居沪上，结社吟诗，不问政治。姚虞琴诗集中有多首与朱祖谋相关的诗，如《闰七月朱古微先生招同周梦坡、徐仲可、潘兰史、王莼农、白也诗游南湖烟雨楼与梦坡同赋》《戊辰中秋后十日朱古微先生邀同金甸丞、刘佐泉、朱大可、郭和庭屺庭禾中朱庵赏盘桂和庭缋图纪事次图中韵》，诗题戊辰是民国 7 年（1918）。朱祖谋是姚虞琴定居上海后最早交游的好友之一。

庞元济（1864—1949），字莱臣，号虚斋，南浔"四象"之一庞云鏳的次子。晚清民国商界巨子。清光绪六年（1880）补博士弟子，援例为刑部江西司郎中。因助赈 10 万元，特赐举人，加四品京堂。庞早年喜好字画碑帖，常临摹乾嘉年间名人书画。从光绪二十一年（1895）起，与人合资先后在杭州拱宸桥、仁和塘栖镇开设世经、大纶缫丝厂和通益公纱厂。此外，在南浔、绍兴、苏州、杭州等地开设米行、酱园、酒坊、中药店、当铺、钱庄等企业，并拥有大量田产和房地产。庞元济既拥有财力，又精于鉴赏，是当时书画收藏大家，被誉为"全世界最富盛名的中国书画收藏家"。与于右任、吴昌硕、张大千等人均有交往。姚《珍帚斋诗画稿》中有《寿庞虚斋八十》诗二首证明了他与庞元济之诗画交游。其一云：

> 鹿门栖隐望如仙，悟彻人间书画禅。
>
> 玉轴琳琅谁得似，沧江虹月米家船。

周庆云（1866—1933，一作 1934），字景星，号湘龄，别号梦坡，浙江吴兴南浔人。清光绪七年（1881）秀才，后以附贡授永康教谕，例授直隶知州，均未就任。为南浔巨富，年轻时经营丝、盐、矿等业。曾任苏、浙、沪属盐公堂总经理。光绪三十一年（1905）投资兴建苏杭铁路，竭力反对向英商借款、出卖路权。1913 年在杭州开办天章丝织厂，抗衡外货。1925年，为抵制日盐进口，在上海浦东设立五和精盐公司，又投资兴办长兴煤矿。1933年病逝于上海。他是近代有名的民族资本家。周庆云家世儒风、涉商业丝、管领盐纲、又热心实业。商事之余，修志补阙，关爱乡邦文化。在商业、诗词、古琴、金石收藏和社会慈善等多个方面成就卓著。

姚虞琴从武汉来上海"盐公堂"任襄理，即是在周梦坡手下任职。周庆云有作《秀州道中偶吟呈虞琴》诗，姚虞琴有诗和之。而其《珍帚斋诗画稿》中也有多首与周庆云有关的诗。如《辛酉五月梦坡社长偕游灵岩山有诗纪游即次其韵》《泛舟浦东至萃园观荷次梦坡韵》《壬戌七月既望梦坡社长招同金甸丞陶拙存商笙伯赵叔孺董心壶泛舟南湖以当赤壁之游》《中秋集晨风庐次韵呈梦坡》《展重阳集晨风庐梦坡社长出文澜补缺图属题》等多首诗。其中《梦坡招游秋雪庵即题其长卷》诗曰：

> 一雨洗秋碧，溪流曲曲通。
>
> 汀芦翻雪浪，木叶下霜红。
>
> 习静鱼知乐，惊寒鹤唳空。
>
> 草堂重展拜，尊酒醉西风。

又有《庚午人日集晨风庐赋呈梦坡十发竹轩》诗曰：

> 草堂人日朋尊集，酒映华灯照夜长。
>
> 梦觉春先回纸帐，指僵寒逼入琴床。
>
> 妍辞缀锦衣无缝，冷艳飘风玉坠香。
>
> 怪底花前诗思发，钟声敲月下斜廊。

《珍帚斋续集》中还有《闰七夕游南湖烟雨楼敬和梦坡元韵》《普益习艺所观平泉书屋泰山残石楼书画次梦坡韵》《浦东观荷梦坡有诗依韵和之》《梦老偕予至徐园看菊归成一律用醉愚韵》《梦坡寄示近作依韵和之》《梦坡出示元日诗即次其均》《梦坡邀饮依翠家吕子十千绘图为题二绝》等

多首诗作，可证二人交往之亲密，关系之融洽。

民国 10 年（1921）岁辛酉，周庆云出资捐建西溪秋雪庵，两浙词人祠落成。姚虞琴参加了首次祭祀活动，写有《西溪祭两浙词人祠》诗：

秋芦遥接晚山青，清浅寒漪几度经。

如水流光弹指过，溪毛又荐草堂灵。

民国 12 年（1923）正月底，姚虞琴陪同周庆云、陈散原、王绶珊、汪惕予等诗友从上海来塘栖超山赏梅，并在超山建造了宋梅亭。

汪惕予（1869—1941），徽州绩溪人，原名志学，字自新，又字哉。7 岁随父在沪从师习经，后随奉贤名医夏景垣习医，28 岁始在沪悬壶济世。1899 年 3 月，怀"博通中外医学"大志赴日本习西医，1903 年返沪行医。1904 年在伍廷芳、端方、瑞徵与各界人士的支持下，就伍廷芳之观渡庐创办自新医科学校及附属医院，开始了医学教育与中西医结合的医疗工作，又发行《医学世》月刊，行销各省"以新学术灌输内地"。1908 年 2 月，又添设医学补习学校于校内，"以便中西医士公余之暇，得以研究最新、最重要之学理"，累计求学者 935 人。1909 年，他又在上海创办中国女子看护学校。民国初年，各省红十字社的护士大多毕业于该校。1913 年 1 月，他在上海创办了中华女子产科学校，又开办协爱医科专门学校。同年，他被选为全国医界联合会会长。1919 年，次子留日返国继承祖业汪裕泰茶叶店后，他又将医院交长子振时经营，自己开始乐享晚年。1926 年，捐资数千银元在家乡创办燃叶小学，并每年提供办学经费。晚年，他先在上海静安寺营造"余村花园"，又在杭州西湖建"汪庄"（今西子国宾馆）。抗战爆发后，他潜居上海，闭门谢客，于郁郁寡欢中去世。汪惕予参加了民国 12 年超山探梅并捐资建宋梅亭活动。

王绶珊（1873—1938），名体仁，字绶珊。绍兴人，清末秀才。迁居杭州，辛亥以后居上海。王氏以经营盐业起家，嗜典籍，筑九峰旧庐于杭州，部分珍籍储上海。据杜国盛撰《九峰旧庐藏书记》载，王氏藏宋

本 100 余种，各省府、县志达 2000 余种。可谓成就斐然。王氏故后，
所藏大部分售与当时的南京地质研究所。室名"九峰旧庐""东南藏书
楼"。姚诗集中有《己未重九王绥珊邀同宋鹤老徐尧卿吴山登高》等诗，
己未是民国 14 年（1925）。王绥珊亦参加了民国 12 年超山探梅并捐资
建宋梅亭活动。

姚虞琴的友人中还有大名鼎鼎的叶恭绰（1881—1968），字裕甫，
又字誉虎，号遐庵，晚年别署矩园，室名"宣室"。祖籍浙江余姚，广
东广州府番禺县人，生于番禺书香门第。叶恭绰是 20 世纪中国政坛、
文坛的一位传奇人物。早年毕业于京师大学堂仕学馆；后留学日本，加
入孙中山领导的同盟会。他曾任清朝邮传部路政司主事、员外郎，北洋
政府交通总长，孙中山广州大元帅府大本营财政部长。入民国后，历任
交通部次长、总长、交通部长。1927 年出任北京大学国学馆馆长。民国
24 年（1935）"上海市博物馆临时董事会"成立，叶恭绰任董事长。民
国 25 年初《中国古泉学会》成立，叶恭绰任副会长。新中国成立后任中
央文史研究馆副馆长、代馆长，北京中国画院首任院长。是第二届全国
政协常委。对我国交通事业有许多开拓性贡献，他创办交通大学，掌管
交通银行，堪称中国现代交通的先驱。在文化学术领域，其成就亦卓荦
不俗。他是博洽通达的学者，是才学非凡的诗人，尤以词学建树卓著。
他是收藏家，一生收藏遗珍无数。他还是名满天下的书法家，作品雄强
朴厚，腕下功力直追古人。

姚虞琴诗集中有《叶遐庵社长邀赴真仪访顾仲瑛玉山佳处遗趾，因
忆龚安节（贤）诗云：当时富贵号无前，屈指由来未百年。肯信只今无
片瓦，平芜漠漠锁寒烟。盛衰景象可以想见，然六百年后尚有亭趾可
寻，荷池无恙亦幸矣哉》。又有《丁丑元宵叶遐庵社长邀赴吴门结草庵访
古栝。据文衡山诗注，此树已五六百年，则今当千有余岁矣。次遐翁
韵》诗：

苍虬盘挐翳夕阴，昂头天外气森森。

闲稽日月千年速，静听风涛万籁沉。

尘劫不磨成铁骨，岁寒能耐见冰心。

与谁终古耽禅悦，残影相依祇桂林。

丁丑元宵是 1937 年正月十五。集中还有一首《同日叶誉虎社长与冒鹤亭、狄平子邀往非园赏菊》：此诗写于丁卯重九，即民国十六年（1927）。几首诗的诗题中都称叶恭绰为社长，分析因叶在沪曾与朱祖谋等组织词社。或以其名望地位，担任社长、名誉社长。

关于诗题中的"玉山佳处"，据查考资料了解到，"玉山佳处"是元代顾阿瑛在今昆山巴城镇真仪东亭所建的一处私家园林。顾瑛（1310—1369），一名仲瑛，字德辉，世人称阿瑛。元至正八年（1348）顾仲瑛在界溪旧宅之西绰墩筑园林，初名"小桃源"，杨维桢曾作《小桃源记》。后改"玉山佳处"，又称"玉山草堂"。吴克恭在《玉山草堂序》中云：

> 玉山草堂者，昆山顾仲瑛氏为之读书弦诵之所也。昆以山得名，而山有石如玉，故州志云玉山，仲瑛因是山之势筑室以居之。结茅以代瓦，俭不至陋，华不逾侈。散植墅梅幽篁于其侧，寒英夏阴，无不佳者。以其合于岩栖谷隐之制，故云草堂。

据《昆山县志》记载：元末昆山名士、诗人顾阿瑛于昆山真仪东亭村兴建"玉山佳处"园林，有亭、台、楼、阁数十处，在池中种植并蒂莲。

玉山草堂有三个特点：一是昆山历史上较早建造的私家园林。比苏州的留园要早 100 多年，比拙政园要早 200 多年。二是草堂规模宏大。《信义志》中记载："玉山草堂者，顾仲瑛读书弦诵之所，以茅茨杂瓦为之，栉比数百楹。"三是玉山草堂作为私家园林，有别于官吏之住所。是以文人雅士为主要对象，在此赋诗题咏。因此，玉山草堂的每一个景点都有诗文描述其景。至正十六年（1356），顾阿瑛作《绿波亭记》自云：

　　余家玉山中，亭馆凡二十有四，其扁题书卷，皆名公巨卿、高人韵士、口咏手书以赠予者，故宝爱甚于古玩好。①

　　至正二十七年（1367），朱元璋攻灭张士诚，玉山草堂毁于元明易代的战乱之中。明清两代尚有许多文人前来玉山草堂遗址凭吊觅古。到了民国年间，真仪"玉山佳处"园林已历600余年之岁月沧桑，早已荒芜凋敝，但园中荷池及并蒂莲却被留传下来。民国23年（1934）冬，时任国民政府全国经济委员会委员的叶恭绰偶得一方古砚，背后刻有"并蒂莲"诗，且又注明莲出自真仪东亭，叶当即邀姚虞琴等文友赴昆山真仪东亭村探访遗迹。当时，玉山佳处早已沧海桑田。村民告诉他，东亭池塘仍有并蒂莲，于是相约来年夏日探荷。第二年7月盛夏，叶恭绰偕雕塑艺术家江小鹏、画家姚虞琴、摄影家郎静山等人赶赴真仪，当

并蒂莲　　　　　　　　　　　　　　　　　　　　　摄影　赵莺莺

---

① 《玉山名胜集》卷下，中华书局2008年版，第303页。

地书法大家李肖白陪同赏荷，成为一时佳话。叶氏又发起成立"顾园遗址保存委员会"，整治园林，将东亭荷池重新修葺，池旁建大方亭一座，名君子亭，据叶恭绰氏考证该并蒂莲"决为天竺种无疑"。所以，姚氏诗题中会有言"然六百年后尚有亭趾可寻，荷池无恙亦幸矣哉"。可知当时"玉山佳处"尚存有荷花池和亭子基址。

姚虞琴有一首《池荷有并头有同心有品字有五杂组有九品莲台，遐翁为填五彩结同心词予纪以诗》诗曰：

> 骄阳初上海东隅，碧水烟开鸳梦苏。
>
> 万宝精神娇欲坠，五更风露影相扶。
>
> 由来寂处凭谁问，但觉清芬与俗殊。
>
> 采之归携双袖底，北窗供养贮冰壶。

而叶氏赏荷归来后并作倚声《五彩结同心》以记其事。词云：

前身金粟俊赏，琼英东亭，恨堕风涡。六百年来事，灵根在，浑似记萝春婆。濠梁王气都消歇，空回首、金谷笙歌。无人际、红香泣露，可增愁，损青娥。

栖迟野塘荒淑，甚情移洛浦，影悟恒河。追忆龙华会，招花笑、禅意待证芬陀。五云深处眠鸥稳，任天外尘劫空过。好折供维摩方丈，伴他一树杪椤。

《珍帚斋诗集》中还有一首《玉山佳处东亭落成遐庵社长嘱和》诗：

> 幕天席地共班荆，人语荷香苹一亭。
>
> 异种频分千叶艳，遗编呵护九峰灵。
>
> 低回场圃共凭吊，酬酢壶觞杂醉醒。
>
> 准拟西池重起废，使君佳处换新铭。

时值盛夏赏荷季节，游人络绎不绝，当时的京沪快车破例停靠真仪小站，以便利赏荷游客，一时东亭荷池名声大噪。

姚虞琴先生参与叶恭绰保护玉山佳处遗址，并诗文酬唱"准拟西池重起废，使君佳处换新铭"。当属一段流芳后世之文坛佳话。

李瑞清（1867—1920），清末民初诗人、教育家、美术家、书法家、文物鉴赏家。中国近现代教育的重要奠基人和改革者，中国现代美术教育的先驱，中国现代高等师范教育的开拓者。字仲麟，号梅庵、梅痴、阿梅，晚号清道人、玉梅花庵主，戏号李百蟹。江西抚州人。清光绪十九年（1893）考中举人，光绪二十一年中进士，选翰林院庶吉士。分发江苏候补道，署江宁提学使。光绪三十二年（1906）出任两江优级师范学堂（1949年更名南京大学）监督。并一度被委任为江宁布政使、学部侍郎，官居二品。辛亥革命爆发后，他离开南京学堂，移居上海。民国9年（1920）八月初一逝世，遗体葬于南京牛首山。李瑞清是著名画家张大千的恩师。书画界名声显赫，书法自称北宗，与曾熙的南宗颉颃，世有"北李南曾"之说。与吴昌硕、曾熙、黄宾虹并称"海上四妖"。著述

东亭并蒂莲碑   赵六余供图

有《左氏问难》《春秋大事表》《历代帝王年表》《和陶诗》及书画录多卷。晚年喜作泼墨山水、墨梅，倡"书画同源"之说。姚虞琴来上海后结识李瑞清，因两人同庚，又均是吴昌硕好友，故相契交游。姚诗集中有《与吴缶老清道人游半淞园》诗：

> 扰扰车尘为底忙，清游浑爱水云乡。
>
> 枯苔沾雨有生意，老树著花闻暗香。
>
> 风絮影随春梦醒，江流声送客愁长。
>
> 遥看极浦烟波外，几许归帆挂夕阳。

冒广生（1873—1959），字鹤亭，号疚斋，江苏如皋人，因出生于广州又名广生。是中国近代文化史上的著名人物，其先祖为元世祖忽必烈。冒氏为如皋大族，书香门第，冒辟疆是他的祖辈。光绪十五年（1889）他历县、州、院三试皆列第一。光绪二十年（1894）中举人，担任刑部及农工部郎中。民国历任农商部全国经济调查会会长、江浙等地海关监督，抗战胜利后任中山大学教授、南京国史馆纂修。新中国成立后，陈毅市长特聘任他为上海市文管会特约顾问。著作有《小三吾亭诗文集》《疚斋词论》《冒鹤亭诗歌曲论著述》《四声钩陈》《蒙古源流年表》等。姚诗集中有《三月望日冒鹤亭社长为巢民先生作生日兼以自寿因与先生同月日生也》诗。

吴湖帆（1894—1968），江苏苏州人，为吴大澂嗣孙。初名翼燕，字遹骏；后更名万，字东庄；又名倩，别署丑簃。号倩庵，书画署名湖帆。三四十年代与吴待秋、吴子深、冯超然并称为"三吴一冯"。建国后任上海中国画院筹备委员、画师，上海大学美术学院副教授，中国美术家协会上海分会副主席、上海市文史馆馆员、上海市文物保管委员会委员。收藏宏富，善鉴别、填词。山水从"四王"，以雅腴灵秀、缜丽清逸的复合画风独树一帜，尤以熔水墨烘染与青绿设色于一炉并多烟云者最具代表性。并工写竹、兰、荷花。是20世纪中国画坛一位重要的画家，在中国绘画史上的意义其实已远超出他作为一名山水画家的意义。吴湖帆，著有《联珠集》《梅景画笈》《梅景书屋全集》《吴氏书画集》《吴湖帆山水集锦》行世。姚诗集中有《吴湖帆以绿遍池塘草属绘图并题，盖用其夫人潘静淑词句以志悼亡也》二首。

赵叔孺（1874—1945），鄞县人。原名润祥，字献忱、叔孺；后易名时棡，号纫苌；晚年自号二弩老人。以叔孺行世。清末诸生，曾任福建同知。民国后隐居上海。于金石书画、花卉虫草、鞍马翎毛无不精擅，尤擅画马，可称"近世之赵孟頫"。赵叔孺画马，主要传承宋代李公麟和元代赵孟頫的画法，又借鉴清初宫廷画师郎世宁的西洋画法，形成自己的风格。有"一马黄金十笏"之称。在 20 世纪 30 年代的上海，赵叔孺的鞍马，吴湖帆的山水，冯超然的人物，吴待秋的花卉，有"四家绝技"之称誉。更值得称道的是赵叔孺的篆刻，他兼浙皖两派之长，得前辈赵之谦的精髓，又精研古金石学，另成一家，营造出典丽恬静的气象，时人推崇其为二百年来第一。赵叔孺是个全才，金石书画样样皆通。其书法不拘一格，所写小篆楹联条幅珠圆玉润，令人喜爱。著文不

李瑞清赠姚虞琴成扇

多，诗词更是罕见，但在画轴中偶有绝句题咏，颇具闲情逸致。此外，赵叔孺还是一位出色的古物收藏家。他的书斋名为"二弩精舍"。"二弩"是汉延熹、魏景耀二弩机，为蜀汉遗弩，是赵家珍藏的古文物。从38岁之后，赵叔孺到了上海，以舞文弄墨为乐，以篆刻字画为生。被尊为金石学泰斗。各地慕名前来登门求教或拜师的接踵而至，其中有陈巨来、方介堪、潘子燮等。著名书法家沙孟海也曾尊赵叔孺为师。姚虞琴诗集中有《戊辰上巳邀同陈散原余倦知江湘岚黄笃友程十发夏剑丞潘兰史陈仁先狄平子赵叔孺金甸丞吴宽仲周梦坡陈豪坐虹桥酒楼禊饮次湘岚韵》《暮春与赵叔孺重过黄园用庸公韵》《壬戌七月既望梦坡社长招同金甸丞陶拙存商笙伯赵叔孺董心壶泛舟南湖以当赤壁之游》等诗作，证明交往密切。

夏敬观（1875—1953），近代江西派词人、画家。字剑丞，一作鉴丞。又字盥人、缄斋，晚号映庵，别署玄修、牛邻叟，江西新建人。生于长沙，晚寓上海。光绪二十年（1894）举人，以诗词名播南北。1902年入江宁布政使李有棻幕府，并受两江总督张之洞之邀办两江师范学堂。1907年任江苏提学使兼上海复旦、中国公学等校监督。光绪三十五年（1909）辞官。武昌起义后，支持新政。1916年任涵芬楼撰述，1919年任浙江省教育厅厅长。1924年辞职闲居上海，专心从事绘画与著述。夏敬观工诗善词。诗宗孟郊、梅尧臣。古体诗有孤峭、幽深的特色。近体也竭力自铸面目，不肯蹈常袭故。著有《忍古楼诗集》《映庵词》以及论词专著《忍古楼词话》《词调溯源》等著作。夏敬观写有《为虞琴题〈冈极篇〉后》诗。姚的诗集中有：《戊辰上巳邀同陈散原余倦知江湘岚黄笃友程十发夏剑丞潘兰史陈仁先狄平子赵叔孺金甸丞吴宽仲周梦坡陈豪坐虹桥酒楼禊饮次湘岚韵》《偕夏映庵暨陈子康乔梓游九峰三泖次映庵韵》等诗。

商笙伯（1869—1962），名言志，字笙伯，以字行，号安庐，浙江嵊县长乐镇人。又号长乐乡人。清光绪三十二年（1906）任江西省湖口知县。辛亥革命后居沪，专研国画，自称无师承，实师徐青藤、李鱓、李方膺、赵之谦诸家。在上海与吴昌硕、王一亭、倪墨耕等过从甚密，艺术大有长进。在《东方杂志》上刊出的水墨画《荷花翠羽图》颇受好评。"一·二八"事变后，在上海专事绘画。擅长花鸟、草虫，偶作走兽、人物，笔致淳雅，颇得明人之趣。所作《桃花》于 20 世纪 30 年代在柏林"中国现代画展"中展出，《葡萄》在旧金山万国博览会获金牌奖。抗战时期，拒绝出任伪职。为保护祖国珍贵文物，曾偕同吴昌硕、倪墨耕等义卖书画印谱，赎回被外商收买的东汉"三老讳字忌日碑"，藏杭州西泠印社。解放后，被聘为上海文史馆馆员、上海国画院画师，为中国美术家协会上海分会会员。姚诗集中有一首《壬戌七月既望梦坡社长招同金甸丞陶拙存商笙伯赵叔孺董心壶泛舟南湖以当赤壁之游》诗。

王福庵（1880—1960），原名禔、寿祺，字维季，号福庵，以号行，别号印奴、印佣，又署屈瓠、罗刹江民，70 岁后称持默老人，斋名麋研斋。杭州人。父同伯，精究金石，有《石鼓文集联》《塘栖志》《武林丛话》等书传世。福庵先生幼承家学，年二十五，与叶铭、丁仁、吴隐、厉良玉等创设"西泠印社"于西湖孤山。年五十居上海。精篆刻，书法工篆、隶。得吴昌硕鼓励，另辟蹊径，书工数体，金文、小篆，均匀整而劲健；晚年从汉洗文字悟得天趣，参以缪篆排叠之法以作篆隶，朴厚古拙，尤独出冠时；隶楷亦自出机杼，别树一帜。平居和易，乐于扶掖后辈。不但悉心传艺，即对生活上困难者，亦竭力相助。弟子中若韩登安、顿立夫、吴朴堂、徐家植、江成之等皆深受其沾惠。晚年，被聘为浙江省文史研究馆馆员及上海中国画院画师，并任中国金石篆刻研究社筹委会主任。姚集中有《画兰赠王福庵》《雁荡山纪游同游者王福庵林式言蒋叔南》等诗。

陈病树（1892—1966），别名祖壬，江西新城（今黎川）中田人，兵部尚书陈孚恩之孙。系桐城派名家。陈家与义宁陈家渊源颇深，其外祖黄嗣东与诗人陈三立（散原）既为故交，又为姻亲；1935 年拜入陈三立门下研讨古辞，以古文辞著称于时。之后与袁思亮、李国松追随老人学习诗文，有"陈门三杰"之称。早在 30 年代，病树与隆恪〔陈隆恪（1888—1956），字彦龢。江西义宁（今修水）人，陈三立次子。善诗文，诗风直追乃父，有《同照阁诗抄》传世。陈方恪（1891—1966），陈三立第四子，在家族中排行第七，诗名在其兄陈衡恪、陈隆恪、陈寅恪之上。〕已有唱和之作。相比之下，病树与方恪的关系尤显特殊，二人既是诗友，又是词友（1930 年同在上海加入"沤社"），堪称诗文名家。50 年代，陈病树是上海文史馆馆员。姚诗集中《次陈病树除夕诗韵》诗有"故人珍重意，还寄草堂诗"之句。而陈祖壬在 1940 年为《珍帚斋诗画稿》所作序中称："仁和姚虞琴，与余交垂四十年。"据此可知二人是多年故交好友。

袁思亮（1879—1939），民国藏书家、学者。字伯夔、一字伯葵，号蘦庵、莽安，别署袁伯子。湖南湘潭人，两广总督袁树勋之子。光绪二十九年（1903）举人，授花翎二品顶戴，指分江苏试用道。进士考试落第后，遂绝意于科举。民国初年曾任北洋政府工商部秘书、国务院秘书、印铸局局长、汉冶萍矿冶股东会董事等职。袁世凯复辟，弃官归隐居于上海，和叶揆初为邻，终日以著述、购书为事。所藏宋元古籍甚多，喜收诗文集，字画精研，书法仿欧体。与陈散原交好。散原先生非常推崇他的学问文才，据说他的一些应酬文字由袁思亮代笔，《散原精舍诗文集》中有多首诗赠送袁思亮。姚诗集中有《落花诗次袁伯夔元韵》四首。此外，姚虞琴与袁思亮的胞弟袁巽初（讳思永）也是好友，袁巽初清末任过督练公所总参议。蒋介石赴日留学时，"曾受其试，称弟子焉"。著作有《巽初词》。姚诗集中有《仲秋与袁巽初高野侯丁辅之满觉陇赏桂》诗二首。

程十发（1921—2007），名潼，上海枫泾人。斋名曾用"步鲸楼""不教一日闲过斋"，后称"三釜书屋""修竹远山楼"。幼年接触中国字画，1941 年毕业于上海美术专科学校中国画系。在上海大新公司举办个人画展，1949 年后从事美术普及工作，1952 年入上海人民美术出版社

（华东人民美术出版社）任创作员，1956 年参加上海画院的筹备工作，并任画师。后来长期任上海画院院长。此后，艺术视野不断拓展，"取古今中外法而化之"，在人物、花鸟方面独树一帜。在连环画、年画、插画、插图等方面均有一定造诣。工书法，得力于秦汉木简。他的画早年受陈老莲影响，晚年多作花鸟画。程十发在姚虞琴的朋友圈中属于后辈，但其年轻时交往的都是成名已久的大师，出道早，起点高。姚虞琴诗集中有《戊辰上巳邀同陈散原余倦知江湘岚黄笃友程十发夏剑丞潘兰史陈仁先狄平子赵叔孺金匋丞吴宽仲周梦坡陈豪坐虹桥酒楼禊饮次湘岚韵》《庚午人日集晨风庐赋呈梦坡十发竹轩》《十发居士以鹿川图索题》（二首）等诗。

在这许多知名人物中，最早与姚虞琴订交的是当年海上画坛大师吴昌硕先生。

吴昌硕（1844—1927），初名俊，又名俊卿，字昌硕，又署仓石、苍石，多别号，常见者有仓硕、老苍、老缶、苦铁、大聋、缶道人、石尊者等。浙江省孝丰县鄣吴村（今湖州市安吉县）人。晚清民国时期著名国画家、书法家、篆刻家，"后海派"代表，杭州西泠印社首任社长，与厉良玉、赵之谦并称"新浙派"的三位代表人物，与任伯年、蒲华、虚谷合称为"清末海派四大家"。他集"诗、书、画、印"为一身，融金石书画为一炉，被誉为"石鼓篆书第一人""文人画最后的高峰"。在绘画、书法、篆刻上都是旗帜性人物，在诗文、金石等方面均有很高的造诣。正如北京大学教授、引碑入草开创者李志敏所说："与同时代艺术大家比，吴昌硕是承前启后、比较全面的一位巨匠。"吴昌硕热心提携后进，齐白石、王一亭、潘天寿、陈半丁、赵云壑、王个簃、沙孟海等均得其指授。1927 年 11 月 29 日，吴昌硕逝于上海寓所。著有《吴昌硕画集》《吴昌硕作品集》《苦铁碎金》《缶庐近墨》《吴苍石印谱》《缶庐印存》等，诗有《缶庐集》。《珍帚斋续集》中有《和昌老听子昭琴音》《次昌老韵》《寿金匋老七十即送其归禾次昌老韵》等诗。吴昌硕有《宋子鹤与予同生甲辰虞琴姚君拉作百五十寿时戊午秋》诗。

民国早年姚虞琴曾数次与吴昌硕同游超山，共赏"十里梅海"，并相约百年以后魂归超山梅乡。姚诗集中有《与吴缶老清道人游半淞园》《重九日与陈散原先生吴仓老周梦坡曾农髯姚竹轩华安层楼登高》（二首）《消寒第三集次吴缶老韵》《和昌老听子昭琴音》《次昌老韵》《缶庐丈赠予墨梅绝笔也怆然题句》等多首诗作。

1933 年 11 月，吴昌硕的棺椁从上海运至塘栖超山，下葬于超山报慈寺侧香雪坞中。1961 年 3 月 12 日姚虞琴在上海新昌路新余里 62 号寓所逝世，享年 95 岁。1962 年春天，归葬于超山南麓海云洞（乾元观）西侧。实现了魂归故乡、伴梅长眠的愿望。

除此以外，与姚虞琴交往密切者还有：西泠印社丁辅之、高时显、高时丰等，南社成员高燮，近代诗人、商务印书馆经理、发行所所长李宣龚，现代国画家吕万（字十千），上海著名资本家严味莲（上海严同春商号后人，祖上以沙船起家，在上海饶有资财。民国初，严味莲开设有致祥钱庄等 6 家钱庄）。清末民初词人姚景之，还有闻名海上有书画"装潢圣手"之誉的刘定之等人。

以上是姚虞琴先生与之交游唱和的主要人物。能得到如此一大批社会地位很高，当时名闻上海乃至全国的名人耆宿的认可，并与他们诗酒唱酬，文墨交流，可知姚虞琴交友重情，待人真诚，更可见姚虞琴之艺术功底和人格魅力。

在姚虞琴与其友人交往中，对家乡人来说最值得一提的佳话是作缘超山宋梅亭。

塘栖超山，最出名的就是梅花。相传，早在东晋年间就有人在超山栽植梅花。

稳居二十四番花信之首的梅花，冰枝嫩绿，疏影清雅，花色美秀，幽香宜人。元代诗人杨维帧诗有句："万花敢向雪中出，一树独先天下春。"梅花又因其"遥知不是雪，唯有暗香来"（王安石诗句）的崇高品格和坚贞气节象征了中华民族所称颂的正人君子之精神风貌，因此历朝历代受到了无数文人骚客的疯狂追捧和热情歌颂。文献记载：中国最早的梅花培植起始于商代，距今已有四千余年历史。梅花，不畏严寒，独步早春。冒着凛冽的寒风，傲雪凌霜；在冰中育蕾，雪中开花；赶在东风之前，向人们传递着春天的消息，故被誉为"东风第一枝"。

梅花的这种坚韧不拔、不屈不挠、奋勇当先的精神和顽强意志，历来被人们当作崇高品格和高洁气质的象征，更被推崇为中华民族的精神象征。

几千年来，上至显达，下至布衣，均对梅花深爱有加。在源远流长的中华文化长河中，梅花几乎成了民族精神的象征。宋陈亮有《梅花》诗：一朵忽先报，百花皆后香。欲传春信息，不怕雪埋藏。面对"犹抱琵琶半遮面"的初绽花蕾，诗人写出了梅花凌寒傲雪的内在精神及其高洁的品格。

民国年间的上海滩文人云集。姚虞琴先生在文化圈内积极宣传和盛情赞扬家乡超山的梅花，引起了诸多名家的兴趣和向往。在姚先生的努力下，民国 12 年癸亥（1923）正月底，57 岁的姚虞琴，陪同陈散原（三立）、周庆云（梦坡）、汪诒书（颂年）、汪惕予（自新）、王绶珊（体仁）、俞绶丞和钱治香等多位好友，前来超山观赏梅花。

《周庆云年谱》载：周庆云自民国 12 年（1923）癸亥正月 60 岁那年，第一次与姚虞琴等来超山探梅并出资建宋梅亭。尔后，于民国 14 年、17 年、22 年的近 10 年间又多次来过超山。

是他考证出香海楼（后称"浮香阁"）前这株虬枝遒健的老梅是塘栖宋代福王庄的遗物。

他决定出资在宋梅前建一座亭子，得到了同行好友一致赞成。汪惕予、王绶珊并愿共同出资建造宋梅亭，以志永久纪念。

是年十二月，宋梅亭在古宋梅西首建成。亭子由四根方形石柱撑起飞檐翘角的亭盖。一眼望去，古意盎然，与梅林花海情景交融，宛若自

超山宋梅亭旧影　　　　　　　　　　　　　　供图　韩一飞

然天成。

周梦坡写了《超山宋梅亭记》一文，文中有："况万花之中，剩此冰雪之姿，野火不能摧，风霜不能蚀，殆以是见天地之心乎？"正是以梅抒怀，将花拟人，用来抒发心中万千感慨与文人情怀。

他还请吴昌硕绘成宋梅小影一桢并题序，此幅《宋梅图》老干劲挺，疏影横斜，风致高洁，格外传神，画上更题有咏宋梅五古长诗。

周梦坡、吴昌硕、姚虞琴、纽衍、吴东迈、王绶珊、汪惕予七人分别在亭柱上各撰楹联一副。

宋梅亭正对着古宋梅的亭柱上是周梦坡撰并用楷书写成的对联，联语是：

与孤屿萼绿花同联眷属；

周庆云对联

胜（剩）越山冬青树共阅兴亡。

上联中"孤屿"，是指杭州孤山。"萼绿花"，亦即萼绿华，是传说中道教女仙名。在此处则专指梅花名种"绿萼"，其联意是说超山的宋梅与北宋林和靖所种植的孤山梅花同属宋代，如亲眷一样。

下联"剩越山冬青树共阅兴亡"，是指元朝初年，江南释教总领番僧杨琏真伽为破坏宋室龙脉风水并盗取帝陵中的金银财货，残暴地将位于绍兴皋埠的南宋六陵挖掘净尽，并将帝后尸骨弃于荒野。义士唐珏激于义愤，出资召集里中少壮，收拾帝后骨骸，择地埋葬，并移冬青树栽植其上，以为标识。为了免遭元人迫害，唐珏隐居塘栖。此中联意是说超山这株宋梅和绍兴宋六陵之上的古老冬青树一样，见证着皇朝兴衰存亡。以此来寄托对故宋的怀念。

宋梅亭内正中柱子上镌刻的是时年80岁的吴昌硕所撰并以行书写成的对联：

鸣鹤忽来耕正香雪留春玉妃舞夜；

潜龙何处去有萝猿挂月石虎啸秋。

此幅楹联书法朴茂苍劲，沉厚雄强。此联又含有多个典故，可谓内涵丰富、古艳深沉。道尽了梅花的清韵、艳丽、傲然、孤绝，抒发了作者的道德情怀和精神寄托。

上联中"鸣鹤"一词出自《易·中孚》九二"鹤鸣在阴，其子和之，我有好爵，吾与尔靡之"。自古以来，有道德重修养者被尊为"鸣鹤之士"。所谓"处于幽昧而行不失信，立诚笃至，物亦应焉"。昌硕老人崇敬这样的君子。后面"忽来耕"三字，则可比喻各种辛勤劳动，《荀子·子道》有：夙兴夜寐，耕耘树艺，手足胼胝……试想老人一生在艺海辛勤耕耘，八十高龄，还不顾年老体衰，顶风冒雪，独步早春，徘徊于平生钟爱之梅林。而梅花似也通灵，亦应之舞之，一派天地高洁，梅雪互喻之情景。其后的"香雪""玉妃"也是指梅花，古

吴昌硕联

曲《梅花三弄》亦称《梅花引》《玉妃引》。故"正香雪留春，玉妃舞夜"二句，让读者宛如身临其境，料峭寒风中，梅花凌寒绽放，吐蕊喷霞，与冰雪共舞，预报春讯。昌硕老人一生爱梅、赞梅、画梅，自号"苦铁道人梅知己"，又极为推崇宋代以"梅妻鹤子"留名后世的林和靖先生。他曾在自画的《墨梅图》上题句"眼中美尔宋梅鹤，饮水独立高千秋"。故此幅上联正是借"鸣鹤"描绘理想，藉梅花抒发怀抱，可谓写活了超山"十里梅花香雪海"的人文意蕴。

下联"潜龙"典出《周易》，句出《文言》"潜龙勿用，何谓也？"子曰"龙德而隐者也"。此处"潜龙"正是譬喻高尚有道德不追名逐利者。"何处去"应是指"生不逢时"。《文选·宋玉〈九辩〉》："蒯槛惨之可哀兮，形销铄而瘵伤。惟其纷糅而将落兮，恨其失时而无当。""又恨失其明

时，不与贤君相当。"（按：莿，指树梢；欀樗，是古书上说的一种大树，其品种则有木兰棩桂、杞欀椅桐。）超山绝顶曾有过"萝猿挂月"之说，也有"石虎唬秋"之景。经过先生巧妙的艺术构思，将传说和山景糅合在一起，并借景抒怀，来针砭社会黑暗。在暮秋凄清的月光下，超山之巅有猿猴攀越藤萝，蹲伏山岩的石虎似也在声声吼叫。此情此景，让老人不禁联想到当时苦难的祖国，国弱民贫，军阀混战，民不聊生。宵小之辈攀交权贵，趋炎之徒欺压良善，正是暗无天日。而"鸣鹤之士、龙德隐者"偏"失时而不遇"，高尚有德之人，竟无可往之处。

昌硕老人本是一位常心系民瘼，敢针砭时弊的文人。其弟子王个簃所著的《吴先生行述》中有"辛亥而后，先生感念时局，益托于歌诗，以抒悲愤……"可证。

姚虞琴对联

第三联：是姚虞琴先生集唐人李商隐、罗邺诗句，用篆书写下：

腊雪不沾墙下水；

冻梅先袒岭头枝。

上联中"腊雪不沾墙下水"，引自李商隐《子初郊墅》诗："腊雪已添墙下水，斋钟不散槛前云。"姚先生将"添"，改为"沾"字。其意为屋上的积雪还没有融化成水，尚未滴至地上。

下联"冻梅先袒岭头枝"，句出罗邺《冬夕江上言事》诗：风柳欲生阳面叶，冻梅先绽岭头枝。姚虞琴改"绽"为"袒"。此"袒"意为"绽开或绽放"，用于此处，就是描述超山梅花冒着冰雪盛开怒放。人间腊月时节，天寒地冻，雪花飘飞。冰雪落到地上化为了墙下之水，那滴水成冰的天气，梅花凌寒独自开放，把自己光明正大地袒露在世人面前。整句诗就是赞美梅花傲立风雪。前头所说腊月时节寒冷，正是为后面梅花于岭头绽放而做的铺垫，愈衬托出梅花高洁的风骨。

宋梅亭南向亭柱上，是道光十八年状元钮福保后人，吴兴钮衍所撰并书写的隶书联，联语曰：

> 几度阅兴亡花开如旧；
> 三生证因果子熟有时。

纽衍对联

钮衍其人，有关信息较少，仅知他是当年在沪的文化人兼商人。超山海云洞旱洞左侧洞壁摩崖"龙洞"二个辟窠大字亦是出其手笔。

此联中"几度阅兴亡花开如旧"句，是感叹王朝更替，但自然界的花木是不管人间凄凉悲欢的，照样会年年岁岁，花开如旧。

而下联"三生证因果子熟有时"句，其意则是宣扬佛家的因果轮回，善恶报应了。

第五副楹联是吴昌硕第三子，时任塘栖税捐局长的吴东迈所撰并书写的篆书长联：

> 胜境压皋亭，有人如白石化虹吹彻几番横笛；
> 溪根遗宋室，此地与孤山放鹤同留千古幽香。

吴迈（1886—1963），又名东迈，号子远，吴昌硕第三子。上海昌

吴东迈联

明艺专创办人之一，上海中国画院画师。书画承家学，有父风。

上联中"胜景压皋亭"，是指当年皋亭山以春日十里桃花而闻名杭城，但超山的梅花远胜过皋亭山的桃花。而"有人如白石化虹吹彻几番横笛"一句中的白石，是指南宋词人姜夔。姜夔字尧章，号白石道人，饶州鄱阳（今江西鄱阳）人。南宋文学家、音乐家。他多才多艺，精通音律，其词格律严密，作品素以空灵含蓄著称。姜夔对诗词、散文、书法、音乐，无不精善，是一位难得的艺术全才。姜夔又是我国古代杰出的词曲作家，南宋绍熙二年（1191）冬，他造访范成大，应主人之请而谱新声。

姜夔度《暗香》《疏影》二曲以咏梅花，词中有句云："旧时月色，梅边吹笛。唤起玉人，不管清寒与攀摘。"故此联应是诗人寻梅之际，听到梅林之中有人吹奏横笛，不禁忆起了姜白石那些传唱千年的梅花曲。

超山的景色胜过皋亭，这些象征着中华民族不屈不挠、不畏艰难、品质可贵的梅花，在寒冬之中迎霜斗雪，依然顽强地凌寒绽放。表现的正是开拓进取、迎接希望的精神境界。也抒发了诗人怀才不遇的寂寞和不论怎样受挫折也要保持高风劲节的道德情操。

下联"溪根遗宋室，此地与孤山放鹤同留千古幽香"是指超山的宋梅正是南宋遗物，有幸遗存在栖溪一角。故超山梅花与林逋种梅养鹤的孤山一样，幽香年年，千岁不朽，其坚韧不拔、永不放弃的高尚品格，正是中华民族的精神象征。

251

与周梦坡一起出资建亭的王绶珊也撰写并书写了一幅楷书对联：

　　带水接西泠此地恍分三竺胜；

　　流风忆南渡当年犹剩一枝春。

王体仁（1873—1938），字绶珊。（按：人物介绍见书前文）

上联是说超山与西湖孤山一衣带水、距离很近，而山间景物仿佛是杭州天竺山中，十分相似。

而下联则是说因了超山宋梅而想起早已远逝的曾经繁华的南宋，如今繁华落尽，只有这株宋时剩下的梅花还存于人间，而且依然开花如旧，香满人寰。

联中"一枝春"就是指梅花。宋代词人贺三愁《绿头鸭》有"凤城远，楚梅香嫩，先寄一枝春"句。

王体仁对联

宋梅亭内侧正对着缶翁对联的则是汪惕予所撰并用隶书写成的：

　　与林和靖同时高风在望；

　　问宋漫堂到此香雪如何。

汪惕予（1869—1941），名自新，号蜷翁，安徽绩溪人，杭州汪庄主人。汪惕予一生办了很多利国利民的好事，流芳久远。

联中林和靖即北宋林逋（967—1028）字君复，钱塘人。幼时刻苦好学，通晓经史。林逋性孤高自好，喜恬淡，不趋荣利。长大后，曾漫游江淮间，40余岁隐居杭州西湖，终身不仕，未娶妻室，结庐孤山。常驾小舟遍游西湖诸寺庙，与高僧诗友相往还。倘佯湖山，种梅养鹤，人称"梅妻鹤子"。逝后宋仁宗赐谥和靖先生，所以后人称他为林和靖。

汪惕予联

而宋漫堂，即宋荦（1634—1713），字牧仲，号漫堂、西陂、绵津山人，晚号西陂老人。河南商丘人。清初著名诗人，书画家，文物收藏家。与侯方域、贾开宗、徐作肃、李琰、徐邻唐等合称雪苑六子。顺治四年（1647），应诏以大臣子列侍卫。逾年考试，铨通判。康熙三年（1664），授黄州通判。曾任山东按察使、江西巡抚、江苏巡抚，官至吏部尚书加太子少师，从政以清廉著称。被康熙帝誉为"清廉为天下巡抚第一"。宋荦在江苏巡抚任上，有感于苏州光福邓尉山梅花"千顷一白，目晃漾银海中，花光如雪，流溢如海"的壮观景象，题写了"香雪海"三字，刻于岩崖。林和靖和宋漫堂都是历史上志向高洁的文人学士。故诗人在上联中，明确此地的宋梅与林逋孤山那片梅花一样，都属品格高尚。接下来，作者笔锋一转，如果那位爱好梅花、题写邓尉香雪海的宋巡抚来到超山，见此数十里如烟似雪、香气氤氲的梅花，会对此壮观景象有何等的感想？

可以这样说，如果当年没有姚虞琴先生对家乡的关注，并积极在上海文化界宣传超山宋梅，超山就不会留下这座宋梅亭。今天，经姚虞琴先生作缘牵线而建成的超山大明堂前这座宋梅亭，历经近百年风雨沧桑，以其所具有的、积淀丰厚的文化内涵，陈香浓郁，已成为余杭区珍贵的文化遗产了。

姚虞琴一生对历代文物情有独钟，多年筚路蓝缕，收藏宏富。而其收藏历程和爱国捐赠事迹更是令人崇敬。

姚虞琴先生年轻时就喜爱收藏，其好友王松泉说他善绘画，尤精兰竹。他喜藏书，最注重搜集明清两代稀见之名人稿本，数十年来罗致甚富，所庋藏书画珍品亦多，声传于外。

1928 年（即日本昭和 3 年），日本国为了庆祝昭和天皇的登基大典，在上海和东京举办了规模空前的唐宋元明名画展览会，展品包括日本历代收藏的中国古代名画以及特地从中华民国征集的藏品，数量达到 600 余件。其中来自中国的展品均征集自国内机构和著名收藏家，而且每一件作品后均注明是何人所藏，这对注重流传有绪的收藏界来说是不可忽略的信息。展览会同时印刷出版了珂罗版《唐宋元明四朝名画大观》一书。姚虞琴收藏书画中有数幅精绝者载入此书，同时入选作品的中国收藏家有徐世昌、庞莱臣、叶恭绰、朱启钤、罗振玉、王震、汪荣宝、陈宝琛、郭葆昌、曾熙、严修、郭则沄、冯公度、狄葆贤、赵叔孺、潘馥、靳云鹏等，每一位都是当时国内经济界、文化界大名鼎鼎的人物。

姚虞琴是浙籍版本学家和古籍收藏家，他和同客上海的"九峰草堂主人"王绶珊交谊甚笃，经常在一起审版论书。至抗战胜利时，姚虞琴在上海文化界诗文书画、文物鉴赏、版本鉴定方面已确立了卓越的地位，身负盛名。

姚先生藏书甚丰，尤以清代焚禁之名人手稿居多。民国 25 年（1936）11 月 1 日至 11 月 18 日，浙江省立图书馆举办"浙江文献展览会"，曾征得虞琴先生收藏浙江名家手稿数件参展。其中有：明《念台先生手抄稿》［按：刘宗周（1578—1645），字起东，别号念台，浙江绍兴府山阴人，因讲学于山阴蕺山，学者称蕺山先生］、查慎行撰手稿本《查初白诗集》、清代石门《吕晚村留良诗稿》等家藏珍品。这些书均属清代严禁之书，是清帝诏令焚禁之书，一经查出祸将灭门。故民间鲜有流传。其中《吕留良诗稿》更属海内孤本，可谓万金不易之绝世珍品。他又藏有明弘治年间翻刻宋本《武林旧事》六卷（宋周密撰）。书内钤有"姚虞琴秘笈藏印"数方。

姚虞琴先生一生重友情，有一事可证。其知交好友、海上文学家陆枫园五十寿辰时，姚将多年韫椟珍藏之明代名家陆治（包山）精绘山水立轴一帧割爱相赠，以贺其寿。可谓十分慷慨不吝金玉。

1951年春天，已85岁高龄的他又将自己珍藏多年的王船山遗墨《双鹤瑞舞赋》委托陈叔通先生赠送给毛泽东主席。毛主席在致国家文物局局长郑振铎的复信中指出"此种手迹甚为稀有"。由此可见姚虞琴不仅是海内著名的收藏大家，而且是一位热爱国家的优秀艺术家。

1957年，杭县文化馆因举办名家字画展览而写信到上海，希望得到姚先生的字画。时年91岁的姚虞琴得信后，将自己收藏的一批名家字画委托马轶常先生带到临平，送交给杭县文化馆。这批书画作品共24幅，除姚老本人的精品2件外，其余均为他的藏品，其中有不少珍品，作者多为明清或近现代的名家。

这批书画中，有明代万历进士李葵孺的行书立轴。有清代康熙进士蒋矩亭的《兰石》，赵九鼎的《兰花》，吴待秋的《山水》和《菊花》，以及姚

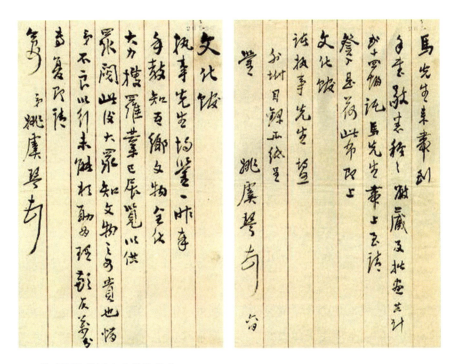

姚虞琴给杭县文化馆的信札

先生的《岩兰》，其他也都是名人名作。姚先生在信中说："知吾乡文物全仗大力搜罗，业已展览，以供众阅。此后大众知文物之可贵也。"这24幅名作，都是价值不菲的墨宝，姚先生为了家乡的文化事业，慷慨捐赠，足见其高尚无私的精神品格。

50年代，他还将同宗兄长姚寿慈（号竹轩）赠送给他的，乡人得之于南宋塘栖福王庄洗马池底淤泥中的宋皇室"祥符开国"铜印捐赠给浙江省博物馆。

事因民国甲戌年（1934）浙江大旱，塘栖运河见底，有农人于塘栖宋福王庄洗马池中挖泥取水，发现了一方宋代铜印。

《珍帚斋诗画稿》有一组四首诗记其事，诗题曰《甲戌大旱，有人于塘栖明福王庄洗马池底得祥符开国铜印，乃福王遗物，竹轩宗兄为作缘归予斋头，喜而赋此》，诗曰：

> 南都遗迹留栖乘，一代豪华慨废兴。
> 玉殿飘零金粉尽，宫人斜畔望舻棱。
>
> 铜符一握土花苍，尽日摩娑咏叹长。
> 半壁残山天水碧，有谁凭吊福王庄。
>
> 洗马池空蔓青草，照人古镜尚清明。
> 文房更有遗珍在，碧血千年玉带生。
>
> 六陵无树哭冬青，义士祠荒枕碧浔。
> 独有旧时明月色，年年长照宋梅亭。

以上记载，是南宋塘栖有福王庄的可靠证据。诗中不仅叙述了塘栖曾有豪华的福王庄园，还说明了庄园的衰落和留存的遗迹，并讲到收藏铜印后怀念凭吊的复杂心情。

　　空荡荡的洗马池青草蔓蔓，池水仍然清澈明净，而此枚皇家铜印和文天祥的玉带生砚一样都是可宝贵的文房遗珍。凶残的元人将六陵攒宫挖掘净尽，只有那孤独的冬青树和超山那棵古宋梅，虽阅尽人间兴亡仍然年年花开常青。义士唐珏掩埋宋室六陵遗骸避难他乡、隐居塘栖，其祠庙也早已年深岁久成为碧落荒亭。只有那轮千岁如旧的明月，年年映照着超山宋梅亭。

　　这枚"祥符开国"铜印，当时是姚虞琴同宗兄长塘栖姚寿慈所得，后来转送给姚虞琴。姚虞琴先生收藏此印后，曾细加研究，并制盒珍藏。

　　"祥符开国"是北宋真宗的第三个年号（1008—1016），使用这个年号共9年。故此印存世至今已历一千多年风雨岁月了。当年此印为何不在杭州皇宫大内庋藏，而收藏于偏僻的塘栖福王庄园之内，并会落入庄园的洗马池中？这些谜团今天已很难解开。只能理解为此物文字寓意吉祥，"祥符"正是指吉祥的征兆。《宋史·乐志十五》更有"祥符锡祚，武库永销兵"。此处"祥符锡祚"，不仅是希望生活中常有吉祥的征兆，"锡祚"则更希望能够"国运长久"，福运及于后世子孙。故此印正是当年福王赵与芮心爱的把玩之物，会经常带于身边，携来塘栖。

　　据姚先生考证，此枚印章出自福王庄中，是宋代皇室的遗物。

　　今天，距此印出土已有80多年了。此印现收藏于浙江省博物馆中。至于是什么时候由浙江省博物馆收藏的？根据姚虞琴先生50年代曾捐赠过许多书画文物给文物部门的情况来分析，此印亦应是当年先生的捐赠之物。

　　2015年11月13日浙博"中兴纪胜——南宋风物观止"文物展在杭州浙江博物馆武林馆区开幕。这方铜印，标以"捐赠"字样展示在世人面前。现将其中文字介绍转录于下：

　　【祥符开国铜印】：长5.4厘米，宽5.3厘米，高6厘米。来源：捐赠，浙江省博物馆藏。方印，印文"祥符开国"。1934年大旱，塘栖南

塘栖福王庄洗马池出土宋祥符开国铜印

姚虞琴捐赠的祥符开国铜印

供图吴彬森

宋福王庄旧址洗马池干涸，附近农民掘泉获此。为塘栖姚寿慈所得，后赠与姚虞琴。姚以盒珍藏并题："此南宋福王铜印，于甲戌夏杭州塘栖镇王庄基废池中出土，文曰：祥符开国。宋都汴梁，故以祥符为籍贯，以宋三司布帛尺度之一寸七分见方，篆文稠叠，不仅补宋人印制，福王庄院在塘栖者，籍以证明。余另有文记之，杭州姚虞琴识，王福厂书吴厚厂刻。"

2018年，姚虞琴先生生前收藏的古瓷器精品在浙江兰亭首届艺术品拍卖会上，被冠以"姚虞琴瓷器保真专场"开拍，其中的明成化青花九秋图罐以1.15亿元人民币成交，创下中国瓷器拍卖又一新纪录。同场拍卖的还有"宋·钧窑玫瑰紫釉海棠式四足花莟""元·蓝釉白龙纹盘"，均以7位数成交。可见其收藏眼光之精，藏品品位之高。

姚虞琴除了以上诗词、书画、收藏成就外，还是当年在上海滩与吴湖帆、黄葆钺、张大壮齐名的书画文物鉴定家。曾多次为好友收藏文物掌眼出力。

如东方大观2015春拍成交价达322万元的赵叔孺藏《旧拓梁虞思美造碧玉象题名记》拓片，就是经姚虞琴介绍而收藏的一件珍稀文物。

据我国杰出的篆刻家，著名书画家、诗人，陈巨来回忆："叔师收藏的古物不少，但不大肯示人，只有叔钟和梁玉造像二件供于案头作为

姚虞琴藏之明成化青花九秋图罐

摆设。"梁玉造像全称梁中大通虞思美造释迦玉像，"旧藏江宁甘氏，辛酉冬（1921）老友姚虞琴兄作缘得之，文字精整，迥异北碑，殊可珍也"（见赵叔孺刻"辛酉十二月四明赵叔孺得梁玉象题名记"印边款）。赵叔孺得此珍物后极为喜爱，当年为之刻印三方。即赵叔孺藏梁玉象题名记、天地间有数文字、辛酉十二月四明赵叔孺得梁玉象题名记。题款额：梁虞思美造碧玉象题名记。辛酉（1921）年得之沪渎，供养于南碧龛中，甲子（1924）岁朝春，棡。

姚虞琴鉴定文物功力深厚，曾为人鉴定明代陆深自书诗卷。展卷稍观即说："字划劲挺，转折流畅，运的是狼毫，色在不浓不淡间，用的是方于鲁墨。"读完全卷以为"整幅书卷神完气足，一笔不苟。而其用纸是明代佳宣，所钤皆常用之印，堪称无上好品"。陆深（1477—1544），明代文学家、书法家。初名荣，字子渊，号俨山，松江府（今上海）人。弘治十八年进士，授编修，遭刘瑾忌，改南京主事，瑾诛，复职，累官四川左布政使。嘉靖中，官至詹事府詹事。卒，赠礼部右侍郎，谥文裕。陆深书法遒劲有法，如铁画银钩。著述宏富，为明代上海人中绝无仅有。上海陆家嘴也因其故宅和祖茔而名传至今。

"桃李不言，下自成蹊。"姚虞琴先生热爱家乡故土，钟爱艺术。终其一生，为社会、为家乡做了许多有益的功德。前人赞誉他是"大雅雍容卓不群"。其人品、诗品、画品不会磨灭，将永存于家乡人民的心中。

八、真情雅韵载乡愁

　　运河街道地处杭嘉湖平原，京杭大运河、官塘大道穿境而过。运河上下，风帆梭织；临河两岸，风光秀丽。迷人的风景，沃野平畴，万顷水云，交织成了田野锦绣。明清两朝，过往的官宦臣工，文人士子，骚人墨客，迷恋于自然美景，触景徘徊，赞美运河，给后人留下了许多诗文词章，凝结成了丰厚的文化财富。

　　五杭有禹王舣舟，渡江遗迹；博陆有天王慧日，双桥跨虹；亭趾有罗汉佛音，更有前贤生息养成的桑梓之地。

　　本章萃集了明清以降直至民国，运河先贤创作的歌咏家乡、怀念亲人、寄托乡愁、抒发胸臆的诗词作品，以及前代文士道经运河，饱览运河风光，触景生情留下的诗词歌咏，共计120余首。

　　在诗词之中，能让你感受到淡淡的乡愁。望得见山水，记得住乡愁。留得住根脉，生活才更有幸福感。乡愁是对家乡的感情和思念，乡愁让人感怀往事悠长；乡愁可以寄托人间真情，乡愁更是中华民族的美好愿景。

　　沈近思《秋怀》诗有句曰："少小离家天一区，枝头每愧见慈乌。"诗中"慈乌"即指慈母。姚虞琴《庚申春游超山》四首之三曰："十载萍踪寄鄂州，故山猿鹤见应羞。于陵仲子多情甚，每到花时忆旧游。"诗中道出了他这个远游他乡的游子对家乡铭心刻骨的思念。

五杭道中

明 戴澳

平野雨初歇，湿云浮树巅。

人家新涨抱，村路小桥连。

桑秃蚕销假，菰香妇饷田。

惭余闲十亩，舟背夕阳牵。

诗载《杜曲集》卷二

【作者介绍】

戴澳，字有斐，号斐君。浙江奉化人，万历四十一年（1613）进士，曾任应天府丞，著有《杜曲集》。

咏亭溪村寺吴越时古树

明 张铬

亭溪村罗汉寺古树，踊踵甚怪，相传吴越时所植，几数百岁，感赋。

千年古树荫僧房，踊踵那堪作栋梁。

自与彭聃同岁月，不知吴越几兴亡。

龙蟠老干波光动，鹤立高枝月影凉。

窃忆蟠桃今又熟，欲随方朔去偷尝。

诗载《临平记再续》

【作者介绍】

张铬，字行素，明成化十九年（1483）举人，山东临淄幕官，有《联辉集》。

博陆西隐庵溪上成化庚子作

明　丁养浩

闲来溪上过，群动皆辟易。

抚竹浪题诗，晴空震辟雳。

【作者介绍】

丁养浩（1451—1528），字师孟，号集义，别号西轩，塘栖（泉漳）人。明成化丁未进士，官云南左布政使。著有《西轩效唐集》《西轩类稿》。

寄博陆王舅

明　丁养浩

春风秋月两悠悠，别去情怀叹不侔。

千里云山徒极目，五更烟雨不胜愁。

五杭庙河漾

摄影　吕伟刚

天机滚滚人先老，世事茫茫水自流。

何日相逢话旧忆，一尊同倚仲宣楼。

亭溪沈氏族谱

明　丁养浩

宪法久不立，世道日已衰。

若非修谱系，何由叙睽离。

沈君志古道，手录素所知。

世经人以纬，瓜瓞相依维。

源流既浚发，根枝亦同归。

昭穆一以序，恩义一以施。

服属一以辨，祀事一以时。

正名以定分，缘情而制宜。

人心既敷治，王化乃坯基。

刑措可不用，礼乐亦系之。

沈君知所重，古道良可追。

愿言永珍袭，千载垂芳誉。

诗载《西轩效唐集》卷二

题慧日寺

明　丁养浩

成化戊子，博溪王思政延吾先君与唐元恺、元性、王宗盛，馆宾谢宗南、倪伯玉至其乡慧日寺，觞于水亭之上。予与仲兄师哲亦厕其末。酒酣宗南有作，余和之，书于壁上。今五十九年矣。当时同席者，今无一人。余亦白发种种，追忆旧作，能不有慨！

> 博溪溪上一追游，慧日名山万木秋。
>
> 三径草堂通别墅，一间茅屋瞰清流。
>
> 月明村坞僧归晚，云掩松关鹤梦幽。
>
> 尊酒醉来成一笑，高风绝胜虎溪头。

诗载《临平记再续》

亭村即事

明末清初　沈　谦

> 舟行溪路远，烟色晚霏霏。
>
> 哤雨鱼争出，蹲沙蟹正肥。
>
> 田家蒸稻熟，村女采菱归。
>
> 风土殊堪乐，幽栖素志违。

诗载《东江集钞》

【作者介绍】

　　沈谦（1620—1670），字去矜，号东江，仁和诸生，临平人，著《东江集钞》十四卷。

舟次双桥有作

清　宝鋆

> 归帆斜指路迢遥，满目寒云锁沉寥。
>
> 膏泽一旬飞白雨，丰年两字喜红桥。
>
> 敢云鉴拔皆名士，祇有驱驰答圣朝。
>
> 回首杭城劳想象，几人团坐话星轺。

诗载《文靖公诗抄·浙省还辕纪游草》卷二

【作者介绍】

宝鋆（1807—1891），字佩衡，索绰络氏，满洲镶白旗人，世居吉林。道光十八年（1838）进士，授礼部主事，迁侍读学士。有《文靖公诗抄》。

夜宿禹航

清　王绍曾

夜泊依沙渚，江天白露浓。

溪寒明远火，云湿度疏钟。

野戍闻哀柝，孤村起暮舂。

禹航存古迹，当日负黄龙。

诗载《临平记再续》

【作者介绍】

王绍曾，生卒不详，字孝先，康熙年间临平人。《杭郡诗续辑》：孝先与王东曙升、潘夏珠云赤、陶羽逵仪、唐子翼洪基，俱出沈东江门下，有《东江八子集》，毛稚黄为之序。

重过北陆

清　沈圣昭

古堙盘天此重过，乘船愁望意蹉跎。

烟开壁垒移深树，风急帆樯散大河。

潦倒未堪千日饮，荒凉谁唱五噫歌？

可知京洛悲鸿雁，独忆中丞惠泽多。

诗载《临平记再续》卷3，诗中中丞，即指明代钟化民。

【作者介绍】

　　沈圣昭，字宏宣，仁和临平人，沈谦二子。家世于医，工书，善山水，偶画竹。有《兰皋集》。

发五杭遇雪

清　许剑青

　　白战少人行，风声杂水声。

　　狂飞官道没，乱点野桥平。

　　碎影天中落，奇寒客里生。

　　拥裘蓬底坐，不复问前程。

诗载《临平记再续》

【作者介绍】

　　许剑青，生卒年不详，清代钱塘人。有《止尘庐诗钞》。

博陆道中寄怀应嗣寅

清　胡　介

　　岁行行已尽，客行犹作客。

　　岁晚霜霰深，鱼龙还大泽。

　　我独行未归，荒荒卧估舶。

　　回首望故人，高馆方读易。

　　荆榛古道中，独行还忘迹。

　　往迹难复寻，徒见阡与陌。

念子实已多，未得陈肝膈。

河广不容刀，我劳何永夕。

诗载《栖里景物略》

【作者介绍】

胡介，生卒年不详，明末清初钱塘人。初名士登，字彦远，号旅堂。诸生。明亡，归隐西溪。入清不仕。晚年信佛。工诗。年未五十而卒。有《旅堂集》。

重过博陆钟母旧宅

清　胡　介

重过双桥溪，于今又十年。

入门思往事，事余恨落尊。

前风雪经残，腊江村对暮。

北堂人不见，空指旧题签。

诗载《旅堂集》卷一

过梁山梦博陆楼怆然作

清　胡　介

黯淡双垂袖，萧疏倚白鹇。

松风吹珮影，花气结云鬟。

鸡唱人千里，魂归月一山。

空持楼上语，霜渡泪潸潸。

诗载《栖里景物略》

村居杂咏（二首）

清 冯学藩

种蕉无事学涂鸦，十幅鸾笺洒彩霞。

招得吟朋皆旧雨，爱栽野卉当名花。

偶因诗兴浓于酒，便忘愁怀乱似麻。

匝地红尘飞不到，垂杨深处是吾家。

敢慕林泉隐士风，村居差与老农同。

抛将尘梦醒庄叟，恃有清贫傲邓通。

种竹影筛千个翠，读书焰剔一灯红。

陶情弥觉身闲好，惭愧人呼知稼翁。

诗载《临平记再续》

【作者介绍】

冯学藩，生卒年不详，字少亭，诸生，清代亭趾人。著有《白湖诗钞》。

西湖竹枝词

清 沈 任

湖塘十里水连空，游女如云践落红。

人蘸燕支山蘸黛，一般妆束问谁工？

诗载《临平记再续》

【作者介绍】

沈任，生卒年不详，字和卿。诸生，亭趾人。著有《守黑斋诗文稿》。陈棠曰：和卿少孤家贫，居亭趾村中，无学可就，经书皆母夫人唐口授。迨弱冠，效人为制艺。又数年即工，遂补博士弟子员，藉教授以养母。其境遇之拂逆，有不堪为人道者。寻以憔卒，子亦夭逝，茕茕嫠母，复以课徒为糊口计。今其母亦逝，遗稿不知流落何处。诗人姚虞琴其弟子也，忆有《西湖竹枝词》三十首，而仅得其一，自楚北寄示，亟录之。

七夕馆中小课（二首）

清 顾树德

一年一度涉银河，怪煞天公定例苛。
毕竟双星孰来往，痴心我欲问嫦娥。

马嵬山下走仓皇，夜半长生密誓忘。
解识天孙犹抱恨，这回休更怨三郎。

诗载《临平记再续》

【作者介绍】

顾树德，生卒年不详，字元灏，家五杭。早卒。

梅花园咏钟眉令

清 陈文述

钟眉令，名韫玉，仁和人，明中丞忠惠（原作"愍"）公女孙，海昌查逸远室，初白太史母也。《梅花园存稿》吴骞刻入《海昌丽则》，有《西溪山庄同吴少君方眉士积石引泉》诗。曾孙女昌鹓辑《学绣楼名媛诗》，选录所作为多。

亭趾南桥   摄影　吕伟刚

西溪烟暝话山庄，疏影横斜旧草堂。

雪海有花皆浅碧，月林无树不昏黄。

冻禽啄蕊喧荒槲，瘦鹤窥苔印画廊。

纱幔亲传诗派好，角从琼岛咏寒香。

诗载《临平记再续》

【作者介绍】

陈文述，字退庵，号云伯，钱唐人。嘉庆庚申举人，官全椒知县。有《颐道堂集》《西泠怀古集》。

画堂春·春暮

明末清初　钟　青

楼前流水涨春池。雨晴春日迟迟。落红深处鸟争啼。又欲春归。

尽日朱栏独倚，闲情戏插花枝。那人上马正斜晖。此恨谁知。

【作者介绍】

钟青，字山容，钟忠惠公孙女，钟韫之姐。归海盐吴氏。有《寒香集》，见《杭女表征录·众香词小序》。

浪淘沙·寄眉令妹

明末清初　钟　青

寂寞久临风。敛步从容。春来懒玩小墙东。怕他撩乱花飞处，芳草茸茸。　忆别恨匆匆。失语无穷。何如那日莫相逢。可惜一番光景好，心与谁同。

如梦令·五月十五夜

明末清初　钟　青

皓月柳梢堪恋。风散榴花片片。总是一情痴，可惜流光如电。倚遍。倚遍。花影遮人半面。

诗载《寒香集》

重过方氏山居

明末清初　钟　蕴

西溪山下路，茅屋俯溪流。
又是经年别，重来此地游。
名花多映槛，修竹半遮楼。
未识人间事，耕桑已白头。

【作者介绍】

钟蕴（韫），生卒年未详，字眉令，博陆人，明代名臣忠惠公孙女，工诗及长短句。海宁查崧继（字逸远）室，著有《梅花园诗馀》一卷。吴退庵曰："眉令为钟忠惠公孙女，工诗及长短句，有女兄字山容，女弟字眉士，针纫余闲，互相唱和，有《长绣楼诗集》若干卷。后与逸远先生唱随偕老。疾亟时，自以为风雅流传，非女士所尚，悉焚弃之。其子查慎行就所默记者，追录六十余首，题曰《梅花园诗馀》。"

寄逸远金陵

明末清初　钟　蕴

平原丛草竟何之，早夜能无听子规。
野水自添桃叶渡，东风重寄竹枝词。
人间骐骥谁能识，天上星辰暗自移。
建业朱张今在否，鹿门归计好栖迟。

西溪山庄同胡少君方眉士积石引泉

明末清初　钟　蕴

曲坞藏茅屋，层峦啼杜鹃。
云木亘交蔽，日午窥中天。
山家饶生计，梅竹当田园。
荷锄恣游宴，投足生流连。
经冬长蔓草，绕舍鸣寒泉。
涧应石磊磊，藻上鱼蹁蹁。
同时得幽兴，引源及阶轩。

凿石初照月，开径夜生烟。

共传山中叟，能说羲皇前。

历世经长毓，草木密繁烟。

生无樵采患，安知耕凿年。

示两儿读书吴山

明末清初　钟　蕴

丧乱还家后，周旋只两儿。

苦辛都为汝，贫贱且从师。

慎勿趋时好，何须恋旧茨。

晨昏原细故，努力慰衰迟。

小重山·寄翁少君

明末清初　钟　蕴

旧日春风过旅堂。海棠初放处，倚斜阳。帘栊手炷博山香。思往事，两两试红妆。　挥手恨添长。胭脂憔悴后，尽思量。怀君寻梦转回廊。残红和，泪落染罗裳。

鹧鸪天·寄九妹

明末清初　钟　蕴

一春愁蹙两蛾眉。花自芳妍人自悲。蛱蝶穿花浑似梦，少年风味杳难追。　频折柳，试春衣。乱红深处鸟争啼。生憎呢喃双燕子，飞来飞去共差池。

少年游·即事

明末清初　钟　蕴

东南日出照庭隅，风影隔窗虚。细草阑干，轻烟帘幕，天气困人初。　　梦魂一晌闲无绪，担搁绣工夫。慵整菱花，怕听莺语，心事尚模糊。

诗载《临平记再续》

经博溪故居不无零落之感口占二绝

明末清初　钟　蕴

迷漫荒草晚浦烟，花鸟无人亦可怜。
罗绮楼台今在否，沉吟犹记十年前。

南楼岁月尽繁华，姊妹年年约看花。
谁道桑田成转眄，晓风斜月叫寒鸦。

再和眉士原韵

明末清初　钟　蕴

女儿桥畔接清溪，久别莺花蔓草迷。
书到几曾看过雁，梦回重与听鸣鸡。
相看此日头俱白，转忆当初发未齐。

与尔挑灯忘夜永，明朝归路下塘西。

诗载《临平记再续》

西湖竹枝词（四首）

清　钟　筠

十二桥边花满堤，画船萧鼓闹芳菲。
晚来月上东风起，吹落残红点翠衣。

晓日初升宿雾消，成群驹犊遍东皋。
寻春只为亏鞋窄，不能相将过六桥。

楼头少妇自填词，移换宫商唱竹枝。
忽见团圞山月上，沉吟搁笔几多时。

溪上采菱不荡舟，菱歌唱出蓼花洲。
团团萍叶随人意，争似郎行不调头。

【作者介绍】

钟筠，生卒年未详，字赉若，钟忠惠公孙女，钟韫之妹，仁和诸生仲恒室。家居塘栖三十余年，夫妇唱和。罗以智《诗苑雅谈》有："筠以贤孝闻，所著有《梨云榭诗馀》三卷，《淇园诗初集》四卷。恒，字道久，亦工诗。"

定风波·读先大夫忠惠公建储疏

清 钟 筠

折槛陈书上九重。列班莫问剪梧桐。青史斑斑谁是侣。千古。沥血有龙逢。 三案只今成往事。水逝。青阳坐个已无踪。野老争能述典故。无据。遗编犹自拂春风。

词载《古今词汇三编》

生查子·和钱淑仪查夫人

清 钟 筠

斜月逗湘帘，卷映银河浅。翠幕暮寒生，阵阵西风剪。 蟋蟀入床头，似诉幽人怨。清影到梧桐，寂寞闲庭院。

词载《全清词》

阮郎归·送别长姐父夫人

清 钟 筠

临风洒泪唱骊歌。啼痕沁薄罗。小楼又见雁南过。秋风秋雨多。思绻缱，怨蹉跎。愁肠似掷梭。开轩对月问姮娥。此情可奈何。

南歌子·寄七姐查夫人眉令

清 钟 筠

翠钿同时换，冰弦对月调。蛾眉犹忆一般描。肠断离人风雨听吹箫。　　寂寞愁春昼，殷勤记昨宵。休将短棹逐春潮。何日重来研露共题蕉。

词载《众香词》

南歌子·寄四姐吴夫人山容

清　钟　筠

刺绣工夫巧，评棋逸兴赊。西园携手看蜂衙。无数闲情都付夕阳斜。　　世事流如水，人情幻似花。一庭香雪冷窗纱。两地愁怀应共此些些。

词载《众香词》

南乡子·送七姐还海昌

清　钟　筠

细雨动离愁。牙尺并刀记小楼。不道今宵真个别，难留。怪煞风前一叶舟。　　锦字莫沉浮。双鲤频看溪水流。三尺瑶琴还在壁，凝眸。指上宫商叹白头。

词载《众香词》

爪茉莉·寄如嫂方眉士

清　钟　筠

独坐纱窗，听风姜雨苦。雕栏外、云歌柳舞。兽炉烟袅，有谁共、知心密语。又几回、漫托瑶琴，争奈琴心不许。　　寄题分韵，倚屏山、颦眉妩。蓦地里、闲愁无数。花笺研就，难写愁肠千缕。细沉吟、试问愁来何处。为甚竟迷去路。

词载《众香词》

意难忘·春日感怀寄七妹查夫人

清 钟筠

晓日烘窗。看柳眠花笑，做尽春光。远山横黛绿，碧水卸余香。千叠意、九回肠。但抚景凄怆。任满庭、红情紫态，蝶乱蜂忙。　　堪伤去路茫茫。见寻春士女，逸兴如狂。偎花识面去，对月又相将。帆影断、暮云傍。有归雁成行。更那堪、花阴寂寂，月转西廊。

词载《众香词》

卜算子·和眉令姐秋闺

清 钟筠

独自望江南，陌上行人晚。几阵西风透玉肌，寂寞芙蓉岸。　　细雨沥芭蕉，不见双飞雁。几处□声到画帘，尽是长征怨。

词载《众香词》

秋怀三十首（选三）

清 沈近思

一

鹿城游学旧同窗，白露兼葭隔一江。
自笑生涯惟铁砚，那堪孤影对银缸。

279

苏台此日怀明月，震泽何年驾小艭。

惭愧别来增马齿，才疏空有志难降。

注：鹿城即昆山，公游学时，交吴礼深、刘绥人、柴敬存、沈雍来、顾声夏诸人。

二

少小离家天一区，枝头每愧见慈乌。

树因风过无时定，鸟为云迷独自呼。

菽水未尝承色笑，光阴大半误跏跌。

可怜异学伤伦理，原道方知真不迁。

三

余本农家村落居，狂驰求道弃耕渔。

投林不择几伤翅，缘木何因可得鱼？

六尺微躯思一本，三年短发愧重梳。

每思季布钳奴日，野蔓盈前恨欲锄。

诗载《天鉴堂集》

【作者介绍】

沈近思，字位山，号闇斋，仁和县五杭村人。康熙庚辰进士，历官左都御史。卒赠礼部尚书、太子太傅，谥端恪。

忆家乡人不得音信用柳子厚登柳州城楼韵二首（选一）

清 沈近思

浙西传说又年荒，欲寄愁思路渺茫。

多病儿方支枕席，远行谁为守门墙。

条条带水空萦闷，处处秋山可割肠。

荏苒客途将半载，眼穿来雁自家乡。

诗载《天鉴堂集》

忆徐坚石先生

清　沈近思

弱冠逢世阻，馆宇非一山。

长饥至于老，奈何五十年。

劲气侵襟袖，被服常不完。

所保讵乃浅，玉石乃非坚。

此士难再得，此士胡独然。

高风始在兹，势翳西山巅。

【注释】保守真性，坚于玉石。

诗载《天鉴堂集》

得麟儿凶信用柳子厚韵

清　沈近思

心死寒灰不复然，那堪肠断鹭江边。

离家远隔三千里，养汝空劳十八年。

东野有书难记日，西河无罪欲呼天。

一棺遥想秋风冷，痛绝苏堤败柳烟。

诗载《临平记再续》卷三

按：公长子名玉麟，字厚贻，卒年十八。

赐侍郎沈近思

清　胤禛（雍正）

冢宰官资贵，齐名属亚卿。

281

水乡旧影　　　　　　　　　　　　　　供图　韩一飞

同邀三品重，并列六曹荣。

操比寒潭洁，心同秋月明。

所期庶政理，海宇日澄清。

过亭趾姚墩江故居，怆然有生前知己之感

清江蓝

就衰门户益萧条，旧地重游魂暗销。

生日无儿能绕膝，殁时有女甫垂髫。

狐眠荒冢蒿莱没，燕入空堂风雨潇。

高义不忘同患难，泪余老眼滴今朝。

【作者介绍】

江蓝，字子蔚，号兰圃，仁和临平人，诸生，世居临平方家桥，先

世以营运起家，至公始有志读书。著有《师竹山房集》《倦庵吟草》。

过亭趾冯半亭村居

清 江 蓝

荒村成小市，中有隐君居。
水典桥横外，分明是旧庐。

初夏过亭溪

清 江 蓝

春与人俱老，亭溪客未还。
花残蝴蝶瘦，水落鹭鸶闲。
菜圃篱斜结，桑园户半关。
邻翁如解饮，呼酒一开颜。

哭亭溪姚曒江上舍昱

清 江 蓝

客颜嗟日槁，一见一回惊。
病已膏肓入，言犹肺腑倾。
有灵何憾死，无命竟难生。
剩有绨袍在，空教老泪盈。

以上四首诗载于《临平记再续》

青玉案·痛姚暾江

清 江 蓝

当年历尽游离路。恨未向，桃源去。患难同尝时惨度。鸿嗷盈野，燕惊空户，无地相安处。　　而今我已悲迟暮。君逝空吟断肠句。留得余生还几许。聚同团雪，散如飞絮，泪并檐前雨。

前调，痛姚暾江久厝未葬

清 江 蓝

如君身后真堪概。看门户，都萧败。残骨未收遗恨在。烟荒滋蔓，露凄浮藻，雨沫还晴晒。　　回思旧日相亲爱。目惨偏先我棺盖。岂择眠牛犹有待。日何时吉，地何人买，慰死吾无奈。

词载《师竹山房集》

故宅　　　　　　　　　　　　　　　　　　　　摄影　吕伟刚

三塘渔唱集（选四）

清 丁 丙

博陆曾开慧日筵，水亭觞宴侍群贤。

重寻雪壁鸿题印，六十回头欠一年。

草窗嫁女博溪隈，时近春分雪又雷。

天地冥濛惊变色，春秋有客证书来。

星儿幽怨殉琵琶，乩降梅园忠惠家。

零落十年诸姐妹，博溪忍看旧时花。

端恪尚书著五杭，外施甘雨内严霜。

若非苦节先尤母，曷授遗经天鉴堂。

【注释】

指丁养浩《题慧日寺》诗所指。

原注：《癸辛杂识》：至元庚寅正月二十九日癸酉。是年二月三日春分，余送女嫁吴氏。至博陆，早雪作。至未时，电光继以大雷雪，下如倾雨。雷不止，天地徒黑，生平未见，为惊惧者终日。客云："记得春秋鲁隐公九年二月，三国吴主孙亮太平二年三月，晋安帝元兴三年正月，皆有雷雪之变。"未及考也。

原注：姚光晋《瓶山草堂琐谈》：吾乡博陆村钟氏，明忠惠公裔。家设乩，一女仙常降，与钟兄弟唱和极多。句多哀怨。记其一联云：岭上弄花春有影，湖边踏月夜无声。末署星儿两字。问其故，不答。后有其女伴来，乃述详之。盖女负色艺，貂珰逼之入宫，乃抱琵琶自沉于西泠桥下。钟氏所录诗卷，今已遗失，钟亦零落。

原注：《乾隆杭州府志》：沈近思，号闇斋，仁和县五杭村人。官至都察院左都御史，赠礼部尚书，谥端恪。沈氏迁杭，六传至东园公讳魁，好施予。曾祖学颜、

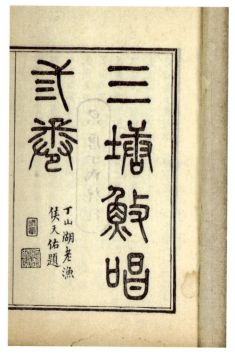

三塘渔唱集

祖时吉、父大震，皆以公贵，妣皆赠夫人。曾祖母尤氏，年二十二，矢志守节，抚孤孙，避兵祸，艰瘁弥厉，故赠君终身无笑容。公所著有《易》《诗》《论语》《小学》及《天鉴堂诗文集》数十卷。

【作者介绍】

丁丙，字嘉鱼，号松生、松存，别署钱塘流民、八千卷楼主人、竹书堂主人、书库报残生、生老。钱塘（今杭州）人。清末著名藏书家。著有《松梦寮诗稿》《三塘渔唱》《北郭诗帐》等多种。

为姚虞琴题吴柳堂侍御罔极图遗墨（二首）

清　陈伯严

堂堂尸谏大名垂，死所微怜逐厥私。
当日死忠仍死孝，请看万恨写庸医。

引枢苍黄出国门，痛兼夷祸翠华奔。
只今海市同燕市，遗像防污溅血痕。

诗载《陈三立诗词全集》

【作者介绍】

陈三立（1853—1937），字伯严，号散原，江西义宁（今修水）人，近代同光体诗派重要代表人物。

姚虞琴重刊沈东江词曲属为校勘书北奉寄

民国　徐　珂

竹屋纸窗佳趣得，不知风雨送寒来。

危时黑白淆棋局，永夜丹青守砚台。

静坐自寻铝瑟乐，沈思忽结玉箫哀。

藕花五月临平路，何日同君共著杯？

诗载《临平记再续》卷四

【作者介绍】

　　徐珂，字仲可，钱塘人。光绪己丑恩科举人，官内阁中书。著有《天苏阁集》《纯飞馆词》。

宋子鹤与予同生甲辰虞琴姚君拉作百五十寿时戊午秋

民国　吴昌硕

赋读梅花君有学，斧惩桂树老犹痴。

病如杜甫孤舟托，人岂东坡二客奇。

汉皓瑞图芝簇簇，周衰愁见黍离离。

酒杯在手过今日，谓我何求我不知。

诗载《缶庐诗》卷八

题姚虞琴绿杉野屋图

民国　陈昌齐

苍霭一径深，林隙槿篱补。

夕阳生晚凉，笑与群峰语。

诗载《临平记再续》卷四

【作者介绍】

陈昌齐，字若孙。廪生。

题姚虞琴绿杉野屋图

民国　范鸣锵

葱茏佳木绕千章，篱落清疏迥异常。

粉本不须摹北苑，草庐直欲继南阳。

此中别有诗人窟，无地能容热客藏。

眠醒绿阴琴罢奏，振林余响听琅琅。

诗载《临平记再续》卷四

【作者介绍】

范鸣锵，字鹿宾，廪生，居小林。

题姚虞琴绿杉野屋图

民国　费本祎

司空妙句天然，恰似诗家画禅。

带郭乱山重叠，沿溪老屋三椽。

谁是坐中佳士，君真世名神仙。

居处但求容膝，何须广厦万千。

诗载《临平记再续》卷四

【作者介绍】

费本祎，字芷青，诸生，小林人。

题姚虞琴绿杉野屋图

民国　杨守正

凭空结想真奇诡，不愿安身愿爽体。

清风一握翛然来，如入疏林茅屋里。

暑气消时秋意多，笑君随时可移家。

云坳折叠烟岚皱，即是尧夫安乐窝。

诗载《临平记再续》卷四

【作者介绍】

杨守正，字振邦，号竹孙，钱塘人。甲午科举人，江苏知县。

题姚虞琴绿杉野屋图

民国　陈星炜

仿唐人一字至七字体

屋。

水隈，山曲。

窈以深，往而复。

砌草如茵，庭花作褥。

绚天夕照红，堕地寒烟绿。

其间聊可自娱，此外未能免俗。

云卧岩头补一椽，风生袖角无三伏。

扫萝径，顿教尘障空；掩蓬门，不怕炎威酷。

即此青林，碧嶂万千重；胜他水殿，云房三十六。

诗载《临平记再续》

【作者介绍】

陈星炜，字伯庸，号味腴。光绪癸卯科副贡。家住干河埠。少年聪慧，跟从钟西亭、朱子星、唐镜甫、关义质诸先生游学，又随其六叔祖陈荫轩附读于杭州杨氏。清光绪二十一年（1895）考中秀才，光绪二十八年（1902）中副榜时，他与两侄子陈棠、陈孟辉同时考中举人，一门三荣，据说杭州府为此特颁"叔侄兄弟登科"匾予以表彰。陈星炜于光绪三十四年（1908）五月，出资在瓶山头文昌阁兴办"临平两等小学堂"，开临平办学之先河。学堂即是位于临平将军殿弄临平第一小学的前身。

夜斋寥寂，次姚虞琴韵并志感

清　陈　沺

从来断藕总连丝，此恨绵绵无已时。

鸦散玉屏凄月色，鹊辞银汉渺星期。

寒闺灯火欹孤枕，荒冢棠梨酹一卮。

泪颗双垂肠九转，那堪重咏若兰诗。

诗载《晚香斋吟草》清光绪十一年刻本

渔吟寄示之闽舟中即事依韵代柬

清　陈　沺

峭寒花未见春城，积雨连朝切望晴。

计日客从愁里度，逆流舟向险中行。

云山严濑今重历，烟水渔梁又一程。

喜把君诗吟枕上，浑忘红旭射窗明。

【注释】

渔吟：姚虞琴（景瀛）笔名。

浦城别名渔梁。

书渔吟汉上诗草后

清　陈　沺

摇岳凌洲笔似椽，况经杰阁倚晴川。

诗人自得江山助，胜侣尤饶翰墨缘。

赤壁何妨游汗漫，白描原不事雕镌。

从今休觅湾销夏，涤我烦襟手一篇。

诗载《晚香斋吟草》

阅虞琴和蓉江寿诗，用原韵率成两章代柬

清　陈　沺

芳草萋萋鹦鹉洲，名区自古寓名流。

排愁手把红螺盏，乘兴拳搥黄鹤楼。

四座宏开场佛选，一帆墨助记神搜。

杏花时节须归早，莫待西风汉苑秋。

诗中进境纵随年，风雅端由出性天。

莫诮郊寒兼岛瘦，何分王后与卢前。

豪雄健举凌云笔，敏捷轻飞下水船。

络绎邮筒传警句，定知翰墨有因缘。

题姚虞琴珍帚斋诗稿

民国 李宣龚

三径平生手自开，满村芦橘与杨梅。

山僧竟燃瞿脐酷，壮士空怀抉目哀。

白首自吟诗一卷，朱颜不借酒千杯。

莫因荷插嗟迟暮，共欢夷吾煮海才。

诗载《硕果亭诗续》卷三

【作者介绍】

李宣龚（1876—1953），近代诗人，字拔可，号观槿，室名硕果亭，晚号墨巢。福建闽县人，沈葆桢为其舅祖。清光绪甲午（1894）举人，官至江苏候补知府。民国后供职上海商务印书馆多年，曾任商务印书馆经理，并兼发行所所长。喜收藏。民国30年（1941）任合众图书馆（上海图书馆前身）董事。

范听孺费芷清何友文三君悬壶卖药颜其室曰
三益画开径图赠之并题长句

民国 姚虞琴

君不见，壶公卖药壶中匿，犹有长房能物色。

又不见，石湖烧药过此生，延宾还起鸥盟亭。

古来活世卫身者，未闻茕茕踽踽予立而独行。

咄哉！后人工模仿，葫芦依样悬市上。

扰攘十丈红尘中，开径羊裘重相访。

三君我故人，淡真如水醉如醇。

相将斫药向幽岛，囊中满贮天池春。

茅山山麓结茅庐，我赠三君三益图。

图中何所有，老屋沿溪口。

夭矫百尺松，时作苍龙吼。

下产千年之茯苓，上流鞠泉之水清泠泠。

吾闻二者本是稀世物，服之可以制颓龄。

吁嗟乎！

神仙莫道人间难，插脚人间亦有长生药。

衢州道中苦雨

民国　姚虞琴

湿云重叠压江城，十日难逢一日晴。

百道奔流争石泻，孤帆冲雨绕山行。

天寒有意迟花信，夜静无聊计水程。

莫怪子规啼不住，踏青才过上清明。

十发居士以鹿川图索题（二首）

民国　姚虞琴

昔年汉上共淹留，风雨鸡鸣互唱酬。

重作淞滨文字饮，尊前闲话楚江秋。

兵戈四海一悲辛，吴楚乡关梦里身。

等是有家归不得，白头王粲尚依人。

293

东湖次庸庵老人韵

民国 姚虞琴

奇境方知造化偏，引人入胜泛槎仙。

风牵水荇流衣上，雨压岩花落槛前。

欸乃一声山答响，荒凉山径梦如烟。

故乡先有东湖在，词客犹吟宝鼎篇。

原注：临平湖又名东湖。吴志赤乌十二年宝鼎出临平湖，词名有宝鼎见，毛先舒填词名解诏即此也。

庚辰正月二十八日悼亡（三首）

民国 姚虞琴

暮年七载痛三丧，鳏独情怀我尽尝。

君去九原应自慰，子承菽水妇羹汤。

东野曾无哭子诗，效尤如我竟无辞。

灵床最是伤心处，凄绝孤孙长恸时。

赁庑已偿偕老愿，古稀同寿我心降。

西归今有人称羡，头白鸳鸯得几双。

【注释】

1938 年姚虞琴 72 岁，独子姚继毗逝世，年仅 34 岁，而媳妇尧堃 1934 年即已早逝，给他留下了一双未成年的孙子女。到了 1942 年夫人华氏又离世。故诗中有"暮年七载痛三丧"之叹。

自题画竹

民国　姚虞琴

老竹森如束，新笋复成竹。
风卷绿云稠，补我旧茅屋。

又画兰

民国　姚虞琴

遁迹依空谷，春来开数丛。
馨香羞自荐，宛转谢东风。

初夏临平道中（四首）

民国　姚虞琴

压林春雨熟枇杷，照眼红榴已著花。
认取旧时游钓地，安平泉上试新茶。

曾将烽火报花知，今我来思子满枝。
一路黄香沁诗骨，有人争唱庆湖词。

野翠纷纷落女桑，柴门深锁碧阴凉。
红蚕已老缲车出，村廓时闻煮茧香。

春柔舒卷绿蒲风，突兀经幢倚碧空。

蜡屐往东山下路，汀洲不见藕花红。

庚申春游超山

民国·姚虞琴

山南山北雪成村，年少寻春梦尚温。

堪笑当时腰脚健，沿溪处处草鞋痕。

（幼时探梅朝往夕返不假舟车）

东风花雨落禅房，香海楼前即道场。

折取一枝如梦看，铜瓶斜插礼空王。

十载萍踪寄鄂州，故山猿鹤见应羞。

于陵仲子多情甚，每到花时忆旧游。

（陈吉士宰吾邑时曾探梅山中，林畏庐为之记，辛酉后同客武昌犹时时道及）

倦游自悔误归期，不见山中玉万枝。

绿叶成阴春院晚，一天细雨熟梅时。

（与临庄表兄相约入山时已绿叶成阴矣）

予屡绳超山梅花之盛，陈散原、汪颂年、俞绶丞、周梦坡、王绶珊诸公闻而向往，遂约同入山访宋梅且议建宋梅亭以张之，山僧出纸索画，并题一绝

民国　姚虞琴

话到崖山事可嗟，仙梅犹占宋年华。

海桑历尽人间世，此树依然属赵家。

临平安隐寺观唐梅，寺为南唐清泰元年建，寺南段家浜为南宋植梅之所，其花亦六出，与超山宋梅同

民国　姚虞琴

雪后花开六出新，是唐是宋辨难真。

此行不负巡檐兴，雨树空山见古春。

叶遐庵社长邀赴真仪访顾仲瑛玉山佳处遗趾，因忆龚安节诗云：当时富贵号无前，屈指由来未百年。肯信只今无片瓦，平芜漠漠锁寒烟。盛衰景象可以想见。然六百年后尚有亭趾可寻，荷池无恙亦幸矣哉

民国　姚虞琴

韵事流传六百年，东西亭趾莽苍烟。

诵诗行迈伤离黍，绝响清歌忆采莲。

出世冠裳金粟影，其自题小象云：儒衣僧帽道人鞋

参天云树玉山巅。

闹红无尽双池在，水底仙根石作田。

池以石板作底，斫孔若莲房，花叶俱从孔中出也。

池荷有并头，有同心，有品字，有五杂组，有九品莲台，遐翁为填《五彩结同心》词，予纪以诗

民国　姚虞琴

骄阳初上海东隅，碧水烟开鸳梦苏。
万宝精神骄欲坠，五更风露影相扶。
由来寂处凭谁问，但觉清芬与俗殊。
采采归携双袖底，北窗供养贮冰壶。

营生圹于超山梅花深处

民国　姚虞琴

行年已值鬼为邻，我与梅花孰主宾。
从此入山堪避世，不愁无地寄闲身。
云中鸡犬玄都近，劫后沙虫白屋贫。
岁晚墓门风雪里，一枝先报岭头春。

庚寅秋七月哭季弟沛霖（二首）

民国　姚虞琴

伯仲埙篪一室娱，敢将凡鸟比家驹。
何期夜半秋风起，吹折荆花第四株。

玉树双双先汝折，汝年最小最堪怜。
草青几度从头数，一十三年兄弟缘。

缶庐丈赠予墨梅绝笔也怆然题句（二首）

民国　姚虞琴

权丫一树倚山隈，香雪飘零糁绿苔。
为惜馀春三日坐，此行何异别花来。

丹青驰誉倾中外，先数南吴后北金。
一样淋漓遗墨在，感人双袖泪痕深。

齐天乐

1953 年　姚虞琴

淞滨卅载遨游地，流光暗催人老。花甲初周，海桑几变，自诩翛然尘表。孤怀独抱。剩画本摩挲，吟窝谈笑。市隐萧闲，羡君高志薄温饱。　乡关相望咫尺，一椽成久客，留印泥爪。监古成图，先天纪节，都付清辞兰藻。东京乞巧。算赢得前期，岁华长葆。听取云璈，为君歌寿考。

华词奉祝湖帆老兄六十寿，即希正拍，八十七弟姚虞琴倚声。

【注释】

1953 年，87 岁的姚虞琴为好友吴湖帆六十寿诞作《齐天乐》词。

九十自叙

姚虞琴

觅得人间养老方，加餐第一菜根香。
避嚣桑下经三宿，买醉花前罄几觞①。

示疾未忘期岁厄②，行吟不减少年狂。

衰龄屈指春相似，始信壶中日月长。

诗载《画家姚虞琴》

【注释】

①余生花朝前一日。

②自注：去年花朝微疾，失去知觉三小时。

十年颂

姚虞琴

十年教养庆成功，报捷旌旗一色红。

百折不回齐着力，无穷生计在工农。

其二

放牛归马靖干戈，屡庆丰年乐事多。

共祝邦家千万岁，普天同唱太平歌。

诗载《画家姚虞琴》

注：该诗发表于 1959 年 12 月 1 日上海《新民晚报》。

后 记

2019年夏天，在王庆、应朝雄两位老师鼎力推荐下，运河街道文体中心委托我撰写《运河街道史话》一书。虽然自知撰写此书难度很大，但应着五杭、博陆历史上属于塘栖东乡，数百年里均隶属塘栖丰稔乡之区域。而我作为塘栖里人，且又爱好家乡文史，故不揣学识浅陋，面对资料缺乏等困难，勉为其难，诚惶诚恐接受了这一任务。欲为家乡历史文脉之传承奉献一份绵薄之力。

史者，既往之事。利用历史学来研究和阐述社会发展的具体过程及其规律，是撰写《运河街道史话》的最好方法和途径。本书之写作，本着运河街道历史发展之脉络，并依靠先贤留下的诗文史籍，从运河街道周边史前时期人类活动轨迹，疏理区域变迁沿革，探寻前贤生平事功，细细搜考零碎点滴之记录，并多次实地探寻至今存于世间的古迹遗存。历经一年多时间，撰成了八章，约18万字。试图从史学的思维角度，并结合前贤诗词文章来"以史鉴今""以诗证史"。按时代顺序，运用具体史实，揭示历史发展之规律，以回顾当地历史。并努力使文章脉络清晰，前后连贯统一。目的让读者阅读此书时能有层次分明、一目了然的观感。并对读者了解认识运河街道前世今生带来一些帮助和启示。

运河街道的历史是当地历代先民创造的珍贵文化遗产。而撰写此书的过程，是笔者一次学习并升华的过程，尤其是在阅读先贤遗文、揭示先贤事功时体会尤深，常会有一种莫名的震撼和感动萦绕我的心灵。

由于笔者才疏学浅，文笔平庸，书中有许多事件，观点的叙述仅是一家之言，挂一漏万，舛误很多。故而书中内容只能算是引玉之砖。若有识之士能教我，实乃本人之幸。

在本书成稿之际，我要感谢运河街道党委政府对本书创作的大力支持；感谢王庆老师披阅文章，倾心指点；感谢赵焕明老师对我的指点及鼓励；感谢应朝雄老师、胡繁甫研究员对我的帮助指导；感谢韩一飞先生提供多幅老照片；还要感谢张炳林先生提供陈嘉训《钟公传略》、杨叶先生提供《天鉴堂集》，使我较为顺利地完成了钟化民、沈近思二位先贤文章的撰写。除此以外，还有宋佐民老师为我披阅全书，认真校核，并提出修改意见，使此书质量得到较大的提升。书中还参阅了郁震宏老师的博客文章，以及其他相关网络文章，在此一并致谢。

限于作者的水平和能力，书中可能会存有讹误，恳请方家、师友和读者批评指正。

2020 年 10 月于临平丘山南东湖长树居灯下

图书在版编目（CIP）数据

运河街道历史文化 / 胡繁甫主编. — 杭州：浙江
大学出版社，2022.11
　ISBN 978-7-308-23171-8

　Ⅰ.①运… Ⅱ.①胡… Ⅲ.①城市道路－文化史－杭
州 Ⅳ.①K295.51

中国版本图书馆 CIP 数据核字（2022）第 193844 号

运河街道历史文化

胡繁甫　主编

商　赟　胡　娟　副主编

责任编辑　李海燕
责任校对　董雯兰
责任印制　范洪法
出版发行　浙江大学出版社
　　　　　（杭州市天目山路 148 号　邮编 310007）
　　　　　（网址：http://www.zjupress.com）
排　　版　杭州余杭人民印刷有限公司
印　　刷　杭州余杭人民印刷有限公司
开　　本　710mm×1000mm　1/16
印　　张　61.5
字　　数　850 千
版 印 次　2022 年 11 月第 1 版　2022 年 11 月第 1 次印刷
书　　号　ISBN 978-7-308-23171-8
定　　价　300.00 元（共 4 册）

浙江大学出版社市场运营中心联系方式：0571-88925591；http://www.zjdxcbs.tmall.com